国家社科基金
GUOJIA SHEKE JIJIN HOUQI ZIZHU XIANGMU
后期资助项目

光宅法云
佛学思想研究

The Buddhist Ideology of Guangzhai Fayun

胡垚　著

九州出版社
JIUZHOUPRESS
全国百佳图书出版单位

图书在版编目（CIP）数据

光宅法云佛学思想研究 / 胡垚著. -- 北京 : 九州出版社, 2019.10
ISBN 978-7-5108-8399-6

Ⅰ. ①光… Ⅱ. ①胡… Ⅲ. ①佛教哲学－哲学思想－研究－中国 Ⅳ. ①B949.2

中国版本图书馆CIP数据核字(2019)第228821号

光宅法云佛学思想研究

作　　者	胡　垚　著
责任编辑	黄瑞丽
出版发行	九州出版社
地　　址	北京市西城区阜外大街甲 35 号 (100037)
发行电话	(010)68992190/3/5/6
网　　址	www.jiuzhoupress.com
印　　刷	北京捷迅佳彩印刷有限公司
开　　本	710 毫米 ×1000 毫米　16 开
印　　张	17.75
字　　数	300 千字
版　　次	2022 年 12 月第 1 版
印　　次	2022 年 12 月第 1 次印刷
书　　号	ISBN 978-7-5108-8399-6
定　　价	98.00 元

国家社科基金后期资助项目
出版说明

后期资助项目是国家社科基金设立的一类重要项目，旨在鼓励广大社科研究者潜心治学，支持基础研究多出优秀成果。它是经过严格评审，从接近完成的科研成果中遴选立项的。为扩大后期资助项目的影响，更好地推动学术发展，促进成果转化，全国哲学社会科学工作办公室按照“统一设计、统一标识、统一版式、形成系列”的总体要求，组织出版国家社科基金后期资助项目成果。

全国哲学社会科学工作办公室

目　录

绪 论

佛教作为一种外来文化，自东汉（25—220）传入中土，到东晋（317—420）以前，在宗教观念上依附于神仙方术，在政治伦理上迎合儒家，总体来说处于依附儒、道的状态。东晋时期（包括同期北方的后秦、西秦、前凉、北凉），佛经数量大量增加，尤其鸠摩罗什（344—413，一说 350—409）于姚兴弘治三年（401）至长安，前后十三年共译经三百余卷，内容更是遍及大小乘经律论。

从东晋开始到南北朝（420—589）时期，随着汉译佛典在数量及质量上的大幅提升，人们对佛教教义的理解日益精深，通过“沙门议敬”“沙门袒服”“老子化胡”、因果报应与形神生死之争等几场大辩论，佛教逐渐在吸收和融合中国本土文化的过程中加强了自身的主体性和独立性，从而对整个社会的影响愈见深广。至梁代（502—557），由于统治者的大力扶持，从皇室到民间由上而下大行佛教，成为一个佛教隆盛的朝代。

在梁代众多的高僧中，光宅法云（467—529）成就极高，被誉为梁代三大法师之一，最后更成为梁代僧人的最高统领——大僧正。无论是从佛教内部思想发展的角度，还是从佛教与社会交互影响的角度，法云对梁代佛教的发展都有着举足轻重的影响。

当时南朝僧徒所习之经论，大致有两方面，一是《成实论》、阿毗昙一类经典；二是大乘经论。《成实论》的弘传，自罗什门人僧导从关中到南方寿春（今安徽寿县）弘扬，形成了南方寿春系的成实师系统；僧嵩从关中到北方彭城（今徐州）弘扬，形成北方彭城系的成实师系统。《成实论》到梁代大为盛行，弘讲经论的法师，经常融会《成实论》来宣说大乘教义。法云于《成实论》上造诣颇深，被视为当时成论师之代表人物，当时名德各撰《成实义疏》，“云乃经论合撰，有四十科，为四十二卷”，[①]并受敕多次敷讲《成实论》，讲时僧侣“充诸堂宇”，影响甚广。

大乘经典方面，法云以擅讲《法华经》闻名当时。中土关于《法华经》之研习与疏解，始自西晋（265—316）竺法护据梵本于太康七年（286）译出《正法华经》十卷。据《高僧传》记载，当时已有竺道潜（286—374）、竺法义（307—380）、于法开（晋代僧）、竺法崇（晋代僧）等擅长此经，然尚未形成强劲的研习风潮。至鸠摩罗什据龟兹本于弘始八年（406）重译出《妙法莲华经》七卷后，关于《法华经》之研习及注经风潮方始兴起。

僧叡（东晋僧）在《出三藏记集·法华经后序》中对当时中国法华学的传习情况曾有描述：“经流兹土虽复垂及百年，译者昧其虚津，灵关莫之或启；谈者乖其准格，幽踪罕得而履，徒复搜研皓首，并未有窥其门者。秦司隶挍尉左将军安城侯姚嵩，拟韵玄门，宅心世表，注诚斯典，信诣弥至。每思寻其文，深识译者之失，既遇究（鸠）摩罗法师，为之传写，指其大归。真若披重霄而高蹈，登昆仑而俯眄矣。”[②]说明在罗什重译之前，时人对该经多有错解，罕有得窥门径，寻幽获旨者。而在罗什重译《法华经》之后，至隋代（581—618）以前，据《出三藏记集》《高僧传》《续高僧传》《法华传记》记载，善《法华》者众，且其中至少有道融（魏晋僧）、昙影（晋代僧）、僧睿（东晋僧）、慧观（刘宋僧）、僧导（362—457）、僧含（刘宋僧）、法瑶（刘宋僧）、慧基（412—496）等十余家撰有经序或注疏等相关著作。

可以说，中国法华学在罗什以后、隋代以前，便已逐渐成形，在此期间，释解者虽多，但除经序外，真正能一窥当事人关于《法华经》之观点的著作，现今仅存晋宋间竺道生（355—434）《法华经疏》二卷、梁代光宅法云《法华义记》八卷以及陈代慧思（515—577）《法华经安乐行义》一卷这三部注疏。

道生之《法华经疏》虽为中国最古之《法华经》注释书，然该疏篇幅甚为短简，且并非依经逐段析注，而法云之《法华义记》则是逐品、逐段，甚至逐句、逐词疏解，悉心建构起整套理论系统，其对《法华经》巨细靡遗之科分及诠释概念之细致，皆远过于道生。其中亦兼录其回应

① ［唐］道宣:《续高僧传》，载［日］高楠顺次郎、［日］渡边海旭监修，［日］小野玄妙主编:《大正藏》第50册，东京大正一切经刊行会，昭和九年（1934），第464页上。为行文简洁，下文凡引自《大正藏》的著作，均只标注其所处之《大正藏》的卷册及页码。

② ［南梁］僧祐:《出三藏记集》，《大正藏》第55册，第57页下。

时人不同看法的辩论之语。而慧思仅注解《安乐行品》一品，由于并非全经注释，较难以见其诠经之完整观点。故而，法云《法华义记》可视作南朝法华学集大成之作，不仅代表着南朝人对《法华经》的理解，亦是法云会通成实、般若、涅槃等思想的成果。

天台宗创始人智顗（538—597）便曾言“今古诸释，世以光宅为长”，[①] 认为《法华经》众家注释中以法云之解最优。湛然（711—782）《法华文句记》卷一亦引唐东阳永安寺旷法师《法华疏》云：“自梁陈已来解释《法华》，唯以光宅独擅其美，后诸学者一概雷同。”[②] 足见光宅法云在法华学上之非凡造诣与深远影响。

虽然智顗与三论宗创始人吉藏（549—623）对法云之佛学思想多有评议，然二人对法云思想亦非全然地批评，而是于批判中复有承继。此外，其《法华义记》对日本圣德太子（572—621）关于《法华经》之注疏亦有相当影响。

日本江户时代的华严宗中兴祖师僧浚凤潭（1654—1738），更在元禄九年（1696）刊出法云《法华义记》时，作《序》曰：“或谓：‘古之消释此经，南二而北七，各以长相当，莫之适从矣。惟我天台，奏师子弦、投师子乳，其说超绝，宜废古今。犹若龙烛之于萤爝，照曜虽多，隐而弗见。尝谓的倾光宅，余则自溃。以此观之，区区亡编之传，足以弥缝，何阙耶？’予曰：‘子之言也，噫！知天台之非不高，而不知光宅之非不深，莫认荆山之璞，奚睹赤水之珠，虽谕斤运之巧妙，而不喻垩质之尤难也。’”[③] 这里透露出两层意思：其一，从“的倾光宅，余则自溃”来看，说明法云学说于法华学上的代表性；其二，将天台与法云学说比较，批判当时学人只重天台而忽略法云学说的不可取。

因此，选取光宅法云佛学思想为研究对象，对于管窥梁代佛教发展盛况，勾勒《法华经》在佛教史上的上升进程，探讨中国早期法华学与成实、般若、涅槃等佛学思想的会融情况以及法华学发展对天台宗、三论宗甚至日本佛学的影响等诸多方面皆具有特殊意义。

古代关于光宅法云佛学思想的评述主要围绕法云关于《法华经》的诠解而展开。智顗《妙法莲华经文句》《四教义》、吉藏《法华义疏》《法华玄论》《法华论疏》、湛然《法华文句记》《止观辅行传弘决》《法华玄义释签》、窥基（632—682）《妙法莲华经玄赞》等大量与《法华经》相

① ［隋］智顗：《妙法莲华经玄义》，《大正藏》第 33 册，第 691 页下。
② ［唐］湛然：《法华文句记》，《大正藏》第 34 册，第 153 页中。
③ ［南梁］法云：《法华义记》，《大正藏》第 33 册，第 572 页中。

关的著述，对法云有关《法华经》“一乘”的佛学思想多有论及，尤其针对“光宅四乘”教展开了激烈的论争。

此外，对法云其他佛学思想的论述，散见于宝亮（444—509）等撰《大般涅槃经集解》、灌顶（561—632）《大般涅槃经疏》《大般涅槃经玄义》、吉藏《胜鬘宝窟》《涅槃经游意》《中观论疏》《大乘玄论》、窥基《〈观弥勒菩萨上兜率天经〉题序》、湛然《维摩经略疏》《说无垢称经疏》、元晓（616—？）《涅槃宗要》等，具体涉及佛性、佛智、菩萨阶位、二谛义、众生观等佛学理论。

现当代尚无专门研究光宅法云及其佛学思想的专著，相关研究散见于各类佛学史专著及学术论文。大陆地区，有黄忏华、吕澂、汤用彤、郭朋、蔡日新等诸位先生在佛学史专著中论述南北朝涅槃师、成实师时略微述及法云生平事迹，其在“神灭论”中的作用，及其佛性论、二谛论等相关思想。鄙人博士学位论文《光宅法云研究》从法云生平考述、其“独尊《法华》”之判教观、权实二智观、“十如是”等佛学思想展开论述，并附以《法华义记》的校勘与校读记。其后发表数篇文章，《敦煌本〈法华义记〉考辨》一文辨明敦煌本《法华义记》皆非法云《法华义记》的写本。《法云在梁代“神灭论”大讨论中的真实地位和作用》一文澄清学界对法云在梁代“神灭论”大讨论中真实地位和作用的误解。“The Elevation of the Status of the *Lotus Sūtra* in the *Panjiao* Systems of China”(《〈法华经〉在中国判教体系中地位的提升》）以及《论判教思想对敦煌北朝—隋石窟的影响》两篇文章，突出法云在判教中对《法华经》地位提高所做出的贡献及其对天台智顗判教体系和法华信仰产生的深远影响。

港台地区，李幸玲教授在其《光宅法云〈法华义记〉的诠释观点》一文中对《法华义记》中所体现的法云的佛学思想归结为七项，涉及法云的《法华》“一乘”观、佛身观以及判教观等佛学思想，其观点多基于法云在判教上认为《法华经》不及明“常住”之义的《涅槃经》圆满这一立场。蓝日昌先生在其研究佛教判教观的专著《六朝判教论的发展与演变》中指出，法云于判教中判定《法华经》不及《涅槃经》。此外，谢东志《南朝僧人法云之研究》、范姜冠闵《光宅法云〈法华义记〉研究》两篇硕士学位论文专门研究法云及其《法华义记》，亦多可取之处。前者在述及法云生平及学术背景的基础上关注到法云的成就与当时佛学议题与走向之间的并行甚至主导关系；后者论及法云的权实观、修行乘位次第论、判教观等，认为《法华经》亦明“常住”，以此反驳学界关于法云判定《法华》逊于《涅槃》的说法。

国外围绕法云佛学思想及其《法华义记》的研究，以日本学者菅野博史先生最有成绩，其在一系列论文中对法云及其《法华义记》作了深入梳理与研究，颇具参考价值。其「光宅寺法雲『法華義記』と敦煌写本『法華義記』との比較研究」一文，将《大正藏》所收之版本和敦煌本作比较研究，探讨『法华义记》中的判教思想、注文形式及方法在这两个本子表达上有何异同。「『法華義記』における講義者法雲と執筆者」一文，借由《法华义记》中的语词讨论该书的成书情况。「『法華義記』における信解品の譬喩解釈について」对法云关于《法华经·信解品》中譬喻的阐释予以论述。「法雲『法華義記』における一乗思想の解釈について」一文对法云关于《法华经》"一乘"思想而展开的权实二智、因之三义、果之三义有所论述。「法雲『法華義記』冒頭の総合的解釈の考察（上、下）」从法云的教判思想、其对《妙法莲华经》的经题释解和经文科分三方面进行探讨。后菅野博史先生整合其研究所得，于「光宅寺法雲の法華経観」一文中，从《法华经》的分科、法云的教判思想、其对《法华经》"一乘"思想的解释（权实二智、因果论）、佛身无常说四个方面对法云有关《法华经》的观点作了总体概括。此外，横超慧日先生于《法华思想之研究》一书中辟专节从因果、权实二智的角度阐发法云对《法华经》的释解特点。早川贵司先生「法雲の『法華義記』における一乗解釈」「光宅寺法云の權実二智論」等文章对法云关于《法华经》"一乘"思想而形成三乘方便、一乘真实的"权实"说，尤其是"权实二智"进行讨论，其「光宅寺法雲と『勝鬘経』」一文论述《法华义记》对《胜鬘经》的援用情况。山田实先生撰有「妙法蓮華經の法説と譬説」「光宅·『法華義記』の述成釈」两篇文章，讨论《法华义记》的"法说""譬说""宿世因缘说"三说下的分科情况。鹽田義遜先生「光宅寺法雲の佛身觀」一文讨论法云在《法华义记》中的佛身观。另有美国康斯威星大学 Chan Ju Mun 博士学位论文"The History of Doctrinal Classification in Chinese Buddhism: A Study of the *Panjiao* Systems"（《中国佛教判教史：判教学说之研究》）全面考察中国南北朝至唐朝时期的主要判教学说，对法云判教观有所提及，认为其判定《法华经》地位次于《涅槃经》。

上述研究成果大体涉及三个方面的内容：一、法云的生平事迹、佛学背景；二、《法华义记》版本、成书情形及注经形式；三、法云的判教观、《法华》"一乘"观、权实观、修行次第观等佛学思想。这些研究对我们理解法云其人其书颇有助益，然其中亦有不少关节仍待进一步深入辨明，如法云在梁代“神灭论”大讨论中究竟扮演什么样的角色？敦煌本《法华义记》与法云《法华义记》是否为同一部著作？其三乘修行阶位次第如何架构？其对佛乘的理解是否合于经典？尤其是学界在论及法云的判教观时，大都将《法华经》的地位置于《涅槃经》之下，然而对于“专擅《法华》”的法云来说，这真是其判教的最终旨归吗？其判教观究竟将《法华经》置于何等地位？法云的判教观对后世判教产生过何种影响？上述种种问题，皆有待学界深研。

本书在综合吸收已有研究成果的基础上，整合自己十余年来的研究所得，对法云之佛学思想加以系统论述。前两章围绕光宅法云其人、其书展开考述，力图勾绘出法云一生的主要活动，包括其师承、经历、主要传法活动等，以便厘清法云的社会与佛学背景，并对《法华义记》一书的成书情形、流传版本等作出考证。后五章则分别从法云对诸经的科分、其判教观、《法华》“一乘”之思想、阶位次第论，以及其余较为零散的佛学思想等方面，对法云之佛学思想作深入研析，以图构建法云佛学思想体系。

中华佛学浩如烟海，人才辈出，光宅法云只是其中的一粒明珠，虽璀璨一时，然终渐归于隐淡。本书之撰成与流布，唯愿其人其学不致掩于尘沙。

第一章　光宅法云生平考述

一人思想发展之轨迹，与其生平际遇密不可分，欲通观其人之思想，即须先了知其人之生平。值是之故，本章在广泛收集材料的基础上，力求通过详细的考订，勾绘出光宅法云一生之生活图景，包括其师承、社会关系、经历、传法活动、译著等，以便厘清法云的社会背景与宗门背景，探究法云佛学思想形成之脉络。

第一节　法云社会关系考述

一、法云俗世关系

（一）俗家世系

法云（467—529），俗姓周，宜兴阳羡（江苏宜兴）人。法云之生平资料，属道宣（596—667）《续高僧传·法云传》（下文简称《法云传》）所载最详，其言法云之家世曰：

> 释法云。姓周氏，宜兴阳羡人。晋平西将军处之七世也。母吴氏。初产在草，见云气满室，因以名之。七岁出家，更名法云。①

此处所提及的“晋平西将军处”，乃指晋平西将军周处。周处（236—297），字子隐，东吴吴郡阳羡（今江苏宜兴）人，鄱阳太守周鲂之子。其年少时纵情肆欲，为祸乡里，后来浪子回头，改过自新，功业更胜乃父，留下“周处除三害”的美谈。吴亡后，周处仕晋，刚正不阿，得罪

---

① ［唐］道宣：《续高僧传》，《大正藏》第50册，第463页下。

权贵，被派往西北讨伐氐羌叛乱，因寡不敌众而遇害，受赠为“平西将军”。周处著有《默语》三十篇及《风土记》，也曾撰集吴国历史。①

周处有子三人——周玘、周靖、周札。靖早年过世，玘、札皆知名于世。周玘（258—313），字宣佩，早年举秀才，曾授议郎。西晋末年，石冰、陈敏、钱璯先后在江东发动叛乱，建立割据政权。周玘纠合江南地主武装，配合朝廷军队，三次平定叛乱，史称“三定江南”。在治理吴兴时，恩威并施，深得百姓敬爱，一年之内便使得“百姓饥馑，盗贼公行”的吴兴郡恢复秩序。司马睿为表彰他的功劳，特意从吴兴郡、丹阳郡中分出六县别置为义兴郡，义兴之称郡始于此。②后司马睿对其疑忌，周玘心怀怨望，与江东士族密谋发动政变，事泄忧愤而死，追赠辅国将军，谥号忠烈。③

周札（？—324），字宣季。王敦攻建康时，周札都督石头城水陆军事，却开城门迎王敦入城。王敦掌权后，周札累迁右将军、会稽内史。虽当日周札开门相迎令王敦得势，然周札一族一门五侯（周札封东迁县侯，侄儿周懋为清流亭侯、周赞为武康县侯、周缙为都乡侯、周勰为乌程公），且多人身居高职，周氏势力的发展引起王敦疑忌，王敦借故诬陷，诛杀周氏子弟，周氏势力渐衰。④

据《法云传》记载，法云是周处的第七世后代，从户籍而言，因义兴郡本因周氏而设，且周氏于此地宗族强盛，故法云为周处之后是有可能的。相传法云的母亲吴氏于生产之时，看到满屋皆是云气，便依此给他起名为“云”。七岁时出家，改名为法云。

法云卒后，“弟子周长胤等，有犹子之慕，创造二碑立于墓所”。⑤“犹子”即侄子，“周长胤”当为法云俗世之弟的儿子，其生平事迹不详，唯知法云卒后，子侄周长胤等人立碑于法云墓所。

（二）法云与统治阶级的关系

南北朝时期是佛教在中国发展的上升阶段，获得统治阶级的支持，对佛教的传播与发展甚为重要。道安即曾言“今遭凶年，不依国主则法

---

① 《周处传》，载［唐］房玄龄等：《晋书》第58卷，中华书局，1982，第1569—1571页。

② “义兴”即“宜兴”，据欧阳忞《舆地广记》卷二十三载：“望宜兴县，本阳羡县，汉属会稽郡，东汉属吴郡，吴属吴兴郡。晋惠帝以周玘创义讨石冰，分阳羡置义兴郡，以表其功。宋齐梁陈因之。隋平陈郡废改阳羡县为义兴，属常州……太平兴国元年改曰宜兴。”［宋］欧阳忞：《舆地广记》，载王云五主编：《丛书集成初编》，商务印书馆，1937，第240页。

③ 《周玘传》，载［唐］房玄龄等：《晋书》第58卷，中华书局，1982，第1572—1574页。

④ 《周札传》，载［唐］房玄龄等：《晋书》第58卷，中华书局，1982，第1574—1577页。

⑤ ［唐］道宣：《续高僧传》，《大正藏》第50册，第464页下。

事难立”，①《高僧传》关于慧亮（生卒年不详）、道猷（生卒年不详）、法瑗（409—489）、僧柔（431—494）等名僧的传记中均记载有君主大集僧侣于京师弘法之事。南朝时信奉佛法的士大夫。如周顒、张融、颜延之等，亦致力于弘法，多次延请名僧讲法，佛教与宗室、贵族间的互动，极大地推动了佛教的发展。在这种背景下，法云与齐梁皇室、朝贵间的密切关系，亦成为其弘扬佛法的一大助力。

南齐宗室中，竟陵王萧子良为弘扬佛法的突出人物。萧子良（460—494），字云英，为齐武帝萧赜次子。萧子良在西邸广邀名僧讲佛论法，并大集朝臣、僧徒兴办佛事，佛学由此大盛，《南齐书》称“道俗之盛，江左未有也”。

法云与萧子良的关系虽无直接的文献记载，然法云与萧子良门下“西邸”中人有着千丝万缕的联系。《法云传》载，法云与周顒、王融、刘绘、徐孝嗣等人交善。《弘明集》亦载，在“神灭”与否的论争中，法云与萧琛、陆倕、沈约、王僧孺等皆有书信往来，而以上诸人皆是“西邸”中人。此外，在萧子良礼遇的僧人中，僧印、宝亮、慧次等均为法云的老师。

作为南朝著名的崇佛皇帝，梁武帝（464—549）对法云非常钦敬礼遇。《法云传》载：“天监二年，敕使长召（法云）出入诸殿。影响弘通之端，囋扬利益之渐。皇高亟延义集，未曾不敕令云先入后下诏令。”②天监二年（503），梁武帝便敕使将法云召回京城，允许他出入各宫殿。梁武帝在延请义学僧侣集会之前，都会先召见法云，其对法云的器重可见一斑。

不久，梁武帝又下诏令，礼请法云为家僧，待遇非常优厚，并“敕为光宅寺主，创立僧制，雅为后则”，③法云出任光宅寺主后所创的僧制，遂成为后世僧侣遵从的准则，亦对百丈禅师制定丛林清规产生了重要影响。

普通六年（525），梁武帝敕令法云为大僧正，在同泰寺设立千僧会，广泛召集各寺院的知事以及有学问、有德行的名僧，进行授戒仪式，仪仗森然，场面隆重异常。④

---

① 《道安传》，载 [南梁] 慧皎：《高僧传》，《大正藏》第 50 册，第 352 页上。

② [唐] 道宣：《续高僧传》，《大正藏》第 50 册，第 464 页上。

③ [唐] 道宣：《续高僧传》，《大正藏》第 50 册，第 464 页中。

④ 道宣《续高僧传·法云传》载：“普通六年敕为大僧正。于同泰寺设千僧会，广集诸寺知事，及学行名僧，羯磨拜授，置位羽仪。众皆见所未闻，得未曾有。”参见 [唐] 道宣：《续高僧传》，《大正藏》第 50 册，第 464 页下。

“僧正”为中央僧官的职称，乃僧团中的最高职官。据赞宁《大宋僧史略》记载，僧官制度始于后秦姚兴，并释“立僧正”条曰：

所言僧正者何？正，政也，自正正人，克敷政令，故云也。盖以比丘无法，如马无辔勒，牛无贯绳，渐染俗风，将乖雅则。故设有德望者，以法而绳之，令归于正，故曰僧正也。①

僧正者，皆由自身恪守佛门戒律及国家政令的有德高僧担任，主要负责对僧尼的教化和戒律约束，总领徒众，主持经业的传授、法事的举行；组织经籍翻译、抄撰；参与选拟下属僧职、简汰徒众等。登上“僧正”之位，可谓是法云在佛教事业上的最高峰。

及法云年衰，梁武帝到同泰寺开示《涅槃经》，特许法云“乘舆上殿，凭几听讲”，②以示敬重。不止武帝对法云格外看重，昭明太子萧统（501—531）也对他格外尊崇。《法云传》载：“皇太子留情内外，选请十僧入于玄圃，经于两夏。不止讲经，而亦悬谈文外。云居上首，偏加供施。”③在萧统所邀高僧中，法云居首，且供养倍厚。又，道宣《广弘明集》卷二十一“法义篇”载，法云曾两次三番启请太子讲说佛门道义；④又就“二谛”与太子进行往返四番问答；⑤就“法身”与太子进行往返五番问答。⑥

法云因父死而疾患加重，于大通三年（529）卒。据《法云传》载：“以大通三年三月二十七日初夜，卒于住房。春秋六十有三。二宫悲惜为之流恸。敕给东园秘器。凡百丧事皆从王府。下敕令葬定林寺侧。”⑦法云死后，梁武帝以及皇太子深感悲伤，垂泪哀惜。敕令赠给东园秘器，并令葬于定林寺旁。

法云不光同皇室关系密切，也与王公朝贵大多交好。据《法云传》载：“齐中书周颙、琅琊王融、彭城刘绘、东莞徐孝嗣等，一代名贵，并投莫逆之交。”⑧周颙（生卒年不详），字彦伦，汝南安城人。“颙言辞辩

① [北宋]赞宁：《大宋僧史略》，《大正藏》第54册，第242页下。
② [唐]道宣：《续高僧传》，《大正藏》第50册，第464页下。
③ [唐]道宣：《续高僧传》，《大正藏》第50册，第464页中。
④ [唐]道宣：《广弘明集》，《大正藏》第52册，第247页上、中。
⑤ 《光宅寺释法云咨二谛义》，载[唐]道宣：《广弘明集》，《大正藏》第52册，第249页下。
⑥ 《光宅寺释法云咨法身义》，载[唐]道宣：《广弘明集》，《大正藏》第52册，第250页下。
⑦ [唐]道宣：《续高僧传》，《大正藏》第50册，第464页下。
⑧ [唐]道宣：《续高僧传》，《大正藏》第50册，第464页上。

丽，出言不穷，宫商朱紫，发口成句。泛涉百家，长于佛理。著《三宗论》”。此论言空假之义，西凉州智林道人称此论深得“关中旧义”。周颙于宋、齐为官，官至国子博士，兼著作郎。后卒于官。①

王融（466—493），字元长，“竟陵八友”之一，琅邪临沂人。东晋宰相王导的六世孙，王僧达之孙。自幼聪慧过人，博涉古籍，富有文才。年少时即举秀才，后入竟陵王萧子良幕，极受赏识。齐武帝病重，融欲矫诏拥立子良即位，事未成。萧子良和郁林王萧昭业争夺帝位失败，王融因依附子良而下狱，被奏劾赐死。②

刘绘（458—502），字士章，彭城人，南朝齐官吏。聪警有文义，善隶书。永明末年，京邑人士盛行谈论义理，多聚集于竟陵王西邸，“绘为后进领袖，机悟多能”。官至大司马从事中郎。③

徐孝嗣（453—499），字始昌，东海郡郯县人。梁元帝萧绎正妻徐昭佩的祖父。尚康乐公主，拜驸马都尉。“竟陵王子良甚善之。子良好佛法，使孝嗣及庐江何胤掌知斋讲及众僧”。孝嗣官至尚书令。永元初，受遗诏辅政。东昏侯失德，臣下潜谋废立，孝嗣迟疑不决，反为所害，被赐鸩卒。④ 徐孝嗣对法云甚为佩服，常言“每见云公俊发，自顾缺然”，对法云的英俊爽拔自叹不如。⑤

除与上述诸位朝贵交善外，对于大臣的吉凶庆吊，法云也都前往参加，因此被时人讥为“游侠”。法云毫不介怀，仍旧“动必弘法”。⑥ 从《北山录》卷五假宾客问而提到的“法云驰骛吊庆，讥者谓之侫”等论述来看，世人对法云奔走庆吊于俗世之间的举动颇有微词。也有一些佛学者对此表示理解，如《北山录》作者认为，法云此举乃人之常情，无须加以苛责。⑦

实则法云此举非但不是瑕疵，反而说明了他弘法的博大胸怀。在佛教极盛的梁代，俗世中崇佛之人比比皆是，王公朝贵也多响应梁武帝号召而崇佛。在此背景下，法云奔走于俗世与奔走于佛门之间并无太大差别。更为重要的是，大乘佛教区别于小乘佛教最根本的一点，即在于大乘佛教徒讲求自度度人，以普渡众生为己任。《续高僧传》明确指出，法

① 《周颙传》，载［南梁］萧子显:《南齐书》第 41 卷，中华书局，1983，第 730—734 页。
② 《王融传》，载［南梁］萧子显:《南齐书》第 47 卷，中华书局，1983，第 817—825 页。
③ 《刘绘传》，载［南梁］萧子显:《南齐书》第 48 卷，中华书局，1983，第 841—842 页。
④ 《徐孝嗣传》，载［南梁］萧子显:《南齐书》第 44 卷，中华书局，1983，第 771—774 页。
⑤ 《法云传》，载［唐］道宣:《续高僧传》,《大正藏》第 50 册，第 464 页上。
⑥ 《法云传》，载［唐］道宣:《续高僧传》,《大正藏》第 50 册，第 464 页中。
⑦ ［唐］神清撰，［北宋］慧宝注:《北山录》,《大正藏》第 52 册，第 605 页下—606 页上。

云奔走庆吊并非普通寒暄，而是“动必弘法”。可见，法云是为弘扬佛法而四方奔走的，法云此举也有力促进了佛法的传播。

二、法云宗门关系

（一）师承

据文献记载，法云所师事之僧人，有中兴寺僧印、庄严寺玄趣、高座寺僧成、灵味寺宝亮、谢寺慧次等。法云早年住于庄严寺，后迁为光宅寺主，其间游学于各大寺院，可见当时建康地区有游学之风。各寺僧侣之间的往来交流，为法云提供了良好的学习契机。

在诸师之中，对法云影响最大者，或当数僧印。据吉藏《法华玄论》卷一记载，法云初入佛门，就在钟山定林寺师事僧印，听闻《法华经》。其文曰：

> 光宅《法华》当时独步。但光宅受经于中兴寺印法师。印本寿春人，俗姓朱氏。少游彭城，从昙度受论。次从匡山惠（慧）龙受学《法华》。而印讲斯经自少至老凡得二百五十遍。春秋六十六。永明元年卒。光宅云法师息慈之岁随印在钟山下定林寺听《法华经》。下讲竟住寺后石涧中，累石为高座及以听众，于是自登石座，覆述所闻。印未知之，密听其所说，一言靡遗。年至三十，于妙音寺开《法华》《净名》二经题。机辨纵横，道俗叹伏。由是已来，《法华》誉显。①

“息慈”为梵语“沙弥”之旧译，意为初入佛门者。由《法华玄论》的描述可知，法云初入佛门，便是跟随僧印学习佛法。僧印（434—499），南齐僧，安徽寿县人，俗姓朱。据《高僧传·僧印传》载：

> 释僧印，姓朱，寿春人。少而神思沈审，安苦务学。初游彭城从昙度受《三论》。度既擅步一时，四远依集，印禀味钻研，穷其幽奥。后进往庐山，从慧龙谘受《法华》。龙亦当世著名，播于《法华》宗旨。印偏功构彻，独表新异，于是东适京师止中兴寺，复陶思《涅槃》及其余经典。……虽学涉众典而偏以《法华》著名，讲《法华》凡二百五十二遍。以齐永元元年卒。

① ［隋］吉藏：《法华玄论》，《大正藏》第34册，第363页下。

春秋六十有五矣。[1]

由引文可知，僧印初从彭城昙度学《三论》，后随庐山慧龙研习《法华》，对《法华》宗旨独表新异，后栖止于建康中兴寺，研究《涅槃》及其他经典。僧印从慧龙一脉专擅《法华经》，专以疏讲《法华经》著称于世。

智顗《妙法莲华经文句》卷一在论及《法华经》科分时指出：

> 庐山龙师，分文为序、正、流通，二十七品，统唯两种：从《序》至《法师》，言方便、言真实，理一说三故；《宝塔》下，身方便、身真实，实远唱近故。又从《方便》至《安乐行》是因门，从《踊出》下是果门。齐中兴印、小山瑶，从龙受经，分文同。……光宅云从印受经，初三段，次各开二，谓通序、别序，正谓因门、果门，流通谓化他、自行。二序各五，二正各四，二流通各三，合二十四段（云云）。[2]

智顗此处言及《法华经》科分之历史传承，庐山慧龙的科判在当时颇有影响，其将《法华经》三分为序、正、流通，认为二十七品之大意，统而言之只分为两段：一从《序品》到《法师品》，是从佛理的角度，演说三乘方便与一乘真实的关系。二从《现宝塔品》以后，则是从佛身的角度，演说应机现身说法、寿量八十之佛陀与寿命长远之佛陀的关系。此外，又判分从《方便品》到《安乐行品》是因门；从《从地踊出品》以下是果门。中兴寺僧印、小山寺法瑶等从慧龙之学，分判与之相同。法云则从僧印受学，并在僧印的基础上进一步提出更为细微繁复的科分。[3] 法云对于《法华经》的讲疏有部分乃承自僧印的教导，这一点殆无疑问。

《续高僧传》虽然对法云的生平作了详细叙述，但是未提及法云学佛之初师事僧印之事。这段经历对于理解法云何以专擅《法华经》来说，极为重要。法云在初入佛门之时，便跟随以疏讲《法华经》著称于世的僧印，这为法云日后以《法华经》独步天下打下了坚实的理论基础。

---

① ［南梁］慧皎：《高僧传》，《大正藏》第 50 册，第 380 页中。

② ［隋］智顗：《妙法莲华经文句》，《大正藏》第 34 册，第 2 页上。

③ 法云对僧印科分内容的继承与发展，详见本书第三章第一节《法云对〈法华经〉的科分》。

其后，法云迁往庄严寺，从学他师，“为僧成、玄趣、宝亮弟子”。[①] 僧成，生平不详，唯《高僧传·宝亮传》中附带言及“时高座寺僧成、旷野寺僧宝亦并齐代法匠”。[②] 僧成与名僧宝亮并称，可见其在齐代亦颇有影响力。

玄趣的生平资料亦不多见。据《高僧传·道慧传》载：“时庄严复有玄趣、僧达，并以学解见称。趣博通众经，并精内外，而尤善席上，风轨可欣。”[③] 可见，玄趣不光精通佛门内典，还兼善佛门之外的其他经典，博通内外的他，在讲席之上风采出众。

宝亮（444—509），南北朝僧，东莱人，俗姓徐。《高僧传·宝亮传》载：

> 释宝亮，本姓徐氏，其先东莞胄族，晋败避地于东莱弦县。亮年十二出家，师青州道明法师。明亦义学之僧，名高当世。亮就业专精，一闻无失。……年二十一至京师居中兴寺……齐竟陵文宣王躬自到居，请为法匠，亮不得已而赴。文宣接足恭礼，结菩提（或作“菩萨”）四部因缘。后移憩灵味寺。于是续讲众经盛于京邑，讲《大涅槃》凡八十四遍，《成实论》十四遍，《胜鬘》四十二遍，《维摩》二十遍，其《大品》《小品》十遍。《法华》《十地》《优婆塞戒》《无量寿》《首楞严》《遗教》《弥勒下生》等亦皆近十遍。黑白弟子三千余人，谘禀门徒常盈数百。
>
> 亮为人神情爽岸，俊气雄逸，及开章命句锋辩纵横，其有问论者或豫蕴重关，及亮之披解，便觉宗旨涣然，忘其素蓄。……天监八年初，敕亮撰《涅槃》义疏十余万言，上为之序。……以天监八年十月四日卒于灵味寺，春秋六十有六。葬钟山之南，立碑墓所。陈郡周兴嗣、广陵高爽并为制文，刻于两面。弟子法云等又立碑寺内。……宝又善三玄，为贵游所重。[④]

由引文可知，宝亮年十二出家，跟随青州道明法师研学经论。受具足戒后，历游诸方。年二十一，南至建业，居中兴寺。齐竟陵文宣王闻

---

① ［唐］道宣：《续高僧传》，《大正藏》第 50 册，第 463 页下。
② ［南梁］慧皎：《高僧传》，《大正藏》第 50 册，第 382 页上。
③ ［南梁］慧皎：《高僧传》，《大正藏》第 50 册，第 375 页下。
④ ［南梁］慧皎：《高僧传》，《大正藏》第 50 册，第 381 页中—382 页上。

师道誉，亲至其居，请为法匠。未久，住于灵味寺，盛讲《涅槃》《成实》《胜鬘》《维摩》《般若》《法华》《十地》《优婆塞戒》《无量寿》《首楞严》《遗教》《弥勒下生》诸经论，缁白弟子达三千余人，声名盛于京邑。除佛典之外，宝亮还兼善《庄子》《老子》《周易》等玄学经典。宝亮为人俊气雄逸，席间辩锋纵横而无所凝滞，凡有问者皆能尽其所问。至梁代，亦得武帝之尊崇。天监八年（509），奉敕撰成《涅槃经集解》，武帝亲为作序。同年十月示寂于灵味寺，世寿六十六。

在法云诸师中，宝亮对法云最为看重："我之神明殊不及也，方将必当栋梁大法矣。"[①] 宝亮认为，法云将来必成佛门大德。宝亮去世后，法云于灵味寺内为之立碑，足见师徒二人情谊深厚。宝亮长于《涅槃》，并在《成实》《般若》《法华》等方面造诣匪浅，为法云会通《成实》《般若》《涅槃》于法华学打下了坚实的理论基础。受玄趣、宝亮席上风范的影响，法云在讲经时亦辩才无碍。

此外，法云亦曾受过慧次之教导。据《高僧传》载："沙门智藏、僧旻、法云等，皆幼年俊朗，慧悟天发，并就次请业焉。"[②] 可见，梁代三大法师都曾得到过慧次的指导。《法华义记》卷二在以"四种伏难"释"四众欣仰"偈颂时，亦注明"此伏难是光宅法师传谢寺次法师，次法师又传江北招法师"。[③] 智顗《妙法莲华经文句》言"此四伏难光宅受于次师"[④] 之"次师"，即指慧次。

慧次（434—490），南朝僧。冀州人，俗姓尹。据《高僧传·道慧传》载：

> 释慧次，姓尹，冀州人。初出家为志钦弟子。后遇徐州释法迁解贯当世，钦乃以次付嘱，仍随迁，南至京口，止竹林寺。至年十五随迁还彭城。……至年十八解通经论，名贯徐土。迄禀具戒，业操弥深。频讲《成实》及《三论》。大明中出都，止于谢寺。迄宋季齐初，归德稍广，每讲席一铺，辄道俗奔赴。沙门智藏、僧旻、法云等，皆幼年俊朗，慧悟天发，并就次请业焉。文慧（一作"惠"）、文宣悉敬以师礼，四事供给。永明

① ［唐］道宣：《续高僧传》，《大正藏》第 50 册，第 463 页下。

② ［南梁］慧皎：《高僧传》，《大正藏》第 50 册，第 379 页下。

③ 此四种伏难的具体内容，详见［南梁］法云：《法华义记》卷二，《大正藏》第 33 册，第 586 页下。

④ ［隋］智顗：《妙法莲华经文句》，《大正藏》第 34 册，第 32 页下。

八年讲《百论》，至《破尘品》，忽然从化，春秋五十七矣。[①]

慧次幼年出家，依法迁受学。十八岁便博通经论，名闻当地。常讲说《成实论》《中论》《百论》《十二门论》。大明年间，住于谢寺，宋末齐初，来归之人渐多，每开讲席则道俗奔赴。智藏（458—522）、僧旻（467—527）、法云等均曾从其受业。文宣王萧子良以师礼待之。齐永明八年（490）圆寂，世寿五十七。

慧次尤善《成实论》，为当时著名的成实论师。法云在其指导下，对《成实论》亦研习颇深，撰《成实论》义疏“有四十科，为四十二卷”，[②] 并受敕敷讲《成实论》。僧侣“充诸堂宇”，规模浩大。

就法云诸师的佛学素养而言，大多有其专擅之经典，就大乘而言，有僧印之擅《法华》，宝亮之擅《涅槃》；就小乘而言，有慧次之擅《成实》。诸师除专擅一经外，亦复博通众经。如僧印除擅《法华》外，对《三论》《涅槃》等亦有涉猎；宝亮除《涅槃》外，还旁涉大小乘经论。旁涉外典者，如玄趣“并精内外”，宝亮“又善三玄”。

《法云传》对法云四处游学的记载是：“历采众师，且经且论。四时游听，寒暑不辍。或讲前、讲末、初夜、后夜覆述文义。间隙游习，于路思义，辄不自觉行过所造。其勤励专至，类皆如此。”[③] 法云所取得的佛学成就，与其“历采众师”，兼习大小乘经论，且勤习精进密不可分。

吉藏曾评曰：“爰至梁始，三大法师硕学当时，名高一代，大集数论，遍释众经。但开善以《涅槃》腾誉；庄严以《十地》《胜鬘》擅名；光宅《法华》当时独步。”[④] 正是在兼具专精与旁通的师门学风熏陶之下，法云才能“大集数论，遍释众经”，享有“光宅《法华》当时独步”之美誉。

（二）宗门交往

法云年少受业之初，便显示了非凡的天赋，僧门前辈僧宗、僧达均对其“甚相称赞”。[⑤] 法云性格笃厚，见识超绝，保志（418—514）、僧柔（431—494）、僧旻等多位高僧都乐于与他交往。

保志是南朝充满神异色彩的一位高僧。据《法云传》载：“有保志神

---

① [南梁]慧皎：《高僧传》，《大正藏》第50册，第379页中、下。
② [唐]道宣：《续高僧传》，《大正藏》第50册，第464页上。
③ [唐]道宣：《续高僧传》，《大正藏》第50册，第463页下。
④ [隋]吉藏：《法华玄论》，《大正藏》第34册，第363页下。
⑤ [唐]道宣：《续高僧传》，《大正藏》第50册，第463页下。

僧，道超方外，罕有得其情者。与云互相敬爱，呼为大林法师。每来云所辄停住信宿。尝言：'欲解师子吼，请法师为说。'即为剖析。志便弹指赞曰：'善哉！微妙，微妙矣！'"[①]保志曾请教法云"狮子吼"（喻佛说法之勇猛，可降伏众魔），并对法云的解析赞不绝口，连称"微妙"。

又，据道宣《集神州三宝感通录》卷下记载，梁武帝天监五年（506）冬，天大旱，保志向梁武帝推荐道："云能得雨，可讲《胜鬘》。"梁武帝令法云讲经求雨，"当夜膏雨充洽"。[②]《高僧传》卷十《释保志传》及《法苑珠林》卷三十一亦载有保志和法云关于"风之有无"的讨论。[③]

齐永明年间（483—493），佛门大德僧柔法师东归，回到道林寺开讲佛经。法云连日向僧柔咨问决疑，因言辞激烈中肯，令僧众赞叹惊异。为便于往复辩论，僧柔还命人在讲席前给法云设一低座。法云由此声名远扬。[④]

僧旻与法云同辈，而年稍长，二人居庄严寺时同师慧次，朝夕探讨佛学。法云性情诚笃，孝顺父母，因母丧哀伤过度而数日不食。僧旻悉心以佛理引导，令其稍抑哀情。其事载于《续高僧传》。其文曰：

> （法云）性灵诚孝，劳于色养。及居母忧，毁瘠过礼，累日不食，殆不胜丧。僧旻谓曰："圣人制礼，贤者俯就，不贤者企及。且毁不灭性，尚出儒宗。况佛有至言：'欲报生恩，近则时奉颜仪，使物生悦；远则启发菩提，以道神识。'又云：'恩爱重贼，不可宽放。宽放此者，及所亲爱堕于恶道。唯有智者，以方便力善能治制，则惠兼存没，入诸善趣矣。'宜思远理使有成津，何可恣情同于细近耶？"云乃割裂哀情，微进饮粥。[⑤]

佛家主张断绝七情六欲，法云身为佛门弟子，因母死而陷于俗情中不能自拔，佛家不以为病，反而大加赞赏。如《百丈清规证义记》卷四指出，连父母都不孝敬的忘本之徒，是无法光扬佛法的。其文曰：

> 释氏之孝其亲，反过于世人。传记所载，盖历有明征。今

---

① [唐]道宣：《续高僧传》，《大正藏》第50册，第465页上。

② [唐]道宣：《集神州三宝感通录》，《大正藏》第52册，第434页中。

③ [南梁]慧皎：《高僧传》，《大正藏》第50册，第394页下。[唐]道世：《法苑珠林》，《大正藏》第53册，第520页上。二人之问答，详见本书第七章第一节"二谛义"。

④ [唐]道宣：《续高僧传》，《大正藏》第50册，第463页下。

⑤ [唐]道宣：《续高僧传》，《大正藏》第50册，第464页上。

> 犹有病释氏无亲者，三种不才僧之罪也。安享十方之供而不念其亲者，一也。高坐闲暇而俾其亲劳力如工仆者，一[①]也。割爱出家而别礼他人为父母者，三也。生既如此，死不荐悼，无庸言矣。忘本至斯，尚何望其振兴佛法乎？[②]

《北山录》卷六在评判法云丁忧一事时，引《梵网经》“孝名为戒”之言云：“盖孝者以敬慈为本。敬则严亲；慈则爱人。严亲则不侮于万物；爱人则不伤于生类。防患息违，莫大于此矣。其或不由于孝，而能持戒者，无之矣！”[③]契嵩在《镡津文集》中，亦以法云对父母之哀思为例，宣扬沙门“父母之丧亦哀”之理。[④]

（三）传承弟子

据《续高僧传》记载，法云门下弟子有僧询（482—517）、道遂（南朝僧）、道标（南朝僧）、宝海（474—553）、智方（与宝海同时人）、宝琼（504—584）等。僧询、道遂、道标三人均师从法云之记载，见该书卷六，其文曰：

> 释僧询，姓明，太子中庶山宾之兄子也。……年十二敕令出家，为奉诚寺僧辩律师弟子。辩性廉直，戒品冰严，好仁履信，精进勇励，常讲《十诵》。询后住治城寺。持操高尚，勤辛好学。从光宅寺法云谘禀经论。散处伽蓝，不营杂事。当时名德皆称善焉。历耳不忘，经目必忆，常能覆述，有如瓶泻。时人嘉其清辨，白黑重其无倦。凡所听闻悉为注记，虽无大才而弥纶深极。同学门友莫不传写。以天监十六年卒，春秋三十有五。时复有道遂、道标，同海陵人并从法云受业。经论洽闻，博综有序。[⑤]

---

① “一”疑作“二”，与前后之“一也”“三也”相对应。

② ［唐］怀海集编，［清］仪润证义：《百丈清规证义记》，《卍续藏经》第 111 册，（台北）新文丰出版公司，1993，第 653 页上。

③ ［唐］神清撰，［北宋］慧宝注：《北山录》，《大正藏》第 52 册，第 608 页下。

④ ［北宋］契嵩：《镡津文集》，《大正藏》第 52 册，第 662 页中。

⑤ ［唐］道宣：《续高僧传》，《大正藏》第 50 册，第 475 页上。

由于缺乏文献证据，道遂、道标[①]、“海陵人”均已不可考。僧询，俗姓明。其在师从法云之前，曾受学于僧辩律师。僧询操行高尚，不营杂事，严守戒律，专研佛学。此外，他还博闻强识，凡有所听闻，“悉为注记”，故能将所学综括深析。因此，佛门学友莫不传写其注记。

托名法云之《法华义记》，实为法云门下所记。而僧询之注记，在法云弟子中传抄甚广，极有可能对《法华义记》之形成产生重要影响，甚至直接成为该书的组成部分。这一观点，尚有待学界进一步考证。

关于宝海，《续高僧传》卷九的记载是：

> 释宝海，姓龚，巴西阆中人。少出家有远志，承扬都佛法崇盛，便决誓下峡。既至金陵，依云法师听习《成实》。旁经诸席亟发清誉。乃引众别讲，徒属兼多。于时梁高重法自讲《涅槃》，命海论佛性义，便升论榻……及后还蜀，住谢镇寺，大弘讲肆。武陵王纪作镇井络，敬爱无已，每就海宿清谈玄理，乃忘昼夜。至旦，王将（灌）[盥]手，日影初出。王曰：“日晖粉壁状似城中，风动刹铃方知寺里。”其晨车盖迎王，马复嘶鸣。海曰：“遥看盖动喜遇陈思，忽听马鸣庆逢龙树。”相与欣笑而出。王升车谓御从曰：“听海法师言词，令我盘桓而不能去。”其辩给无方为此例也。周氏跨蹑梁益，庸公镇方，弥加深敬越于恒伍。时年八十，谓门人法明曰：“吾死至矣，一无前虑，但悲去后图塔湮灭耳。当露尸以遗鸟（狩）[兽]。”及建武之年果被除屏。……[②]

宝海，四川阆中人，俗姓龚。曾从法云修习《成实论》。梁武帝于同泰寺讲《涅槃经》时，曾受敕与帝议论佛性义。后归返蜀中，居谢镇寺，大弘教法。宝海利口辩给，在蜀地声誉甚隆。

与宝海同时在法云处修习者，还有智方。《续高僧传》卷九《智方传》对智方的记载是：

---

① 鸠摩罗什亦有弟子名道标。据《释氏稽古略》卷二载：“师之弟子曰生、肇、融、叡，谓之什门四圣。加昙影、慧严、慧观、僧䂮、道常、道标，谓之什门十哲。”此“道标”与法云弟子“道标”并非一人。参见[元]觉岸：《释氏稽古略》卷二，《大正藏》第49册，第785页下。

② [唐]道宣：《续高僧传》，《大正藏》第50册，第492页中、下。

> 释智方，蜀川资中人。其先东吴，远祖宦于西蜀，遂乃家焉。童稚出家，止州廓龙渊寺轮法师所。早与宝海周旋同往杨都云法师讲下。而机辩爽利，播名杨越。每讲商略词义清雅泉飞，故使士俗执纸抄撮者常数百人。初讲《法华》，至《宝塔品》高妙，遂序王释义，了乃曰："何必昔佛国土有此高妙，即杨都福地亦甚庄严，至如弥天七级共日月争光，同泰九层与烟霞竞色。方井则倒垂荷叶，圆桶则侧布莲华。似安住之居南，类尼佉之镇北。耳闻目见庶可联衡。"录得者秘以赍归益部，吁嗟叹为惊绝。故其语出成章，状如宿构。宝海频来击难发其声彩。故海问曰："三变此方改秽成净，亦能变凡成圣不？"答曰："化佛甚多狭故须广，凡圣自尔何劳改变。"又难："若尔则六十小劫谓如食顷，但是圣睹凡不能睹，凡圣俱睹凡圣俱圣。"方笑曰："高坐何曾道此，乃是自道自难耳。"海觉言失，乃调曰："三隅木升何谓智方？"寻声报曰："瓦砾洿池那称宝海？"众大笑而散。及疾甚，海恒来看慰。乃谢曰："智方不能摄养，致此沈疴，仰劳仁者数来垂问，愿生善处常与同游。"俄而异香满室。中夜卒于益部，年九十余。①

智方亦是蜀人，早年与宝海同在法云门下修习。深受法云专擅《法华》之影响，《续高僧传》称其专讲《法华经》。智方以"机辩爽利"声名远播，就连"辩给无方"的宝海与之相比，尚略逊一筹。智方病重期间，宝海常往探慰。智方临终之时，仍期望来生能与与宝海同游。

据《续高僧传》卷七载，宝琼亦曾师从法云。其文曰：

> 释宝琼……幼年出俗，师事沙门法通。通初见而嗟重，深为道器也，不使服勤。年过志学，欲禀光宅寺云法师义。但以经藏飙拔，声实沸腾，无碍奔涌，谈吐横逸。窃疑词富，兼骇唱高。及移听南涧仙师，研精数论。②

宝琼，又称宝璚。少年出家，师事沙门法通，被法通视为"道器"。逾十五岁，欲从光宅寺法云受学，因无法禀受法云高拔之言论，遂转往南涧仙师处，精研毗昙之学。

① [唐]道宣：《续高僧传》，《大正藏》第50册，第492页下—493页上。

② [唐]道宣：《续高僧传》，《大正藏》第50册，第478页下。

第二节　法云生平事迹考

一、几次公开讲法

（一）开讲《法华》《净名》（《维摩诘经》）二经

建武四年（497），法云首次在妙音寺讲《法华经》《维摩诘经》。据《法云传》载：

> 及年登三十。建武四年夏，初于妙音寺开《法华》《净名》二经。序正条源，群分名类。学徒海凑，四众盈堂。佥谓理因言尽，纸卷空存。及至为宾，构击纵横，比类纷鲠。机辩若疾风，应变如行雨，当其锋者罕不心（务）[瞀]。宾主咨嗟，朋僚胥悦，时人呼为作幻法师矣。讲经之妙，独步当时。①

法云讲经期间，四方而来的僧众挤满了整个法堂。众人称赞法云的讲解“序正条源，群分名类”，穷尽了佛经的义理。宾客辩论环节，法云的机辩如同疾风行雨，令与他辩论的人心惊目眩。然而值得称道的是，法云的问难过程虽使当其锋者“心瞀”，但辩论总能在和谐的氛围中结束。因此，众人都对法云的辩才心悦诚服。法云讲经独步当时，故被时人尊称为“作幻法师”。齐中书周颙、琅琊王融、彭城刘绘、东莞徐孝嗣等当时名流，皆与法云相交莫逆。

（二）毗陵郡讲经

永元元年（499），法云受毗陵郡延请讲经。据《法云传》载：

> 永元元年，曾受毘陵郡请。道俗倾家，异端必集。弘振风猷，道被京城。鼓舞知归，巾褐识反。②

此次讲经，《法云传》并未指明所讲为何经，但由“道俗倾家，异端必集”不难看出，法云这次讲经可谓轰动一时，各教派云集，不仅极大地振兴了佛教，更使迷津者返归本性。

---

① ［唐］道宣：《续高僧传》，《大正藏》第50册，第464页上。

② ［唐］道宣：《续高僧传》，《大正藏》第50册，第464页上。

（三）开讲《成实论》

南梁时期，《成实论》盛行，法云是当时成实论师的代表性人物。据《法云传》载：

> 时诸名德各撰《成实》义疏。云乃经论合撰。……又敕于寺三遍敷讲，广请义学，充诸堂宇。敕给传诏，车牛吏力皆备足焉。①

法云所撰《成实论》之注疏虽已不存，但从现存之《法华义记》中还能屡见法云融会《成实论》以释解《法华经》之痕迹。如《法华义记》卷一曰："但譬标经者，即是《成实》所云《斧柯喻经》也。"② 卷三在释解"五浊"③ 中的"命浊"时言："命浊复是果报浊。《成实论》言：六（人）[入]六识得相续生名之为命，由有烦恼为因，生在三界，牵命感长感短杂乱无穷，名为命浊。"④ 又，卷八曰："故如苦集灭道等名为名。三苦为苦；业、烦恼为集；三心灭处名为灭；戒定慧等名道，如是等名为体。"⑤ 即是化用《成实论》关于"四谛"之说法。⑥ 因为法云在《成实论》上造诣颇深，所以梁武帝敕令他在寺中讲演《成实论》，并赏赐给他所需之车、牛、吏役等。

（四）开讲《般若经》

天监七年（508），梁武帝下旨注疏《大品般若经》，朝廷显贵请法云讲解，被法云以生病为由拒绝。梁武帝劝其勉力而为，法云才开讲《大品般若经》。据《法云传》记载：

---

① [唐]道宣：《续高僧传》，《大正藏》第50册，第464页上。

② [南梁]法云：《法华义记》，《大正藏》第33册，第574页中。《成实论》的相应内容是："佛经中说以无量心断，如《斧柯喻经》中说""佛于《斧柯喻经》中说"。参见[东晋]鸠摩罗什译：《成实论》，《大正藏》第32册，第246页上、第362页上。

③ 五浊者：劫浊、烦恼浊、众生浊、见浊、命浊。参见[南梁]法云：《法华义记》，《大正藏》第33册，第604页下。

④ [南梁]法云：《法华义记》，《大正藏》第33册，第604页下。《成实论》的相应内容是："是六入六识得相续生故名为寿，是相续断故名为死，是故此事名之曰命。是中何等是根？所谓业也。以因业故，六入六识得相续生，是命中业名为命根，是业从诸受生。"参见[东晋]鸠摩罗什译：《成实论》，《大正藏》第32册，第251页中。

⑤ [南梁]法云：《法华义记》，《大正藏》第33册，第670页下。

⑥ 据《成实论》卷二载："苦谛者谓三界也……集谛者业及烦恼……灭谛者后灭谛聚中当广说，谓假名心、法心、空心。灭此三心故名灭谛。道谛者谓三十七助菩提法。"参见[东晋]鸠摩罗什译：《成实论》，《大正藏》第32册，第250页下—251页中。

七年，制注《大品》。朝贵请云讲之。辞疾不赴。帝云："弟子既当今日之位。法师是后来名德。流通无寄，不可不自力为讲也。"因从之。[①]

（五）断酒肉一事中两次讲《大般涅槃经》

梁代以前，佛教僧侣一般都可以吃荤（虽名曰"三净肉"[②]，但仍属荤），梁武帝勒令僧尼一律蔬食。据《佛祖历代通载》卷九载，断酒肉一事发生在天监十二年（513）。梁武帝《断酒肉文》对该事的记载是：

今日[③]重令法云法师为诸僧尼讲《四相品》四中少分……二十三日旦，光宅寺法云于华林殿前，登东向高座为法师。瓦官寺慧明，登西向高座为都讲。唱《大涅槃经·四相品》四分之一，陈食肉者断大慈种义。法云解释。舆驾亲御，地铺席位于高座之北。僧尼二众各以次列坐。讲毕，耆阇寺道澄又登西向高座，唱此断肉之文，次唱所传之语。唱竟，又礼拜忏悔，普设中食竟，出。[④]

由《断酒肉文》的记载可知，法云开讲两次：第一次是二十三日在华林殿前解释《大般涅槃经·四相品》经文；第二次是重讲《四相品》中的部分内容。《断酒肉文》在其后附有《大般涅槃经·四相品》经文，为《四相品》从"尔时迦叶菩萨白佛言：世尊！食肉之人不应施肉"至"是则名为能随问答"，[⑤]法云所解释的即为这部分内容。

梁武帝断酒肉的理论依据有四个：其一，从慈悲的角度言不应食肉；其二，从轮回、果报的角度言不应食肉；其三，从持戒、少欲的角度言不应食肉；其四，从养生的角度言不应食肉。法云所讲《四相品》之经文，应是从慈悲的角度主张断酒肉。

由法云的五次讲经活动可知，法云在法华学、般若学、成实学、涅槃学等方面皆有相当造诣。究其原因在于，法云师承多方，兼采众家之长，再辅之以日夜勤学，故能博通众经，会融于法华，成为南朝法华学

① [唐]道宣：《续高僧传》，《大正藏》第50册，第464页中。
② 佛教所谓的"三净肉"有两种意义：其一，指不自杀，不为己杀，自死的；其二，指不见杀，不闻杀，不为己杀。
③ "今日"，当在二十三日大会之后。
④ [唐]道宣：《广弘明集》，《大正藏》第52册，第295下—269页上。
⑤ [刘宋]慧严等译：《大般涅槃经》，《大正藏》第12册，第626页上。

之集大成者。

二、法云生平逸事

（一）佛事论断

除讲经活动外，法云还多次评破当时佛门的不当之风。《法云传》记法云对长乐寺法调讲论的评价曰：

> 曾观长乐寺法调讲论。出而顾曰："震旦天子之都，衣冠之富。动静威仪勿易为也。前后法师或有词无义；或有义无词；或俱有词义而过无威仪。今日法坐俱已阙矣。皆由习学不优，未应讲也。"①

法云观看长乐寺法调讲论后提出，讲经的法师有的是有言词而无义理，有的是有义理而无好的言词，有的是言词和义理虽不错却仪范失宜。长乐寺的这场法会之所以言词、义理、仪式都有所欠缺，主要是因为习学不优。

此外，法云对跟风受戒之风也严加批评。"菩萨戒法"之撰受，为梁武帝亲自推动，亦是朝廷弘法的盛事，而法云直言不讳地提出反对。据《法云传》载：

> 帝抄诸方等经，撰受菩萨[戒]法。构等觉道场，请草堂寺慧约法师以为智者，躬受大戒以自庄严。自兹厥后，王侯朝士法俗倾都，或有年腊过于智者，皆望风奄附，启受戒法。云曰："戒终是一。先已同禀，今重受者，诚非所异，有若趣时。"于是固执。②

梁武帝撰"菩萨戒法"，请草堂寺慧约法师为智者，亲自接受大乘戒。自此以后，全国上下，甚至在年龄、入法门年限上都超过慧约的僧徒皆望风趋附，请求重新接受戒法。法云认为，戒律都是一样的，坚决反对重新受戒。法云这一举动表现出其不趋风媚俗的高风。

南宋僧志磐《佛祖统纪》卷第三十七《法运通塞志·梁武帝》中亦载有此事，内容大同小异，唯增加了"法云独曰：'吾既受戒矣，其可以

① [唐]道宣:《续高僧传》,《大正藏》第50册，第463页下—464页上。

② [唐]道宣:《续高僧传》,《大正藏》第50册，第464页下。

法为人事耶！’议者高之”等细节。[①] 按照《法运通塞志》的记载，法云这番特立独行的言论，为他带来了良好的声誉。

天监九年（510），妙光伪造《萨婆若陀眷属庄严经》一卷，梁武帝敕令僧正慧超偕同僧门诸大师、名德前往建康，辨析此事。法云亦参与问讯。经过问讯，妙光承认伪造之罪。《出三藏记集》卷五对该事的记载是：

> 右一部（指《萨婆若陀眷属庄严经》一卷）。梁天监九年，郢州（投）[头]陀道人妙光。……造作此经。……即以其年四月二十一日，敕僧正慧超，令唤京师能讲大法师、宿德，如僧祐、昙准等二十人，共至建康，前辨妙光事。超即奉旨，与昙准、僧祐、法宠、慧令、慧集、智藏、僧旻、法云等二十人，于县辩问。妙光伏罪，事事如牒。众僧详议，依律摈治。天恩免死。[②]

上述数则事件充分反映了法云敢于直言的性格，他出于对佛门的热爱，敢于违背时俗甚至皇帝的圣意。法云交游广阔，经常出入朝贵门第，虽说“动必弘法”，但颇受时人诟病，甚至被目为“趋炎附势的世俗僧人”。法云对佛门不当之风的直言批判，无疑彰显出其是一个坚持原则、敢言敢为的佛门高僧。

（二）天华坠席、亢旱请雨等神化传说

1. 天华坠席

中国佛教史上，常将异事付诸名僧大德。在法云的诸般神迹中，最有名者当数天华坠席。据《法云传》载：

> 初云年在息慈，雅尚经术。于《妙法华》研精累思，品酌理义，始末照览。乃往幽岩独讲斯典，竖石为人，松叶为拂，自唱自导，兼通难解。所以垂名梁代……尝于一寺讲散此经，忽感天华状如飞雪，满空而下，延于堂内，升空不坠，讫讲方去。[③]

---

① ［南宋］志磐：《佛祖统纪》，《大正藏》第 49 册，第 350 页上。

② ［南梁］僧祐：《出三藏记集》，《大正藏》第 55 册，第 40 页中、下。

③ ［唐］道宣：《续高僧传》，《大正藏》第 50 册，第 464 页下—465 页上。

由《法云传》的记载可知，法云在少年时期，就对《法华经》竭力精研，品味其义理，洞彻其始末。传说，法云曾独自在幽岩之上讲说《法华经》，竖石为听众，持松枝为拂尾，自唱自导，自问自答。《佛祖统纪·法运通塞志》“梁武帝”条记载：“光宅云法师讲《法华经》，感天花满空下如飞雪。”[①]

“天华坠席”是佛在演说大法之前出现的无上瑞相，《妙法莲华经》卷一《序品》中载有佛陀说《法华经》之前，曾出现普佛世界六种震动、佛放眉间白毫相光、尽见彼土等数种瑞相，天华坠席即为其中之一。其文曰：

> 尔时世尊，四众围绕，供养、恭敬、尊重、赞叹，为诸菩萨说大乘经，名《无量义》[②]，教菩萨法，佛所护念。佛说此经已，结加（跏）趺坐，入于无量义处三昧，身心不动。是时，天雨曼陀罗华、摩诃曼陀罗华、曼殊沙华、摩诃曼殊沙华，而散佛上，及诸大众……[③]

上述瑞相一出，便预示着佛“欲说大法，雨大法雨，吹大法螺，击大法鼓，演大法义”。[④]法云作为俗世僧侣，讲经时出现这种无上瑞相，反映出时人对法云的推崇。

2. 亢旱请雨

据道宣《集神州三宝感通录》卷下记载，梁武帝天监五年（506）冬，天大旱，保志向梁武帝推荐道：“云能得雨，可讲《胜鬘》。”梁武帝令法云讲经求雨，“当夜膏雨充洽”。《法云传》对该事的记载是：

---

① [南宋]志磐：《佛祖统纪》，《大正藏》第49册，第349页上。

② 《无量义经》原有两义：第一，指《无量义经》，收在《大正藏》第九册。此经是佛在说《法华经》之前所说。是由《法华》以前的方便经（权经）一转为法华真实经（实经）的先声，亦即此经具有开权显实的枢纽地位，在教判上占有重要位置，故历来以此经为《法华经》的开经，与《法华经》《观普贤经》合称“法华三部经”。第二，指《法华经》的别名。据印度婆薮盘豆（世亲）所造《法华经论》，举出《法华经》有十七种异名，《无量义经》即其中之一名（见《妙法莲华经忧波提舍》，《大正藏》第26册，第2页下—3页上）。此处的“《无量义经》”指的当是第一种涵义，表示佛陀在说《法华经》前，先说此《无量义经》作为引子，说此经毕，即现数种瑞相，以示紧接着所讲的《法华经》具有不可思议的精妙。

③ 《妙法莲华经》，《大正藏》第9册，第2页中。

④ 《妙法莲华经》，《大正藏》第9册，第3页下。

> 武帝欲祈请雨。志公曰："云能致雨，须请云公。"公开讲肆，至于《药草喻品》"其雨普等，四方俱下"，感雨。①

"其雨普等"是《法华经·药草喻品》的最后一句偈颂，该喻譬是说佛以方便力随缘说法，普度三千大千世界各种根机的众生，使其各得其所。正如一雨普下，各种树木药草得其润泽，竞相生长。

法云亢旱请雨一事，亦载于《佛祖统纪·法运通塞志》"梁武帝"条。其文曰："光宅云法师讲《法华经》，感天花满空下如飞雪。帝以亢阳问志公。公曰：'云能致雨。'帝因请讲《法华》，至'其泽普洽'即大霔。"② "其泽普洽"亦出自《法华经·药草喻品》。

3. 灯明佛③时已说《法华》

此事载于《法云传》。其文曰：

> 仪同陈郡袁昂云："有常供养僧，学云《法华》。日夜发愿，望得慧解等之。忽梦有异僧曰：'云法师灯明佛时已讲此经。那可卒敌也！'"④

《法云传》记载的这则充斥着浓郁宗教色彩的传说，从一个侧面反映出法云讲解《法华经》可谓独步当时。

4. 渔网得经征验断酒肉事

上述几则法云传说均与《法华经》相关，而此则传说与《涅槃经》相关。据《法云传》记载：

> 夷陵县渔人，于网中得经一卷，是《泥洹·四法品》。末题云："宋元徽二年。王宝胜敬造，奉光宅寺法云法师。"以事勘校，时云年始十岁，名未远布，寺无光宅。而此品正则，初云弘法，次断鱼肉。验今意行，颇用相符。⑤

---

① [唐]僧详:《法华经传记》,《大正藏》第51册，第56页下。

② [南宋]志磐:《佛祖统纪》,《大正藏》第49册，第349页上。

③ "灯明佛"，又作日月灯明佛。据《法华经》卷一《序品》载，过去无量无边不可思议阿僧祇劫，有佛号日月灯明如来。彼佛演说正法，其义深远，其语巧妙；为求声闻者说四谛法，求辟支佛者说十二因缘法，为诸菩萨说六波罗蜜，令得阿耨多罗三藐三菩提。参见[唐]僧详:《法华经传记》,《大正藏》第51册，第3页下。

④ [唐]道宣:《续高僧传》,《大正藏》第50册，第465页上。

⑤ [唐]道宣:《续高僧传》,《大正藏》第50册，第465页上。

夷陵县渔民在渔网中得到佛经一卷，题为《泥洹经·四法品》。卷末题记称，该经为南朝刘宋元徽二年（474）王宝胜所抄，用以供奉光宅法云。然而当时法云仅十岁余，光宅寺也还没有建成。这则异事的构思，无疑来源于陈胜、吴广的“鱼腹藏书”。陈胜、吴广将写有“陈胜王”的帛书置于鱼腹中，为起兵反秦制造所谓的“天命”。这则异事用渔网得书来征验法云日后的弘法断肉之举，从而给法云的“僧途”披上一层神圣的外衣。

尤值得注意者，这则异事中独用《泥洹经·四法品》，乃蕴有深意。为支持梁武帝的“断酒肉”政策，法云曾从经典的角度疏讲“断酒肉”的合理性。而法云所疏讲的经文，就是《涅槃经·四相品》。

据《高僧传·慧严传》记载，北凉昙无谶所译之四十卷《涅槃经》，文字粗朴，品目过略。南朝刘宋沙门慧严、慧观与谢灵运等，依法显之六卷《泥洹经》，对昙无谶所译之《涅槃经》重新修治，共成二十五品、三十六卷。学者为区别两译本，称原译本为《北本涅槃经》，称修治本为《南本涅槃经》。

法云疏讲“断酒肉”时引用之经文，当为《南本涅槃经》。该经之《四相品》思想内容，与《泥洹经·四法品》大体相同。“渔网得经征验断酒肉事”独用《泥洹经·四法品》，可能是为了强调该事发生时，法云年岁尚小，当时流行的是法显所译之六卷《泥洹经》，而非慧严之新译。这种细节上的严丝合扣，更显作传者之匠心。

上述异事大都载于《续高僧传·法云传》，而《法华传记》《佛祖统记》《北山录》等中的相关记载，大多源于《续高僧传》。除“渔网得经征验断酒肉事”外，其他几则异事都与《法华经》有关。究其原因在于，法云以擅讲《法华经》闻名，以至有“光宅《法华》，当时独步”[①]的盛誉。因此，法云的诸多异事也围绕《法华经》而展开。

三、法云译著

（一）译经

译经并非法云所长，故其所译经书屈指可数。据《法云传》载：“天监将末，扶南国献经三部，敕云译之。详决梁梵，皆理明意显，状若亲承。”[②]天监（502—519）末年，扶南国献来三部佛经。法云受敕翻译，详

① ［隋］吉藏：《法华玄论》，《大正藏》第34册，第363页下。
② ［唐］道宣：《续高僧传》，《大正藏》第50册，第464页下。

细审定汉语和梵语，译语义理明白、意思显畅。法云所译三部佛经中，今能查证的只有《文殊师利问经》两卷。不同目录书对该书的著录并不相同：

《大唐内典录》著录为："《文殊师利问经》二卷（天监十七年，敕僧伽婆罗于占云馆译，袁昙允笔受，光宅寺沙门法云详定。）"①

《历代三宝纪》的著录内容与《大唐内典录》相同，但后注文曰："罗专事翻译。敕令沙门宝唱、慧超、僧智、法云及袁昙允等笔受。"②

《开元释教录》的著录内容亦与《大唐内典录》相同，但后注文曰："初翻经日，于寿光殿，武帝躬临法座，笔受其文。然后乃付译人尽其经本。敕沙门宝唱、慧超、僧智、法云及袁昙允等相对疏出。"③

《贞元新定释教目录》的著录内容与《开元释教录》相同。

《古今译经图纪》著录该书为僧伽婆罗翻译，但其后录曰："初武帝自笔受。后付沙门宝唱、慧超、僧智、法云等笔受。"④

上述目录书均著录该书乃僧伽婆罗翻译，法云或详定或笔受或作疏，与《法云传》中法云受敕翻译扶南国三部献经的记载不同。有鉴于与法云有关的传世文献均未提及法云通梵文，笔者由此推断，法云受敕翻译扶南国三部献经恐是道宣误记。

（二）著作

《法华义记》八卷，是法云现存的唯一著作。该书又名《法华经义记》《妙法莲华经义记》《法华义疏》《法华经疏》等，收入日本《大正新修大藏经》第三十三册。该书虽然托名为光宅寺法云所作，但由书中"此意是光宅法师,今述而不作也"⑤"今光宅法师解,不作亲疏之义""今光宅法师解言……"⑥"光宅法师又于善舍寺中解此四句"⑦等记载来看，《法华义记》当是后人述法云意而作，并非法云亲作。

除《法华义记》八卷外，圆超《华严宗章疏并因明录》中有"《法华疏》六卷（光宅寺法云法师述）"⑧的记载。圆超所谓的《法华疏》是否为现存八卷本《法华义记》的另一抄本，还有待进一步考证。

---

① ［唐］道宣:《大唐内典录》,《大正藏》第 55 册，第 265 页下。
② ［隋］费长房:《历代三宝纪》,《大正藏》第 49 册，第 98 页下。
③ ［唐］智昇:《开元释教录》,《大正藏》第 55 册，第 537 页下。
④ ［唐］靖迈:《古今译经图纪》,《大正藏》第 55 册，第 364 页下。
⑤ ［南梁］法云:《法华义记》,《大正藏》第 33 册，第 574 页下。
⑥ ［南梁］法云:《法华义记》,《大正藏》第 33 册，第 603 页中。
⑦ ［南梁］法云:《法华义记》,《大正藏》第 33 册，第 603 页下。
⑧ ［日］圆超:《华严宗章疏并因明录》,《大正藏》第 55 册，第 1134 页上。

除《法华义记》之外，据《法云传》载，当时之名德均撰有《成实义疏》，“云乃经论合撰，有四十科，为四十二卷”。[①] 法云关于《成实论》的义疏今已亡佚，无法得知法云疏释之具体内容。由于缺乏文献资料佐证，笔者猜想所谓的“经论合撰，有四十科，为四十二卷”应有两种情况：其一，因为法云擅讲《法华》，所以“经论合撰”应指法云撰有《法华经》与《成实论》的义疏，合之有四十科，共四十二卷；其二，因为当时弘讲经论的法师经常融会《成实》来宣说大乘教义，所以“经论合撰”应指法云将《成实》与大乘经典融汇在一起进行疏解，合之有四十科，共四十二卷。

梁武帝曾敕令法云为光宅寺主，“创立僧制，雅为后则”。[②] 法云出任光宅寺主后创制的僧制，成为后世僧侣遵从的准则。《百丈清规证义记》亦称：“此丛林有《清规》一书也。清规作于梁之法云，奉诏而述。于唐之百丈禅师,至今千百余年。”[③] “清规”是指禅宗寺院组织章程及寺众日常生活的规则，亦即丛林众僧所必须遵守之仪则。禅宗早期并无清规，唐百丈山之怀海禅师始制定丛林规矩，撰《清规》两卷，世称《百丈清规》。由《百丈清规证义记》中的“清规作于梁之法云，奉诏而述”可知，法云奉诏而述之“清规”，就是法云出任光宅寺主后创制的僧制。质言之，百丈禅师在法云“僧制”的基础上，创立了丛林清规。

又，《法华义记》中两次提及《涅槃义记》。卷一曰：“然经既训法训常，是故《大智论》解修多罗备有五义：一出生、二微妙发、三涌泉、四绳墨、五花鬘也。五义之中有涌泉、绳墨，今取二义与法、常相符。何者？涌泉无穷，此与常义相会；绳墨之用本除斜取正，正而不斜，可轨可则，此与法义相符。曲解经字，如《大涅槃义记》所述也。”[④] 卷四曰：“今就有为果中有二种：一者功德，二者智慧，但功德、智慧此二难明，分别之相现显《涅槃义记》。”[⑤] 有学者据此提出，法云著有《涅槃义记》。[⑥]《高僧传》《续高僧传》及其他关于法云的著作中皆未出现法云著有《涅槃经》义疏的记载，而《法华义记》虽两出《涅槃义记》之名，但并未明言其著者为法云，故暂不将其视为法云著作。

---

① [唐]道宣:《续高僧传》,《大正藏》第 50 册，第 464 页上。

② [唐]道宣:《续高僧传》,《大正藏》第 50 册，第 464 页中。

③ [唐]怀海集编，[清]仪润证义:《百丈清规证义记》,《卍续藏经》第 111 册，(台北)新文丰出版公司，1993，第 582 页上。

④ [南梁]法云:《法华义记》,《大正藏》第 33 册，第 574 页上。

⑤ [南梁]法云:《法华义记》,《大正藏》第 33 册，第 619 页中。

⑥ [日]菅野博史:「光宅寺法雲の法華経観」,『東アジア仏教學術論集』2014 年第 2 号，第 68 页。

第三节　法云与神灭论大讨论

“神灭与否”大讨论不仅对法云一生影响甚巨，也是中国古代思想文化史上的重大事件。南朝梁天监六年（507），在梁武帝萧衍的示意下，法云发动王公朝贵对“神灭论”的代表人物范缜进行声讨，使“神灭与否”论争达到了高潮。此后，“神灭与否”论争逐渐淡化。

南朝梁天监六年的“神灭与否”大讨论，是中国思想史、哲学史、佛教史上的重要议题，许多研究专著都提及法云在其中的重要作用。如侯外庐先生的《中国思想通史》[①]、孙述圻先生的《六朝思想史》[②]、方立天先生的《中国佛教哲学要义》[③]。三位先生一致认为，法云时任大僧正一职，由他来组织这一场反对“神灭论”以维护佛门教义的围攻，是顺理成章之事。

还有一些学者提出，是梁武帝亲自颁发《敕答臣下神灭论》，发动高僧、王公贵族与范缜辩论的。如黄忏华先生的《中国佛教史》[④]、郭朋先生的《中国佛教思想史》[⑤]、汤用彤先生的《汉魏两晋南北朝佛教史》[⑥]、任继愈先生的《中国哲学简编》[⑦]、孙叔平先生的《中国哲学史稿》[⑧]、辛旗先生的《中国历代思想史》[⑨]、北大哲学系主编的《中国哲学史》[⑩]，等等。

围绕这场“神灭与否”大讨论，学者们从不同角度撰文探讨。如邱明洲先生的《范缜〈神灭论〉发表的年代》、李才远先生的《也谈范缜〈神灭论〉发表的年代》、陈士强先生的《范缜以后唯物主义形神论为何停滞不前》、王玮先生的《梁武帝的神不灭论新探》，等等。这些文章只是简单提及法云发动王公朝贵声讨范缜，并未就法云在这一事件中的真实作用与地位展开详述。笔者在爬梳相关文献材料后发现：第一，南朝梁天监六年，法云尚未担任大僧正之职。第二，法云虽未担任大僧正

① 侯外庐、赵纪彬、杜国庠、丘汉生编：《中国思想通史》卷三，人民出版社，1957，第394页。
② 孙述圻：《六朝思想史》，南京出版社，1992，第303—304页。
③ 方立天：《中国佛教哲学要义》上卷，中国人民大学出版社，2002，第127页。
④ 黄忏华：《中国佛教史》，商务印书馆，1947，第40页。
⑤ 郭朋：《中国佛教思想史》上卷，福建人民出版社，1994，第685页。
⑥ 汤用彤：《汉魏两晋南北朝佛教史》，上海人民出版社，2015，第329页。
⑦ 任继愈：《中国哲学简编》，人民出版社，1974，第296页。
⑧ 孙叔平：《中国哲学史稿》，上海人民出版社，2000，第504页。
⑨ 辛旗：《中国历代思想史》卷三，文津出版社，1993，第271页。
⑩ 北大哲学系主编：《中国哲学史》，中华书局，1992，第315页。

之职，但在“神灭与否”大讨论中起到了关键性的作用。下面，笔者就“神灭与否”大讨论的背景、过程、法云所扮演的角色等，展开进一步论述。

一、“神灭论”论争的背景

中国佛教中的“神”，除了人格化的神外，还具有四种意蕴：一、精神，泛指一切心理现象。二、灵魂，即寓于人体之中，且死后不灭的一种存在，是生死轮回的本体。三、佛性，即见性后的识神，是人成就佛果的根源。四、法身，即人得道后无身无形独自存在的神。[①]“神灭论”论争中的“神”，是第二种意义。

自先秦时起，先哲们就围绕神灭与否问题展开了讨论。如孔子提出：“未能事人，焉能事鬼？”[②]庄子以“薪火之喻”[③]来说明形神关系，等等。需明确的是，先秦时期，神灭与否问题虽然引发先哲们的讨论，但并未引起大范围的论争。神灭与否论争的兴起，是在佛教传入中国之后。

牟子《理惑论》是中国历史上较早反映儒释道三家关系的著作。牟子在回应时人“佛道言人死当复更生”的非难时，答言“魂神固不灭矣，但身自朽烂耳”，[④]明确提出“人死身朽，神魂不死”的观点。

东晋后期，庐山慧远（334—416）[⑤]所作的《形尽神不灭》是“神不灭”论方面最具代表性的作品。慧远针对“神之处形犹火之在木，其生必存其毁必灭”的问难，提出“神”是“精极而为灵者”。[⑥]慧远论证“神不灭”论的主要依据有二：第一个依据是古之论道者之言。慧远引用庄子生命是大患，形神为寄托，以及文子“形有靡而神不化”的观点进行论证。第二个依据是“薪火之喻”。慧远提出：“以实火之传于薪，犹神之传于形；火之传异薪，犹神之传异形。”[⑦]彭自强先生将“薪火之喻”阐释为：“火与薪的关系如同神与形的关系一样，薪会烧成灰烬，而火却从一薪传至另一薪；形会消灭，而神却可以从一形传至另一形，由此证

---

① 方立天：《中国佛教哲学要义》上卷，中国人民大学出版社，2002，第130—133页。

② [清]刘宝楠：《论语正义》，《诸子集成》，上海书店出版社影印，1986，第243页。

③ [清]郭庆藩：《庄子集释》，《诸子集成》，上海书店出版社影印，1986，第60页。

④ 《理惑论》，载[南梁]僧祐：《弘明集》，《大正藏》第52册，第3页中。

⑤ 中国佛教史上，以“慧远”为名的高僧中，有两位影响较大：一为东晋庐山慧远，乃我国净土宗初祖，即此处所提之慧远；一为隋朝净影寺慧远。本书分别称之为庐山慧远和净影寺慧远。

⑥ [南梁]僧祐：《弘明集》，《大正藏》第52册，第31页中、下。

⑦ [南梁]僧祐：《弘明集》，《大正藏》第52册，第32页上。

明形尽神不灭。”[①]“薪火之喻”是汉代以来，元气论者反对神不灭的重要依据，慧远却得出了“神不灭”的结论。

南朝宋初，围绕神灭与否的问题，思想界曾展开过一场大辩论。这次大辩论的导火线是沙门慧琳所撰之《白黑论》(又称《均善论》《均圣论》)。慧琳在该文中提出，佛教讲幽冥和来生并无“征验”。此论一出，就震撼了整个佛教界乃至思想界，并引发了神灭与否的大讨论。首先，衡阳内史何承天将慧琳此文寄给慧远门徒宗炳观览。宗炳遂作《明佛论》(又称《神不灭论》)，对慧琳的《白黑论》进行批驳。此外，宗炳又作《答何衡阳书》《又答何衡阳书》，与慧琳、何承天开展辩论。何承天作《答宗居士书》《达性论》等，用“生必有死，形毙神散”[②]来驳斥“神不灭”论。颜延之赞成“神不灭”之说，作《释何衡阳达性论》《重答何衡阳》两文，与何承天辩《达性论》。何承天作《答颜光禄》，予以批驳。此外，任城彭丞作《无三世论》反对“三世”说，僧含法师作《神不灭论》以抗之。由此可见，晋末宋初，思想界关于神的存灭问题的争论已经相当激烈。

先秦时期，思想界已开始关注“神灭”问题，然而“神灭与否”大范围的论争，是在佛教传入之后。因为“神灭论”直接威胁到灵魂、轮回等佛教核心教义，与佛教有着不可调和的矛盾，所以要想推行佛教，必然要驳倒“神灭论”。

萧衍以武力夺取政权之后，深感“率土未宁，菜食者众，兼款附相继，赏与未周，怨望者多，怀音者少”，[③]因此，竭力推崇佛教，借以麻痹百姓的反抗意识，巩固自身的统治。梁武帝自身亦虔诚信奉佛教，曾公开讲说《大般涅槃经》《大般若经》《金字三慧经》，著有《制旨大涅槃经讲疏》一百零一卷、《大品批注》五十卷、《制旨大集经讲疏》十六卷、《发般若经题论义并问答》十二卷，以及《三慧经讲疏》《净名经义记》《立神明成佛性义记》《批注大品经序》《为宝亮法师制涅槃义疏序》《金刚般若忏文》《摩诃般若忏文》《净业赋》等。《弘明集》《广弘明集》辑录的梁武帝有关佛教的文论、敕答，共有二十一篇。梁武帝在推行佛教方面可谓不遗余力，不仅多次舍身入寺为奴，而且带头禁食酒肉。

---

① 彭自强:《佛教与儒道的冲突与融合——以汉魏两晋时期为中心》，巴蜀书社，2000，第281页。

② [刘宋]何承天:《达性论》，载[南梁]僧祐:《弘明集》，《大正藏》第52册，第21页下。

③ [南梁]萧纲:《重启请御讲(并敕答)》，载[唐]道宣:《广弘明集》，《大正藏》第52册，第234页中、下。

佛教讲轮回，讲因果，所谓前世因，今世果；今世因，来世果，其在很大程度上可以消除百姓对残酷现实的反抗之心，安心接受前世恶因造成的今世苦难，并把希望寄托在来世。范缜公然提出“神灭”之说，以“形存则神存，形谢则神灭”来驳斥佛教的轮回观，动摇了梁武帝以佛安民的统治根基，范缜由此成为梁武帝、王公朝贵、佛教人士围攻的目标。

范缜在《神灭论》中提出“形质神用”的观点。他说：“形者，神之质；神者，形之用。是则形称其质，神言其用，形之与神，不得相异。”①汤一介先生认为：“由于范缜运用了魏晋玄学中关于‘体’和‘用’（或‘质’和‘用’）的观点，把‘体’‘用’看成是统一的，无‘体’则‘用’无根据，无‘用’则‘体’无所现显，故‘体用如一’而‘形神相即’。”②在这里，“质”即实体，“用”即作用，二者是从属的关系。范缜以“质”和“用”说明人的形体和精神不是相互并立的，而是精神从属于形体。换句话说，形体是精神赖以生存的实体，精神是形体的作用。“质”和“用”的关系，犹如刃与利的关系。人的形体死亡后，精神也随之消逝。

范缜直接揭明自己提出“神灭论”，主要是针对“浮屠害政，桑门蠹俗”的弊端。他认为佛教导致“家家弃其亲爱，人人绝其嗣续，至使兵挫于行间，吏空于官府，粟罄于惰游，货殚于土木”，③可谓流害无穷，必须加以遏制。

二、梁代“神灭论”大讨论的经过

梁代的“神灭论”大讨论，是围绕范缜的传世名篇《神灭论》而开展的。《神灭论》的发表年代，学界至今尚无定论。一种观点认为，《神灭论》发表于南梁天监六年（507）。如侯外庐先生的《中国思想通史》、任继愈先生的《中国哲学史》、孙叔平先生的《中国哲学史稿》，等等。另一种观点认为，《神灭论》发表于南齐武帝时期。如陈元晖先生的《范缜发表〈神灭论〉不在梁天监六年》④、邱明洲先生的《范缜〈神灭论〉发表的年代》，等等。李才远先生在《也论范缜〈神灭论〉的发表年代》一文中提出，南齐武帝时期，范缜在驳斥了萧子良的“因果报应”说之后，又作《神灭论》。此书一出，朝野哗然。天监六年（507），范缜接受梁武

① ［南梁］僧祐：《弘明集》，《大正藏》第52册，第55页上。

② 汤一介：《佛教与中国文化》，宗教文化出版社，2000，第36页。

③ ［南梁］僧祐：《弘明集》，《大正藏》第52册，第57页中。

④ 参见陈元晖：《范缜的无神论思想》附录，湖北人民出版社，1979。

帝以及众僧名士的挑战，将《神灭论》改写成有宾有主、一问一答的文体。即今本《神灭论》。[①] 关于《神灭论》曾经改制的问题，孙述圻先生的《六朝思想史》[②]、任继愈先生的《中国哲学简编》[③]、辛旗先生的《中国历代思想史》[④]、北大哲学系主编的《中国哲学史》[⑤]、复旦大学哲学系主编的《中国古代哲学史》[⑥] 等专著中均有所提及。笔者赞同李才远先生的观点，即《神灭论》初稿发表于南齐武帝时期，天监六年被改制成宾主问答体。

范缜同“神不灭”论者进行过两次大论战。第一次大论战发生在齐代。据《梁书·范缜传》记载，竟陵王萧子良精信释教，而其属官范缜“盛称无佛”，萧子良诘问范缜：“君不信因果，世间何得有富贵，何得有贱贫？”范缜就因果报应问题，与萧子良进行了针锋相对的论战。论战结束后，范缜“退论其理，著《神灭论》”。此论一出，“朝野喧哗，子良集僧难之而不能”。[⑦]

《南史》对这次大讨论的记载与《梁书》基本相同，只不过《梁书》在“著《神灭论》”之后，转录了问答体《神灭论》的全文；而《南史》在“著《神灭论》”之后，用“以为”一词引述了一段直接论证“神灭”思想的文字。两书的表达形式虽然不同，基本观点却是完全一致的。由此可见，范缜在第一次大论战之际，就发表了《神灭论》。

与第一次大论战相比，第二次大论战更为激烈，直接将“神灭论”大讨论推向高潮。梁武帝将“以佛治国”作为基本国策，范缜的《神灭论》无疑是其推行这一国策的最大绊脚石。据《梁书·武帝本纪》记载：“竟陵王子良开西邸，招文学，高祖（萧衍）与沈约、谢朓、王融、萧琛、范云、任昉、陆倕等并游焉，号曰‘八友’。”[⑧] 齐永明年间，竟陵王萧子良在鸡笼山建西邸，广揽天下名士，时为“竟陵八友”之一的萧衍，对萧子良与范缜关于“神灭不灭”的那场论争自然是了然于胸的。

为消除范缜《神灭论》的社会影响，梁武帝亲自撰写了两篇文章——《大梁皇帝立神明成佛义记》《大梁皇帝敕答臣下神灭论》。《大梁皇帝立

① 李才远：《也论范缜〈神灭论〉的发表年代》，《西南师范学院学报》1983 第 3 期，第 64—67 页。
② 孙述圻：《六朝思想史》，南京出版社，1992，第 302—303 页。
③ 任继愈：《中国哲学简编》，人民出版社，1974，第 296 页。
④ 辛旗：《中国历代思想史》卷三，文津出版社，1993，第 270—271 页。
⑤ 北大哲学系主编：《中国哲学史》，中华书局，1992，第 314—315 页。
⑥ 复旦大学哲学系主编：《中国古代哲学史》，上海古籍出版社，2006，第 314—315 页。
⑦ [唐] 姚思廉：《梁书》，中华书局，1983，第 665 页。
⑧ [唐] 姚思廉：《梁书》，中华书局，1983，第 2 页。

神明成佛义记》着重从佛理的角度，论证神不可灭。《大梁皇帝敕答臣下神灭论》是梁武帝颁发的一道诏书，直接将矛头指向了范缜及其《神灭论》。其文曰：

位现致论，要当有体。欲谈无佛，应设宾主。标其宗旨，辩其短长，来就佛理以屈佛理，则有佛之义既踬，神灭之论自行。岂有不求他意，妄作异端，运其隔心，鼓其腾口。虚画疮疣，空致诋呵。笃时之虫惊疑于往来，滞甃之蛙河汉于远大。其故何也？沦蒙怠而争一息，抱孤陋而守井干。岂知天地之长久，溟海之壮阔。孟轲有云："人之所知，不如人之所不知。"信哉！观三圣设教，皆云不灭。其文浩博难可具载，止举二事试以为言。《祭义》云："惟孝子为能飨亲。"《礼运》云："三日斋，必见所祭。"若谓飨非所飨，见非所见，违经背亲，言诚可息。神灭之论，朕所未详。[①]

《大梁皇帝敕答臣下神灭论》所谓的"有佛之义既踬，神灭之论自行"，明确揭示了范缜"神灭论"的主要目的，就是"欲谈无佛"。前文已述，梁武帝将"以佛治国"作为基本国策，而范缜的《神灭论》无疑是其推行这一国策的最大绊脚石。梁武帝对范缜《神灭论》所作的评价是："违经背亲，言诚可息。"并提出范缜若执意"盛称无佛"的话，也应自设宾主，按照问答体的模式，重新撰写《神灭论》阐述己说。由此推断，梁武帝在此文中所提之《神灭论》，应是范缜发表于南齐武帝时期的版本。范缜在梁武帝的要求下，将先前的《神灭论》改写为他人问难而己答的宾主问答体。

范缜的《神灭论》，《梁书·范缜传》与《弘明集》卷九萧琛《难神灭论》中均有收录。《梁书》与萧琛《难神灭论》所收录的《神灭论》，除个别字句有所出入外，行文完全一致。

为了响应法云发起的讨论神灭论的号召，时任东宫舍人的曹思文写了《难神灭论》和《重难神灭论》两篇诘难文章，给范缜强加上"欺天罔地""伤化败俗"的罪名。此外，曹思文在《难神灭论》后面所附之

① [南梁]萧纲：《大梁皇帝敕答臣下神灭论》，载[南梁]僧祐：《弘明集》，《大正藏》第52册，第60页中。

《启诏》中曰:“窃见范缜《神灭论》,自为宾主,遂有三十余条。”[①]可见,曹思文所见的《神灭论》已是宾主问答体了。由此推断,《神灭论》改制的时间,应在梁武帝亲自颁发《敕答臣下神灭论》之后、法云发动大论战之前。

曹思文所见之“自为宾主,遂有三十余条”的《神灭论》,与《梁书》和萧琛《难神灭论》所收录之《神灭论》一致。由此推断,《梁书》、萧琛《难神灭论》所收录之《神灭论》与曹思文所见之《神灭论》,均是范缜改制后的版本。因此,《梁书》恐是误将改制后的版本当作南齐武帝时期发表的版本了。

由此推测,范缜作《神灭论》公然反对佛教,有违梁武帝“以佛治国”之基本国策。为了反对范缜的《神灭论》,梁武帝亲自颁发《敕答臣下神灭论》。但是,梁武帝不想被贴上靠威权打压异己的标签,便在敕书中含蓄地劝说范缜“违经背亲,言诫可息”。为了让范缜知难而退,梁武帝提出“欲谈无佛,应设宾主,标其宗旨,辨其短长,来就佛理以屈佛理”的要求。然而耿直的范缜按照“欲谈无佛,应设宾主”的“建议”,很快将《神灭论》改为宾主问答体。由于范缜已经按照梁武帝的“建议”,将《神灭论》改为宾主问答体,梁武帝不好再对范缜横加指责,因此,需要另一个合适的人站出来,发动高僧、王公朝贵与范缜展开辩论。而法云就充当了这一角色。

综上所述,可将梁代“神灭论”大讨论的大致经过,简陈于下:

①范缜于南齐武帝时期发表《神灭论》,该论有违梁武帝以佛治国之基本国策;

②梁武帝劝说范缜“违经背亲,言诫可息”,并提出“欲谈无佛,应设宾主”的改制要求;

③范缜改论为宾主问答体;

④法云发动王公朝贵围攻范缜。

三、法云在“神灭论”大讨论中的地位与作用

现当代学者普遍认为,梁代大僧正法云法师在梁武帝的支持下,发动了震惊朝野的“神灭论”大讨论。南北朝时期,南朝与北朝均已形成

---

① [南梁]曹思文:《难范中书神灭论(并启诏)》,载[南梁]僧祐:《弘明集》,《大正藏》第52册,第58页中。

完备的僧官制度。南朝的最高僧官称为“大僧正”，总领天下佛事。赞宁《大宋僧史略》卷二释“僧正”曰：“所言僧正者何？正，政也，自正正人，克敷政令，故云也。盖以比丘无法，如马无辔勒，牛无贯绳，渐染俗风，将乖雅则。故设有德望者，以法而绳之，令归于正，故曰僧正也。”[①] 因此，总领天下佛事的大僧正，就是发起“神灭论”大讨论的不二人选。

但需要澄清的是，“神灭论”大讨论发生在天监六年，其时的大僧正并非法云法师，而是慧超法师。据《续高僧传·慧超传》记载，慧超“梁祚伊始”（南梁建国于502年）即被敕命为僧正，在位二十余年，普通七年（526）圆寂。于圆寂前一年，“自解免”僧正一职。[②] 而同书《法云传》称法云是“普通六年（525）勅为大僧正”，[③] 正好接替慧超之职。这就意味着，天监六年（507）担任大僧正者，是慧超法师。

天监六年，梁武帝若要发动佛教界围攻范缜的话，时任大僧正一职的慧超应是组织这场活动的不二人选，而非法云。此外，从法云所作《与公王朝贵书》来看，法云并没有从佛教义理的角度，反驳范缜的《神灭论》。可见，“神灭与否”并非法云专擅的议题。[④] 那么，梁武帝为何越过当时的大僧正慧超，让并不专擅“神灭与否”议题的法云来组织这场论战呢？

据《弘明集》卷十《庄严寺[⑤] 法云法师与公王朝贵书》记载：

> 主上《答臣下审神灭论》，今遣相呈。夫神妙寂寥，可知而不可说。义经丘而未晓，理涉旦而犹昏。
>
> 主上凝天照本，袭道赴机，垂答臣下，旨训周审。孝享之礼既彰，桀怀曾史之慕。三世之言复阐，纣协波仑之情。预非草木，谁不歌叹。希同挹风猷，共加弘[⑥] 赞也。释法云呈。[⑦]

① [北宋]赞宁：《大宋僧史略》，《大正藏》第54册，第242页下。

② [唐]道宣：《续高僧传》，《大正藏》第50册，第468页上、中。

③ [唐]道宣：《续高僧传》，《大正藏》第50册，第464页下。

④ 法云于《法华义记》中，在阐发“五钝使为烦恼浊”时指出：“众生由烦恼为因，于中乱受生不定，轮回三界、往还六道，交乱受生，但众生是浊主也。”正明众生六道轮回之因，“轮回”之说乃佛学界之通见，并不足以说明法云专擅“神不灭”之论。（第604页下。）

⑤ 法云当时尚未升任光宅寺住持，仍在庄严寺中。

⑥ 原本无“弘”，《大正藏》载宋、元、明及宫本皆有，依文句对仗当有，今据此四本添。

⑦ [南梁]僧祐：《弘明集》，《大正藏》第52册，第60页中。

《弘明集》卷十于梁武帝《敕答臣下神灭论》后，先是附录法云《与公王朝贵书》，然后是王公朝贵的答文。法云在《与公王朝贵书》中指出，“神”无形无象，孔丘、周公等先贤皆对此不言，[①]然后称赞梁武帝天纵英才，令“孝享”之礼、“三世”之论得以彰显。由《与公王朝贵书》的记载可知，《敕答臣下神灭论》的诏书先是赐给法云，法云将其送呈给王公朝贵时，将此文与诏书一起转呈。《弘明集》卷十在法云《与公王朝贵书》之后，附录了六十二位王公朝贵的答文。这批答文或是称赞梁武帝“天识昭远，圣情渊发”[②]“睿旨渊凝，机照深邈”，[③]或是称颂法云“志洽通敏”[④]“宣扬至道，光阐大猷”。[⑤]六十二位王公朝贵中，仅有两人明言附有所作“难神灭论”之文，一为尚书令沈约。沈约在答文中称：“弟子亦即彼论，微历疑核，比展具以呈也。”[⑥]一为东宫舍人曹思文。曹思文在答文中称：“弟子近聊就周孔以为难。今附相简，愿惠为一览之。”[⑦]此外，萧琛虽未明言附文，但亦作《难神灭论》。该文后被收入《弘明集》卷九。

这批答文中，有些答文被收录在作者本人的文集中。以《汉魏六朝百三家集》为例，卷九十三《陆倕集》中收录有《答释法云书》一文，卷九十五《梁王筠集》中亦收录有《答释法云书》一文。两文的内容与《弘明集》卷十收录的《散骑侍郎陆任太子中舍陆倕答》《豫章王主簿王筠答》相同。换言之，陆倕《答释法云书》和王筠《答释法云书》的全称分别是《散骑侍郎陆任太子中舍陆倕答释法云书》和《豫章王主簿王筠答释法云书》。由此推测，《弘明集》中所列王公朝贵的文章题目（如“临川王答”“尚书令沈约答”）的全称，均应为“……答释法云书”。《弘明集》作者为行文方便，统一省去了“……答”后的“释法云书”。

---

① 沈绩在为梁武帝《大梁皇帝立神明成佛义记》所作之序言中亦有类似之言论：“夫神道冥默，宣尼固已绝言，心数理妙，柱史又所未说。非圣智不周，近情难用，语远故也。是以先代玄儒谈遗宿业，后世通辩亦论滞来身。非夫天下之极虑，何得而详焉！”参见［南梁］僧祐：《弘明集》，《大正藏》第52册，第54页上。

② 《建安王答（释法云书）》，载［南梁］僧祐：《弘明集》，《大正藏》第52册，第60页下。

③ 《长沙王答（释法云书）》，载［南梁］僧祐：《弘明集》，《大正藏》第52册，第60页下。

④ 《太子中舍陆煦答（释法云书）》，载［南梁］僧祐：《弘明集》，《大正藏》第52册，第61页下。

⑤ 《五经博士贺玚答（释法云书）》，载［南梁］僧祐：《弘明集》，《大正藏》第52册，第65页中。

⑥ 《尚书令沈约答（释法云书）》，载［南梁］僧祐：《弘明集》，《大正藏》第52册，第60页下。

⑦ 《东宫舍人曹思文答（释法云书）》，载［南梁］僧祐：《弘明集》，《大正藏》第52册，第65页下。

天监六年，梁武帝发动佛教界围攻范缜时，为何越过当时的大僧正慧超，而让并不专擅“神灭与否”议题的法云来组织这场论战呢？笔者推想，其原因大致如下：

其一，据《法云传》记载：“天监二年，敕使长召（法云）出入诸殿，影响弘通之端，囋扬利益之渐。皇高亟延义集，未曾不敕令云先入后下诏令。”由此推测，法云与梁武帝交往甚密，可能就《神灭论》的负面影响与梁武帝进行过深入交流。

其二，法云在讲经析理、机辩应变方面，可谓纵横捭阖、迅捷如风，“当其锋者罕不心誓”。将论争一事交于他，亦是用其所长。

其三，吸收竟陵王萧子良集众僧与范缜论战失败的教训。法云不仅在佛教界享有盛誉，还与“一代名贵，并投莫逆之交”。因此，由人脉广阔的法云出面，能号召更多的王公朝贵、佛教人士参与对《神灭论》的口诛笔伐。

佛教传入中国以来，“神灭与否”的议题就成为思想界争论的焦点问题，梁代的“神灭与否”大讨论更是直接将这一议题推向高潮。梁代的“神灭与否”大讨论不仅是佛教界捍卫自身教义的活动，更是由南梁统治集团直接发动的打击异端的政治活动。当时，法云虽未担任大僧正一职，但其凭借自身的才能与名望，广泛发动王公朝贵、佛教人士参与对《神灭论》的口诛笔伐，他也由此成为这场大讨论的核心人物。[①] 这场大讨论结束后，法云在佛教界的地位大幅提升，最终于普通六年（525），被敕为大僧正。

① 曹思文亦有启奏之文，附于其《难范中书〈神灭论〉》后。其文曰：“思文启：窃见范缜神灭论，自为宾主，遂有三十余条。”（[南梁]僧祐:《弘明集》,《大正藏》第52册，第58页中。）可见，曹思文之启奏作于范缜《神灭论》改制为宾主问答体之后，而梁武帝《敕答》之文作于《神灭论》改制之前。前文已述，整件事情的大致经过为：①范缜于南齐武帝时期发表《神灭论》，该论有违梁武帝以佛治国之基本国策；②梁武帝劝说范缜“违经背亲，言诚可息”，并提出“欲谈无佛，应设宾主”的改制要求；③范缜改论为宾主问答体；④法云发动王公朝贵围攻范缜。

附表一　法云生平大事纪[①]

历史年代	法云事迹
刘宋泰始三年（467）	出生于江苏宜兴，姓周名云
刘宋元徽二年（474）	七岁出家，更名法云，住庄严寺，为僧成、玄趣、宝亮弟子
南齐建元二年（480）	十三岁，始受业
南齐永明中（483—493）	僧柔于道林寺发讲，法云谘决累日，由是显名
南齐建武四年夏（497）	三十岁，于妙音寺讲《法华》《净名》二经，世称“作幻法师”
约建武四年（497）至永元元年（499）	遭母忧，哀伤绝食，僧旻劝说后方进食
南齐永元元年（499）	受毗陵郡请讲法，道俗皆喜
南梁天监二年（503）	敕使长召出入诸殿，武帝皆敕令云先入后下诏令； 撰《成实论》义疏四十二卷，并三遍敷讲
南梁天监六年（507）	发动王公朝贵就“神灭与否”与范缜展开论战
南梁天监七年（508）	注《大品般若经》，并讲之； 梁武帝礼为家僧，敕为光宅寺主，创立梁代僧制； 皇太子选请十位僧中，云居上首
南梁天监末年（519）	于秣陵县同下里中造寺一所 扶南国献经三部，敕云译之 对王侯朝士从慧约重授菩萨戒之风加以批评 于光华殿设千僧大会，分舍财物
南梁普通六年（525）	敕为大僧正，于同泰寺设千僧会
南梁大通三年三月（529）	卒，葬定林寺，享年六十三岁

① 据《续高僧传·法云传》记载，“及年登三十，建武四年夏，初于妙音寺开《法华》《净名》二经”，则建武四年夏（497），法云三十岁。又“以大通三年三月二十七日初夜，卒于住房，春秋六十有三”，则大通三年三月（529），法云六十三岁。但若法云建武四年夏季为三十岁，则大通三年三月应为六十二岁，当中有一年的误差，或用虚岁之故。

第二章 《法华义记》相关考证

《法华经》是大乘佛教的主要经典之一，而天台宗兴起后，《法华经》更是被誉为“诸经之王”，对于《法华经》的注疏及研究也成为中国佛学史上的重要议题。法云所撰《法华义记》又名《法华经义记》，是我国现存所有《法华经》之注释书中，仅次于竺道生所撰《法华经疏》之古本。该书以姚秦鸠摩罗什法师所译之《妙法莲华经》[①]为底本，是《妙法莲华经》之注释书，初释经题，论《法华经》之宗旨，揭举《法华经》为序分、正宗分、流通分三重分科（详见本书第三章第一节）；次解释自《序品》以下至《普贤劝发品》等二十七品之文义。因当时流布的经本中尚无《提婆达多品》等，故而并没有关于《提婆达多品》及《普门品》重颂的解释。

法云疏讲《法华经》被誉为“当时独步”[②]。智顗亦称：“今古诸释，世以光宅为长。”[③]《法华义记》对后世佛教，尤其是天台宗影响深远，不仅天台宗创始人智顗、三论宗创始人吉藏等关于《法华经》的注疏受其影响颇深，日本圣德太子之《法华经义疏》[④]亦多采自《法华义记》。本章拟分别就《法华义记》的撰作年代、主要内容、版本流布、辩论色彩等展开论述。

---

① 现存题为姚秦鸠摩罗什所译二十八品《妙法莲华经》译本并非罗什原译本。罗什据龟兹文本原译仅二十七品。据僧祐《出三藏记集》卷二及费长房《历代三宝纪》卷十一所载，《妙法莲华经·提婆达多品》乃僧祐之师法献法师（423—497）于高昌所得，齐永明年间（483—493），请西域法师达摩摩提（法意）共同译出。后将《提婆达多品》编入《妙法莲华经》，遂为二十八品。李幸玲教授经过考证认为，至梁代，经真谛（499—569）之手将法献得自西域，节译自梵本《见宝塔品》后半部的单行本添入流通最广的罗什译本，自始《提婆达多品》乃成独立之一品，被编入现今所见之二十八品本中。参见李幸玲：《〈法华经·提婆达多品〉的成立——与嘉达美诠释学的对话》，《玄奘佛学研究》第 11 期，2008。

② ［隋］吉藏：《法华玄论》，《大正藏》第 34 册，第 363 页下。

③ ［隋］智顗：《妙法莲华经玄义》，《大正藏》第 33 册，第 691 页下。

④ 圣德太子《法华义疏》与《法华义记》的章节安排大体相同，亦只有二十七品，无《提婆达多品》，并且以因果为宗、三科分经等，近乎相同，足见《法华义记》对其之影响。

第一节 《法华义记》撰作者及撰作年代

学界普遍认为,《法华义记》虽托名“光宅寺法云撰”,但并非法云亲撰。既然《法华义记》并非法云亲撰,那么,其撰者究竟为谁?其成书于何时?法云和《法华义记》之间是何关系?《法华义记》是否体现了法云的佛学思想?上述问题的答案,只能从《法华义记》文本中去寻找。

首先来看法云和《法华义记》之间的关系。通观《法华义记》全书,共有六处提及法云之名。分别是:

寻诸经宗旨要略有三:一者以因为宗,二者以果为宗,三者以因果为宗也。以何故者?如《胜鬘》《圆经》单以因为宗,语万善之因,明同归之路,括五乘皆无异路。又有单果为宗者,即是大、小两本,是故首称《涅槃》。涅槃之号是极果总名,非是因地通目。今此《法花》则以因果为宗,自《安乐》之前开三显一以明因义,自《踊出》之后开近显远以明果义。夫欲识经旨归,唯应谛思经题,是故《胜鬘经》昔呼目一乘极教,经初标宗矣。今此经首题称言妙法,表明因亦是法、果亦是法,故用莲花为譬,双显因果二理也。然《胜鬘》虽明一体三宝,此则为因,故明果下唯结言说入一乘,不结一体三宝,此则单以因为宗。然《涅槃经》亦言护法得金刚之身,不杀感长灵之报,双明缘、正两因,具述佛果之业,此亦为果故明因,终不以因为宗,是故开宗之始、辨义之初,仍言礼今施汝常命色力。今此经明因之处亦有果义,即言开佛知见;辨果之中亦有因义,即言久修业所得。前则为因故明果,后即为果故明因,故知因果双说是经正宗。此意是光宅法师,今述而不作也。[1]

“四众欣仰”,此下有五行,是第二释伏难结请。……是故弥勒仍用第四偈复释此伏难言,祇我此意非是决断之意,但瑞相所表难可定判,云何用我犹预之心答大众?是故言“示诸佛土众宝严净”,此间瑞相及见诸佛,明他方瑞相此非小缘,若是小缘可令我决,既非小缘仁者应答也。(夹注:然此伏难是光

① [南梁]法云:《法华义记》,《大正藏》第33册,第574页中、下。

宅法师传谢寺次法师，次法师又传江北招法师。解既名匠所传，后生学士实宜遵奉也）①

且更解因缘之义者……今光宅法师解不作亲疏之义，正言言因者对果为义，缘者只是由藉为义。若据万行望果，有对果之义，名之为因；若据果望万行，此果则由万行而得，于果即是缘义。②

“诸佛世尊欲令众生开佛知见”，此下是第三正作四句解果一。开示悟入四句，人解此四句互有不同，一家解言：初三乘别教为开也。波若教时言示也。说《无量义经》名悟也。说《法华经》名为入也。知见是佛果之名，同取万行作知见家道，此解亦好。今光宅法师解言：知见只是一众生当来佛果，众生从本有此当果，但从昔日以来五浊既强障碍又重不堪闻大乘，不为其说有当果，此当果则有闭义。今日大乘机发、五浊不能为障，得闻今日经教说言众生皆当得佛，此则是开义。说言昔日三乘所行之行，皆是得一佛果之行，众生闻此语则生闻慧，此则是示义。且又三乘人相与思惟筹量，昔来是方便，今一因一果是真实，我等未来皆应得佛，深解此理，于时则生思慧名为悟。相与自知居未极地，更习诸行修无漏治道、断无明住地烦恼，于时即生修慧，仍名为入佛知见道也。光宅法师又于善舍寺中解此四句，即会因果之义以明四句，然此四句有渐渐除义。……③

“我及诸子若不时出必为所焚”者，凡有两解，传印法师云：“我化道所及之人，故言我及诸子。”今云法师云：“如来化道有被物之功，呼之为父，众生禀教生善，即是子义，众生若使遂留住三界断绝善根，无绍继之能，即是子死之义，如来化功于此众生断，即是父死之义，我及之言其意如此也。”④

“香水洒地”者，云法师言：“以禅定水洒净戒地，淹烦恼尘，正以禅定资戒令止恶义强也。然佛地乃无恶可止，但有定故，恒无恶可生，故义言淹之也。”⑤

---

① ［南梁］法云:《法华义记》,《大正藏》第 33 册，第 586 页中、下。
② ［南梁］法云:《法华义记》,《大正藏》第 33 册，第 597 页上。
③ ［南梁］法云:《法华义记》,《大正藏》第 33 册，第 603 页中、下。
④ ［南梁］法云:《法华义记》,《大正藏》第 33 册，第 617 页中。
⑤ ［南梁］法云:《法华义记》,《大正藏》第 33 册，第 636 页上。

上述六条文例充分表明，现行八卷本《法华义记》实非法云亲撰，而是法云弟子根据法云讲经的内容整理而成。前文已述，法云弟子僧询记忆力过人，“凡有所闻，悉为注记”，僧询的注记极有可能对《法华义记》之形成产生重要影响，甚至直接成为该书的组成部分。这一点仅限于猜想，有待进一步考证。

《法华义记》对法云的称谓并不统一，时称“光宅法师”，时称“云法师”，足见《法华义记》并非出自一人之手。由“光宅法师”的称谓可知，该书应成书于法云迁为光宅寺主之后。另由“今光宅法师解”“今光宅法师解言”等语可知，该书应为法云在世时整理而成。因此，该书的成书时间大概可限定在法云迁为光宅寺主之后、法云去世之前，即天监七年（508）至大通三年（529）之间。

《法华义记》是法云弟子根据法云讲经的内容整理而成，书中难免掺入整理者自己的见解，但是整体而言，该书反映的仍是法云的佛学思想。其理由有三：

其一，如前所述，《法华义记》是法云弟子根据法云讲经的内容整理而成。现有学者强调《法华义记》之实际撰者在记录、批判不同佛学见解时所做的努力，认为《法华义记》成书情况与《法华玄义》类似，《法华玄义》也是智顗的弟子灌顶根据智顗的讲述整理而成，当中又融入了灌顶对诸说的评判（多参照吉藏的著作）。[①] 然细审之，《法华义记》与《法华玄义》之成书情形，实则有异。《法华玄义》乃由灌顶一人笔录而成，灌顶为智顗之得意弟子，天台三大部——《法华玄义》《法华文句》《摩诃止观》——均由灌顶记录整理成书，后世尊其为天台宗第五祖。法云门下却无此等出众人物，《法华义记》中亦无参照它书的迹象。且书中“光宅法师”“云法师”等称谓不一，可见并非出自一人之手，僧传、目录类文献将该书列为法云所著，均未提及实际录者之名。笔者推断，《法华义记》的实际撰录者在佛学上可能并无高深造诣，书中的佛学观点多承袭自法云。书中所言“此意是光宅法师，今述而不作”，便是明证。

其二，《法华义记》除收录法云的讲经内容外，亦收录有其他佛者的异解。该书不仅屡言“此意是光宅法师，今述而不作”“然此伏难是光宅法师传谢寺次法师……后生学士实宜遵奉”，而且在异解之后列出法云之见解，颇有拨乱反正之意。该书撰者对法云及其佛学观点之遵奉态度，

① [日]菅野博史:「『法華義記』における講義者法雲と執筆者」,『印度學佛教學研究』第41卷第1号，1992，第71—76页。

由此可见一斑。

其三，法云生前此书便已刊行，既题名为“法云撰”，应是法云亲自裁阅后，才予以刊行。

笔者由此推断，该书即使并非法云亲撰，但是较为忠实地记录了法云的言论，且经由法云亲自裁定，基本可以代表法云的佛学思想。

第二节　敦煌残卷《法华义记》考辨

《法华义记》流传的版本较少，现仅《大正新修大藏经》《卍续藏》中载有几种版本，敦煌文献中亦仅存几页残卷题为《法华（经）义记》。敦煌文献中题名为《法华（经）义记》的有S.2733、S.4102、P.3308三卷残卷。《敦煌遗书总目索引》把S.37也著录为《法华义记》的写本。笔者经过仔细甄别后发现：

第一，王重民先生、刘铭恕先生主编的《敦煌遗书总目索引》、季羡林先生主编的《敦煌学大辞典》、任继愈先生主编的《佛教大辞典》中著录为《法华义记》卷第三的S.37，并不是《法华义记》卷三，而是《妙法莲华经》卷二的部分内容。《敦煌遗书总目索引》该条的编者将S.37与S.2733混淆了。《敦煌学大辞典》该条的撰者方广锠先生则是将S.37同S.4102的弃用编号（S.37）混淆了。之所以出现误录，应是因为受到《大正藏》第八十五册所收《法华义记》卷第三题注中使用的旧编号的误导。《佛教大辞典》亦存在同样的误录。

第二，现存敦煌文献中题名《法华（经）义记》的几种残卷，都不是抄自法云《法华义记》，而是别个《法华（经）义记》的写本。现将各卷列出，一一详加分析：

一、S.37

从S.37的影印件来看，其应是鸠摩罗什所译《妙法莲华经》卷二《譬喻品》末尾偈颂至《信解品》前一部分经文的内容。将S.37影印件同《大正藏》所收录之明本鸠摩罗什译《妙法莲华经》对校可知，二者只有两三个字的不同，且S.37的影印件中明确标注有“妙法莲华经信解品第四”，由此推断，S.37当是什本《妙法莲华经》的抄写残卷，而非法云《法华义记》的写本。然而，王重民先生、刘铭恕先生主编的《敦煌遗书总目索引》、季羡林先生主编的《敦煌学大辞典》、任继愈先生主编的《佛教大辞典》及方广锠先生 1997 年发表在台湾《中华佛学学报》的《敦煌遗书中的〈妙法莲华经〉及有关文献》一文，均误将 S.37 著录为“《法华义记》卷第三”。

《敦煌遗书总目索引》著录该卷时，言其卷末有题记“比丘惠业许”。[①]该题记实属 S.2733，而非 S.37 中的内容。《敦煌遗书总目索引》该条的编者将 S.37 与 S.2733 混淆了，才误将 S.37 著录为“《法华义记》卷第三”。

方广锠先生亦将 S.37 著录为“《法华义记》卷三”。他在《敦煌遗书中的〈妙法莲华经〉及有关文献》一文中指出：

> 首残尾存，疏释至《从地踊出品》为止。有尾题与题记：“《法华义记》第三，比丘法顺写记也。”本《义记》所疏为罗什《妙法华》，本疏之《药草喻品》疏文中不包括罗什原本所漏之后部分，本疏也无《提婆达多品》，可见所疏乃被后人修订以前的罗什原本。本《义记》疏释简明，在敦煌被发现后，收入日本《大正藏》卷 85。[②]

然而方广锠先生此处所述 S.37 的内容，事实上属于 S.4102。《敦煌学大辞典》该条的撰者正是方广锠先生，故该书也将 S.37 著录为《法华义记》卷第三[③]，《佛教大辞典》也同样误录。上述文章及专著中都提到 S.37 被收入《大正藏》卷 85。《大正藏》第 85 册所收《法华义记》卷第三，注明是以大英博物馆藏敦煌本 S.2733 为底本，首题新加，从《安乐行品》以下至卷末 S.2733 无，故依 S.37 收载之。[④]实际上，其从《安乐行品》至卷末并非 S.37 的内容，而是 S.4102 的内容。据方广锠先生之后发表的《敦煌遗书中的〈妙法莲华经〉及有关文献》（修订稿）中所言“斯 4102 号……编号均作斯 37 号，系已经作废的旧编号”，[⑤]可知敦煌文献通用编号的 S.4102，其弃用的旧编号正是 S.37。《大正藏》此处关于

① 王重民、刘铭恕主编：《敦煌遗书总目索引》，中华书局，1983，第 109 页。“许”字当解录为“评”。

② 方广锠：《敦煌遗书中的〈妙法莲华经〉及有关文献》，《中华佛学学报》1997 年第 10 期，第 223 页。

③ 季羡林编：《敦煌学大辞典》，上海辞书出版社，1998，第 692 页。

④ 参见《法华义记》卷第三，《大正藏》第 85 册，第 170、176 页注解。

⑤ 方广锠：《敦煌遗书中的〈妙法莲华经〉及有关文献》（修订稿），《法源》第 16 期，1998，第 38—55 页。

敦煌卷号的批注采用的是弃用的旧编号。受此误导，方先生在 1997 年的那篇文章中才误录 S.37 为《法华义记》卷第三；后又在 1998 年的修订稿中订正著录 S.4102 为《法华义记》卷第三。

而黄永武先生编的《敦煌遗书最新目录》[①]、施萍婷先生编的《敦煌遗书总目索引新编》[②]、英国著名汉学家 Lionel Giles（翟林奈）编的 *Descriptive Catalogue of the Chinese Manuscripts from Tunhuang in the British Museum*（《大英博物馆藏敦煌汉文写本注记目录》）[③]，都将 S.37 判定为《妙法莲华经》的抄本。

二、S.2733 及 S.4102

关于 S.2733，《敦煌遗书总目索引》著录为：

> 法华义记卷第三
> 题记：比丘惠业许
> 正始五年（508）五月十日释道周所集在中京广德寺写讫。[④]

《敦煌遗书总目索引新编》《敦煌学大辞典》《佛教大辞典》《大英博物馆藏敦煌汉文写本注记目录》、方广锠先生的《敦煌遗书中的〈妙法莲华经〉及有关文献》的著录内容与《敦煌遗书总目索引》大致相同，仅对“许”“京”两字的解录不尽相同。

第一，“比丘惠业许”之“许”字，唯翟林奈先生据大英博物馆收藏之敦煌原稿，解录为“评”。其他皆解录为“许”。“比丘惠业许”义甚难解，且翟林奈先生所依据之资料乃大英博物馆收藏之敦煌原稿，故“许”应解录为“评”。

第二，“中京”之“京”字，《敦煌遗书总目索引》《敦煌遗书总目索引新编》《大英博物馆藏敦煌汉文写本注记目录》皆解录为“京”；《敦煌学大辞典》《佛教大辞典》、方广锠先生的《敦煌遗书中的〈妙法莲华经〉及有关文献》皆解录为“原”。东晋建都建康后，称故都洛阳为“中京”，并一直沿用到唐代中期。众所周知，题记一般用于标明抄经的时间、地

---

① 参见黄永武编：《敦煌遗书最新目录》，（台北）新文丰出版公司，1986。

② 施萍婷编：《遗书总目索引新编》，中华书局，2000，第 1 页。

③ Lionel Giles, *Descriptive Catalogue of the Chinese Manuscripts from Tunhuang in the British Museum*, London: The Trustees of the British Museum, 1957, p. 67.

④ 王重民、刘铭恕主编：《敦煌遗书总目索引》，中华书局，1983，第 165 页。

点、抄经人、供养人等。“中原”一词涵盖的地域范围很大，而“中京”专指洛阳，显然更适合用来标明抄经地点。此外，P.2189《东都发愿文》中的“中京广平王大觉寺”，可作佐证。因此，此处为“中京”的可能性要大于“中原”。

S.2733 卷首残尾全。从《药草喻品》到《劝持品》共八品，题记中标明此敦煌写本乃抄于正始五年。中国历史上曾有两个帝王以“正始”为年号，分别是三国魏齐王曹芳和北魏宣武帝。与此相应，“正始五年”分别指公元 244 年和公元 508 年。目前，馆藏敦煌遗书中年代较早，且有确切纪年的一件，为 S.113《西凉建初十二年（416）正月敦煌郡敦煌县西宕乡高昌里籍》。因此，S.2733 中所谓的“正始五年”，当指公元 508 年。

S.2733 题记中出现的僧人“惠业”，有史可考的名为“惠业”的僧人共有三位，三人分别生活在东晋、隋唐以及唐贞观年间。据《大方广佛华严经感应传》记载，义熙十四年（418），佛驮跋陀罗（觉贤）受请翻译《华严经》，沙门惠业、惠严、惠观等从之笔授。[①] 佛驮跋陀罗生于公元 359 年，卒于公元 429 年。自惠业担任佛驮跋陀罗译经笔授的义熙十四年（418）至正始五年（508），中间隔了整整 90 年。假使惠业担任笔授时二十岁，那么，至正始五年时，已一百一十岁。以如此高龄参与正始五年的抄经活动，实在于理不合。由此推断，此敦煌文献中的“惠业”，并非东晋时期的“惠业”。据《集神州三宝感通录》记载，唐武德二年（619），宝昌寺高僧惠业奏请出任法门寺住持。[②] 武德二年至正始五年，中间隔了 112 年。因此，隋唐时期的惠业也不可能参与正始五年的抄经活动。唐贞观年间距正始五年太远，故贞观年间的惠业更不可能参与正始五年的抄经。如此一来，有史可考的三个“惠业”都不是此敦煌文献中的“惠业”，参与正始五年（508）抄经活动的“惠业”实另有其人，惜已无法考证。

关于 S.4102，《敦煌遗书总目索引》《敦煌遗书总目索引新编》《大英博物馆藏敦煌汉文写本注记目录》，以及方广锠先生于 1998 年发表的《敦煌遗书中的〈妙法莲华经〉及有关文献》（修订稿）中均有著录。其中，《敦煌遗书总目索引新编》中的著录最为详细。其文曰：

① [唐]惠英撰，[唐]胡幽贞纂：《大方广佛华严经感应传》，《大正藏》第 51 册，第 173 页下。

② [唐]道宣：《集神州三宝感通录》，《大正藏》第 52 册，第 406 页中。

法华义记第三（尾题） 题记：比丘法顺写记也。

按：中有品题：五百弟子受记品、受学无学人记品、法师品第十、见宝塔品、持品第十三[1]、安乐行品、从地踊出品。[2]

有史可考的名为“法顺”的僧人共有五位，分别是北齐沙门都法顺、隋唐法顺杜氏、宋天台观法顺、吉祥法顺禅师、白杨法顺禅师。五人之中，写此经卷的很可能是隋唐时期的法顺杜氏。据《续高僧传·法顺传》及《法界宗五祖略记》卷一《法界宗五祖略记》记载，法顺，姓杜氏，雍州万年县人，生于公元557年，卒于公元640年，擅弘《华严经》，“世人皆异之，号之为燉煌菩萨”。[3]宋濂《释氏护教编后记》亦载：“燉煌杜法顺，深入华严不思议境。”[4]法顺杜氏既以“燉煌”名世，很可能即是此敦煌经卷的抄写者。

因为S.2733和S.4102的内容部分重合，其被收入日本《大正藏》卷85时取S.4102尾题“《法华义记》卷三”为名。但需要明确的是，日本《大正藏》卷85所收录之敦煌本《法华义记》与法云《法华义记》并非同一文本。以对《妙法莲华经·药草喻品》“佛亦如是”至《从地踊出品》末尾偈颂的疏释为例，敦煌本《法华义记》卷三曰：

（首残）不自觉知喻。“佛亦如是”七偈半，颂合云喻。离三涂苦，生于人天，名世间乐；修行断结，名涅槃乐。“为大众说”八偈，颂合注两喻。明亡相心中，不存彼此，信不信异，利钝差别，等为说也，而无解卷（懈惓）。“一切众生”以下九偈半，颂受润喻……“愿为解说”，使现在未来，不生疑也。初五偈，颂弥勒腾众疑请。次二偈，讼（颂）喻。次七偈，颂合喻矣也。[5]

法云《法华义记》卷三对这部分经文的疏释是：

① 敦煌影印件似作“十二”，该抄卷《持品》前既无《提婆达多品》，《法师品》为第十，《见宝塔品》为第十一，则《持品》当是第十二。

② 施萍婷编：《遗书总目索引新编》，中华书局，2000，第125页。

③ [唐]道宣：《续高僧传》，《大正藏》第50册，第653页中—654页上；[清]续法：《法界宗五祖略记》，《卍续藏经》第134册，第542页中—543页上。

④ [明]朱时恩：《佛祖纲目》，《卍续藏经》第146册，第372页上。

⑤ [南梁]法云：《法华义记》卷第三，《大正藏》第85册，第170页上—179页下。

“佛亦如是”此下有三十六行半，颂上合譬。今就此三十六行半中亦为两段：初有三十五行，颂合禀泽增长譬；一行半颂合不自知譬也。上合譬中分为两段：第一历别合；第二举外譬帖合……①

法云《法华义记》和敦煌本《法华义记》的疏释内容完全相异，字数也相差一万余字。除文字相异外，二者对《法华经》的科分亦采取了不同的解释思路。其中，法云《法华义记》疏解《法华经》以细密见长。以《法华义记·化城喻品》为例，法云先是站在系统概括的高度，将此品判为前后两段；然后将前后两段分别判为长行与偈颂二重。其文曰：

就此品中大判为两段：第一，从长行初尽偈，先明佛智慧见往古久远之事；第二，从“佛告诸比丘”下长行初尽偈，正明宿世因缘说也。又就此两段之中各有二重，皆有长行与偈为二重。②

就前一段阐释而言，长行又判为三，偈颂亦判为三，前后照应，条理分明。就后一段阐释而言，以疏解当中的长行为例。其文曰：

“佛告诸比丘”自此下讫品是第二，正明宿世因缘说。亦有两重者，即是长行与偈为二。就长行之中自有二阶：第一，从此下竟“住于禅定八万四千劫”，先明昔日结缘之因由也；第二，从“是时十六菩萨沙弥，知佛入室寂然禅定”以下竟长行，正明结缘。

又就此两阶之中各自有二。结缘之因由中有二者：第一，从此以下竟十方诸梵请转法轮以来，先明昔日结缘之远由；第二，从大通佛受诸梵王请竟入禅定以来，明昔日结缘之近由。

又就结缘之因由两阶之中各有四阶。今就第一结缘远由有四阶者：第一，先明大通智胜佛行道得佛；第二，明十六王子请转法轮；第三，明大通智胜佛得佛之后神通感动之相；第四，明十方诸梵请转法轮。

又就此四别之中各自有三异。第一明大通智胜佛行道得佛

① ［南梁］法云：《法华义记》，《大正藏》第33册，第650页中—667页下。
② ［南梁］法云：《法华义记》，《大正藏》第33册，第651页下—652页上。

中有三异者：第一先明大通智胜佛行道佛道难得之相；第二从“尔时忉利诸天”以下，此明大通智胜佛未得佛中间，诸天常设供养；第三从“诸比丘大通智胜佛过十小劫”以下，此正明大通智胜佛得佛道，此三异合是远缘。四阶之中第一明大通智胜佛行道得佛也。……[1]

就此长行之中有两阶：一、“明昔日结缘之因由”，二、“正明结缘”，此为第一层。两阶之中又各自有二，其中，结缘之因由有二：一结缘之远由，二结缘之近由，此为第二层。结缘远由与结缘近由又分别有四阶，此为第三层。结缘远由之四阶中又各有三异，此为第四层。

由此可见，法云《法华义记》卷三从大段划分到细节剖析，可谓条理分明、层层深入，由此构成一个立体的解释系统。而敦煌本《法华义记》卷三只是对《法华经》的原典进行逐字逐句的解释，因此，在层次性和系统性方面均远不及法云《法华义记》。笔者由此判定，二者并非同一部书在流传过程中形成的两个版本，而是两个不同的文本。[2]

三、P.3308

关于此卷，《敦煌遗书总目索引》《敦煌遗书总目索引新编》《敦煌学大辞典》及方广锠先生均著录为“《法华经义记》第一卷”。其中，《敦煌学大辞典》的著录最详。其文曰：

利都法师撰，卷数不详。首残尾存。原卷有尾题：“《法华经义记》第一卷。”所疏为后秦鸠摩罗什之《妙法华》。为《方便品》末段重颂之后部分。卷末有题记：“利都法师释之。比丘昙延许[3]。丙辰岁，用纸三十八[4]。大统二年（536）岁次丙辰六月庚仵（午）朔三日□[5]酉，写此法华仪（义）记一部。愿令此福，

① ［南梁］法云：《法华义记》，《大正藏》第33册，第652页上、中。

② 日本学者菅野博史先生亦合S.2733与S.4102为敦煌本《法华义记》，探讨敦煌本与法云《法华义记》在判教思想、注文形式等方面之异同，提出以敦煌本《法华义记》可追溯法云《法华义记》之编撰年代。然笔者认为，敦煌本《法华义记》并非法云《法华义记》写本，二者之间并不存在传抄关系，以敦煌本追溯法云《法华义记》之编撰年代的观点并不可取。参见［日］菅野博史：「光宅寺法雲『法華義記』と敦煌写本『法華義記』との比較研究」，『印度學佛教學研究』第40卷第1号，1991，第46—51页。

③ 据S.2733中的“比丘惠业评”类推，此处之“许”字亦当解录为“评”。

④《敦煌遗书总目索引》及《敦煌遗书总目索引新编》皆解录为“用纸卅张”，当是。

⑤《敦煌遗书总目索引》及《敦煌遗书总目索引新编》此缺字处，并解录为“水”。

逮及含生有识之类，齐悟一实无二之理。”此疏与《法华经义记卷第三》字体相近，内容也可相补，是否为同一部，有待研究。历代大藏经未收。[①]

P.3308 疏解的是什本《妙法莲华经·方便品》末尾偈颂“知法常无性”至该品结束的内容。关于题记中出现的“利都法师”，由于文献的缺失，其生平事迹已不可考。据《续高僧传》卷八及《集神州三宝感通录》卷下记载，隋代有僧人昙延（516—588），因佛学造诣精深，故被时人尊为“昙延菩萨”，著有《涅槃义疏》十五卷，以及《宝性论疏》《胜鬘经疏》等。“大统”为西魏文帝的年号，大统二年（536）时，昙延正好二十岁，有参与抄经的可能。

P.3308 残卷题为《法华经义记》，而法云《法华义记》亦名《法华经义记》。那么，该残卷与法云《法华义记》存在何种关系呢？首先，该残卷的文字与法云《法华义记》的相关内容大不相同。其次，二者的篇制不同，该残卷将《方便品》的疏释置于第一卷，而法云《法华义记》将其放在第二卷。最后，二者对《法华经》义理的划分与概括不同。这里，以疏讲《法华经·方便品》末尾偈颂“舍利佛当知，我以佛眼观”以下至“千二百罗汉，悉亦当作佛”二十七行半偈为例进行说明。

法云《法华义记》曰：

（二十七行半偈）作八段为下火宅中八譬作本。……第一从“舍利弗当知，我以佛眼观”有四行偈，此间名为佛在法身地见所化众生为五浊所惛，即为火宅中第二“长者见火譬”作本。……第二从“我始坐道场，观树亦经行”有六行半偈，此间名为佛应世以大乘化众生不得，此则为下火宅中第三“长者救子不得譬”作本。……第三从“寻念过去佛，所行方便力”下十一行偈，此间名为佛因三乘化得众生，此则为下火宅中第四“长者救子得譬”作本。……第四“舍利弗当知，我见佛子等，志求佛道者，无量千万亿”一偈，此间名为佛见三乘人大乘机发之义，此则为火宅中第五“长者见子免难譬”作本。……第五从“咸以恭敬心，皆来至佛所，曾从诸佛闻，方便所说法”有一偈，此间名为三乘人索果。所索者只是三界尽、无生智，

① 季羡林主编:《敦煌学大辞典》，上海辞书出版社，1998，第 692 页。

此理中为论。此则为火宅中超为第七“诸子索车譬”作本。……第六“我即作是念，如来所以出，为说佛慧故，今正是其时”有两行一句偈，此间名为佛见众生大乘机发故欢喜，此则追为火宅中第六“长者见子免难故欢喜譬”作本。……第七“于诸菩萨中，正直舍方便，但说无上道”此三句，此间名为佛为众生说大乘，即是说《法华经》，此则为下火宅中第八“等与大车譬”作本。……第八言“菩萨闻是法，疑网悉已除，千二百罗汉，悉亦当作佛”此一偈，此间名为三乘人受行大乘之义，此则为下火宅中第九“诸子得大车故欢喜譬”作本。①

法云《法华义记》将这二十七行半偈分为八段，先概述其大意，再分别对应下火宅中的八譬，即“长者见火譬”“长者救诸子不得譬”“长者以三车救子得譬”“长者见子免难譬”“诸子索车譬”“长者见子免难故欢喜譬”“长者等与大车譬”“诸子得大车故欢喜譬”，最后合前后段对应之“宅主譬”和“不虚妄譬”，总成十譬，总结得相当精准且成系统。

而 P.3308《法华经义记》则将这二十七行半偈分裂为两部分，将“舍利佛当知，我以佛眼观”下二十一偈半判为一部分，“颂上大段第二施三之文”；② 将“舍利佛当知，我见佛子等”到“千二百罗汉，悉亦当作佛”六偈归入下段，并与下段的七偈合成十三偈，“颂上大段第三劝信不虚”。③ 除大段划分相差悬殊外，二者在小层次上的划分也大不相同，此不赘述。

此外，二者对这二十七行半偈所对应的火宅譬的概括也有很大的不同。法云《法华义记》对火宅譬的总结相当精准且成系统，而 P.3308《法华经义记》只是引用下火宅譬原典进行简单对应，失之简略且不成系统。其文曰：

此第一念起下“长者[见]是大火从四面起”讫“无求出意”……第二念起下“长者作是思惟，我身手有力”讫“从舍出之”……此第三念起下“是舍唯有一门”讫“东西驰走，视父而已”……④

---

① [南梁]法云:《法华义记》,《大正藏》第33册，第608页中、下。
② 黄永武主编:《敦煌宝藏》第127册,(台北)新文丰出版公司，1981—1986，第399页。
③ 黄永武主编:《敦煌宝藏》第127册,(台北)新文丰出版公司，1981—1986，第401页。
④ 黄永武主编:《敦煌宝藏》第127册,(台北)新文丰出版公司，1981—1986，第400页。

由此判定，二者应非出自同一书。P.3308 所抄《法华经义记》文本的生成，很可能早于法云《法华义记》，故在精确性与系统性方面均远不及法云《法华义记》。但是，考虑到当时书籍流通的不便，也不排除法云《法华义记》早出，只是利都法师无缘得见的可能性。

现将本章重要结论概括如下：

其一，S.37 并非《法华义记》的抄本，而是什本《妙法莲华经》的抄本。具体而言，该卷抄写的是《妙法莲华经》卷二《譬喻品》中末尾偈颂“若自有病”至《信解品》“乃遍他国”之间的经文。卷中明确标明“妙法莲华经信解品第四”的字样。

其二，S.2733 和 S.4102 应当抄自同一部题为《法华义记》的书。综合来看，两卷疏释的是从《妙法莲华经·药草喻品》末尾偈颂“佛亦如是”至《从地踊出品》末尾偈颂的内容。日本《大正藏》将两卷合并，收入卷 85 之中，题为《法华义记》卷第三。就内容而言，两卷的疏释与法云《法华义记》对于《药草喻品》至《从地踊出品》的疏释完全相异。此外，法云《法华义记》将相应品目的疏释放在第六卷至第八卷。因此，从篇制的角度来看，日本《大正藏》卷 85 所收录之敦煌本《法华义记》与法云《法华义记》并非同一文本。

其三，P.3308 并非抄自法云《法华义记》，而是抄自利都法师的《法华经义记》。该卷的抄写时间是公元 536 年，S.2733 的抄写时间是公元 508 年，抄写时间仅相距 28 年，但是一题作《法华经义记》卷一，一题作《法华义记》卷三，因此，二者是否抄自同一部书还有待考证。

关于法云《法华义记》对后世佛学的重大影响，吕澂先生阐述道：“日本统治者第一个讲佛学的是圣德太子，著有《法华义疏》，就是在《法华义记》的基础上略予增减而成的。中国的天台宗智顗……所以要批评《义记》，是因为‘古今诸释，以光宅为长……今先难光宅，余者从风’。这是擒贼先擒王的一种用意，也可以看出，《义记》一书是受到多么的重视。”[①] 而题为《法华（经）义记》的敦煌残卷，无论是内容还是篇制都与之相异。如果不细加辨别，很容易得出不准确的结论。[②] 因此，笔者再次强调，敦煌残卷《法华（经）义记》与法云《法华义记》并非

① 吕澂：《中国佛学源流略讲》，中华书局，2002，第 129 页。

② 如李幸玲教授即根据敦煌残卷中题名《法华义记》的 S.2733 和 S.4102 卷末题记中的年代来推断法云《法华义记》的编撰年代。参见李幸玲：《光宅法云〈法华经义记〉的诠释观点》，《台大佛学研究》第 16 期，2008，第 132—133 页。

同一部书。

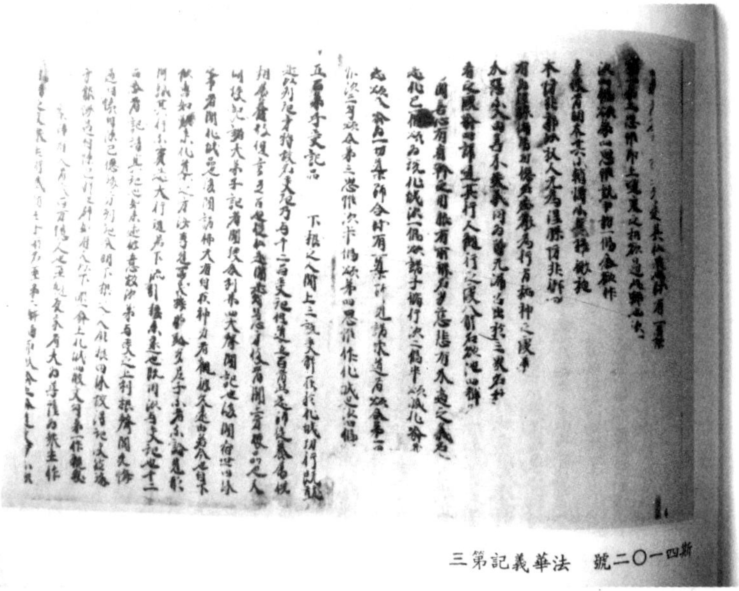

斯四一〇二号《法华义记》第三（首）

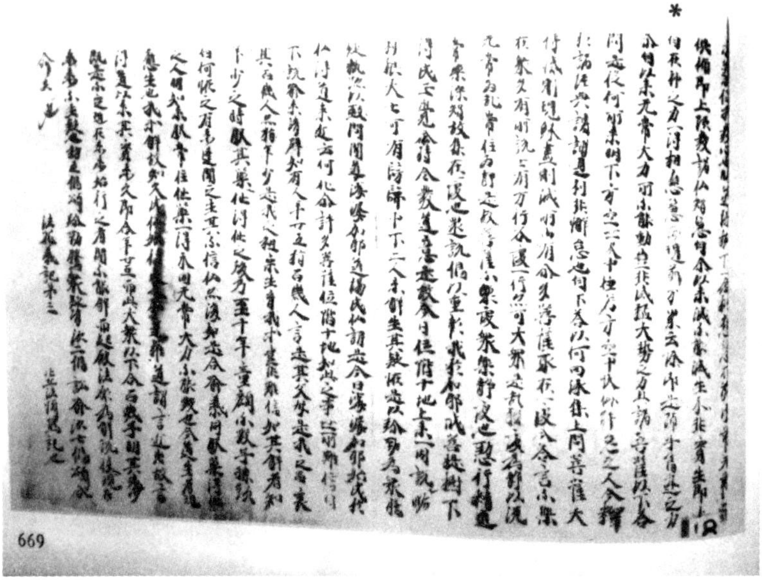

斯四一〇二号《法华义记》第三（尾）

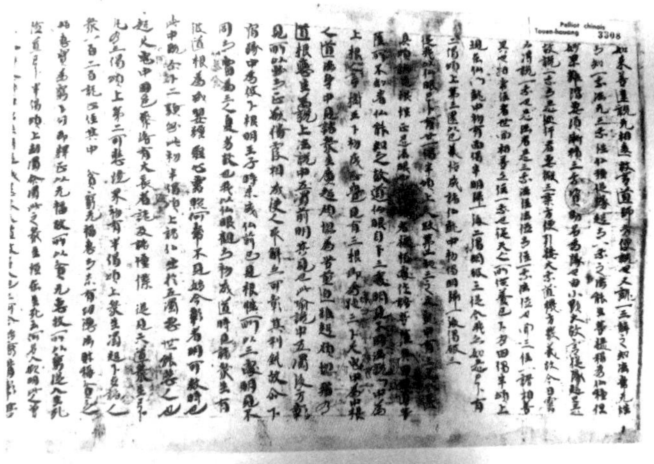

法 Pel.chin.3308 法華經義記第一卷 (5-1)

伯三三〇八号《法华经义记》(首)

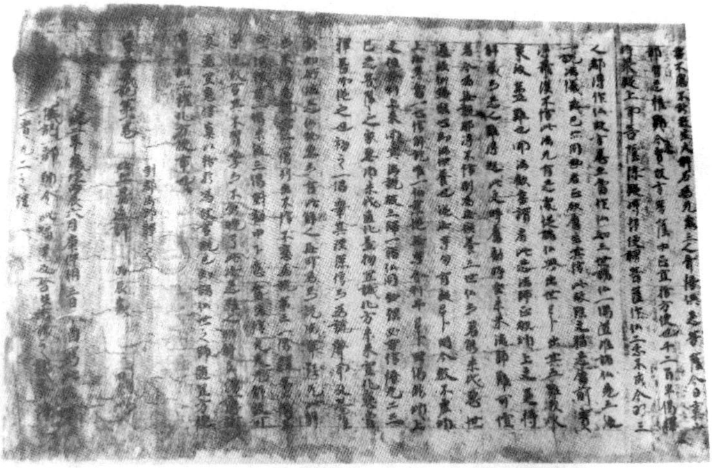

Pel.chin.3308 法華經義記第一卷 (5-5)

伯三三〇八号《法华经义记》(尾)

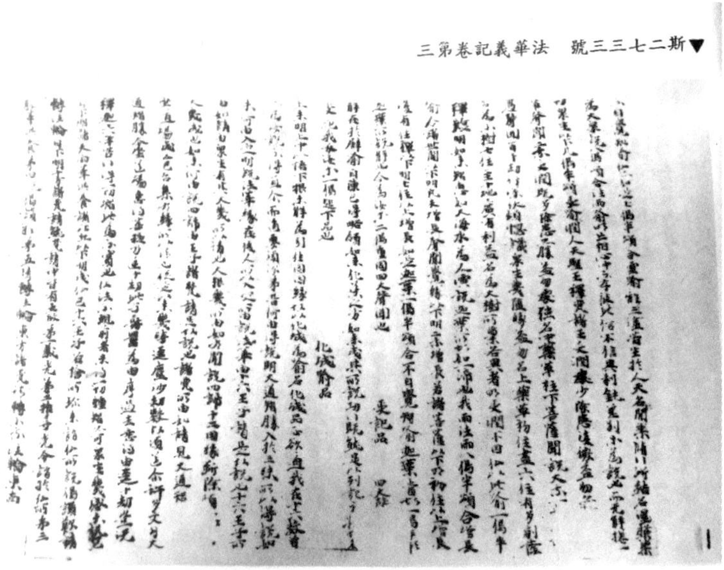

斯二七三三号《法华义记》卷第三（首）

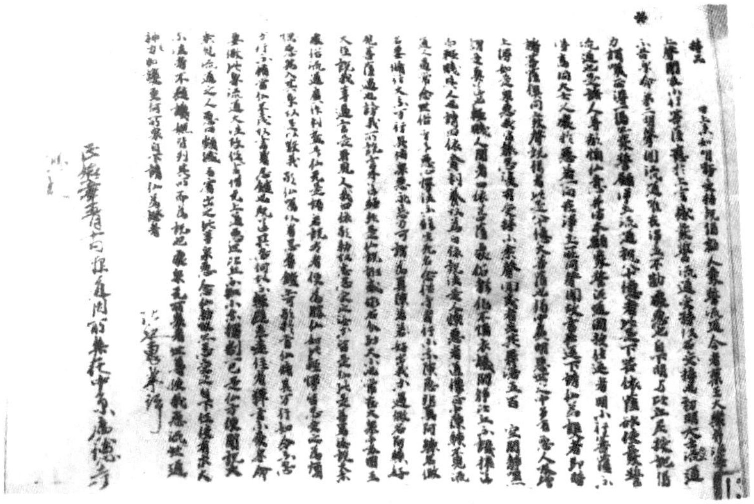

61

斯二七三三号《法华义记》卷第三（尾）

附图一 敦煌本《法华（经）义记》首尾图片①

① 附图一中的图片皆转拍自黄永武主编之《敦煌宝藏》第127册，（台北）新文丰出版公司，1981—1986。

第三节 《法华义记》之辩论色彩

《法华义记》一书中，有关法云与他人往返辩论之记载可谓俯拾皆是，这些记载不仅保存了当时佛教界争论的焦点问题以及思想界对于《法华经》法义的理解，且不囿于《法华》一经，而是旁及他学，为我们窥知当时的佛学思想和佛教状况颇有助益。在相关文献资料短缺的情况下，显得尤为珍贵。鉴于这些论辩记录既庞杂又零散，故这里仅就《法华义记》中辩论书写之常用范式展开论述。

一、“问者”与“解释者”

《法华义记》中，“问者言……解释者言”这一辩论范式出现得最多。其中，最具代表性的当数《法华义记》卷四《譬喻品第三》中关于“索车义”的十数番问答。其文曰：

> 第二（有九问答）大判三家。果地功德凡有二种，一者是有为果，二者无为果。……功德之用无运载故，唯取智慧以为车体，智慧众多复非一条。今据境捡求，不出十智。十智者：一苦智、二集智、三灭智、四道智、五名字智、六法智、七比智、八他心智、九尽智、十无生智。虽有十智，今核论车体，唯取尽智、无生智以当车体，其余八智非正车体。虽非正体得为校具。所以言四谛智非正车体者，本言车在门外，若言四谛智是车体者，七种学人已具四谛智，故不当车体也。复言名字智非正车体者，知法名字是名字智，非唯七学人已有名字智，凡夫有名字智，故知名字智非车体也。法智者知现在法名为法智，凡夫及七种学人皆知现在法，故知法智复非车体也。本言比知过去未来法名为比智，凡夫及七种学人皆能比知过去未来法，故知比智复非车体也。所以言他心智非车体者，外道五通亦得他心智，故知他心智复非车体也。唯有尽智、无生智正是车体。
>
> 问者言：“若尽智、无生智车体者，是则三无学人唯有尽、无生智，无有八智；七种学人唯有八智，无有尽智、无生智。”解释者言：“无学人罗汉自具十智，但于十种智中，唯取尽智、无生智以当车体，其余八智非正车体。若论七种学人，亦有尽、

无生智，但有法不同故。如须陀洹照三途因尽，即是尽智，照三途果亡，即是无生智。今七种学人犹有三界生，云何有此尽智、无生智？且自三车本在门外，若便呼七种学人尽智、无生智为车体者，则是三车便在门内也。"

问者又言："若尔，七种学人唯有八智，不具十智耶？"解[①]者言："七种学人缘他因果尽智，即是尽智、无生智。"

问者言："若尔，七种有尽、无生智，即是车体。"解者言："本言我生已尽、我不受后有；今缘他生智、我不得无生。何异贫穷人昼夜数他财宝？"

问者复言："无学果地具有十智，今以何义故唯取尽智、无生智以当车体也？"解释者言："尽智、无生智具二义故，得为车体。一者果时有，二者缘果起。言果时有者，罗汉金刚心时断正使已尽，于时未有极果，祇是成无学，时方有此尽智、无生智，故果时有也。缘果起者，既已成无学，于时因尽是有馀涅槃，果尽是无馀涅槃，于时缘我三界果亡是无生智，此即缘果起也。是故有缘得而证即是果时有，缘证即是缘果起也。"

"时有何故不为车体？"解言："本体缘我生已尽，我不受后有；灭智不然，故不为体。"

问者复言："若我生已尽，我不受后有者，亦所并言缘我，灭智是我有也。"解释者言："此灭谛智有二义，故不为车体。一者缘他灭，即是缘天下灭谛；二者功用智，即是见灭谛时能断结使，未必皆是缘果起。今尽智对成二义，唯缘在于我，不缘于他，无学时有，非功能用智也。"

问者言："若尽无生为车体者，今得罗汉时，义主常言于时已证得无生智，然罗汉报身是三界内法，若尔即是三界证此二智，是则二智即是三界内法，云何言三车在门外耶？"解释者言："证二智时实如来旨，不得称此二智是三界内法。何以知然？此二智起时必缘境而生，缘三界因尽，即是出三界外心；照三界果亡，亦是出三界外意，是故缘境界义别，故知非是三界内法也。"

问言："界内、界外相貌云何？而当高下为异、隔碍作谈论。"解释者言："夫内外分流未必纵谈胜负、横语优劣，直是

① "解"，《大正藏》载宽喜二年写东大寺藏本作"解释"。

果报隔绝，称之内外也。”

问者又言：“若使得罗汉之日于时已证二无为者，是则尽、无生智即非车体。何以知然？车本运载行人到于涅槃，于时既已证得二涅槃，故知二智无车之功也。”解释又言：“但得罗汉时已得二种涅槃，但入无馀时此义旨显。何以知之？祇入无馀涅槃之时，于时因尽义显、果尽义彰，是故二智之功运入义显。若不尔者，云何得有果乘之义耶？”

核明索车义第三有七问答，索以求取为义，车以运载为能，今言所索是车，故言索车。昔日断正结尽时出三界外得无为涅槃，既随佛教修行断结，正结既尽成无学果。然罗汉、辟支有三明之智，用天眼之智诫观未来犹有生死，自觉死后不得便入涅槃。佛昔劝导，但修行断三界烦恼尽时得无生智，得入无馀涅槃，正言照生因尽是尽智具足，照我生果亡是无生智具足。而今日觉生因未尽，尽智未具；尚有生果，无生智未具。如来言断正使得尽智、无生智具足，是何处耶？此即是索义。于时即有以理惑教、以教惑理，若以理惑教则有索义，若以教惑理则无索义。今现见生死未尽，云何得入涅槃？生死既未尽，佛教何故言断正使尽得入涅槃？今二智究竟是何处耶？此即以理惑教有索义也。然佛是至人，诚言无二，既说断正结尽得入涅槃，佛语不虚，云何不信？如今所见生死，何必是生死耶？便言我生已尽，所作已办，自言二智究竟得入无馀，此则以教惑理无索义也。今明索义正取以理惑教，不取以教惑理，是故三无学人并以理惑教皆有索义。昔见道谛思惟是生死因义，两宗余习非生死因，义同无记，此就教为论，非是理谈。

问：“三无学人以理惑教有索义者，所索之车并应一种。”解言：“实如来旨。正言佛说一解脱义，解脱齐故三车亦等。”

问者复言：“若说解脱义齐、三车等者，不应有羊、鹿、牛车三种优劣。”解者言：“因断三界正使尽同得尽智，亦同照三界果亡得无生智，是故三无学人二智一种，亦断三界子果两缚，故解脱义齐也。所以有此羊、鹿、牛车三种优劣者，声闻止断正使别相枝条，能荷负最劣，取譬羊车；缘觉侵断小习，知见少广，取譬鹿车；菩萨断习净尽，知见圆明运用最胜，取譬牛车。负重致远横语知见有胜负之殊，是故有三优劣。”

问者言：“若习非正结，何故断使亡耶？”解释者言：“为妨习知见，是故断之也。”

问者复言：“若尔，便应习气尽处制尽、无生智。”解释者言：“本断三界因果尽处制此二智，今习气非三界之因，云何习气尽处制二智耶？”

问言：“若不习气尽处制二智者，何故断此习耶？”解言：“犹如前释为欲广集知见，何开为二智耶？”

问者又言：“知见即是尽智、无生智，然尽智、无生智祇是知见，何故避尽、无生名道知见耶？”解释复言：“夫知见名同、知见意异，尽智、无生智，成无学时具此二智，其有二义具如前说。问者所论是成无学后，为欲广习知见得此知见，必须断习得，是故智成功用。云何与尽智、无生智同？”

问者言：“若阿罗汉犹有生死不得入涅槃者，是则无学行人皆不得入无馀涅槃，不应言罗汉心得自在。”解释言：“从来判此有理有教，若核实理何曾入无馀；神明不可断灭，就教为论得入涅槃。昔教不言三界外更有生死，是故以教惑理得入涅槃，即是罗汉心得自在义也。”①

在问者和解释者围绕尽智、无生智是否为门外（三界外）“车体”展开的辩论中，“问者”刻意针对法云的观点进行批驳，在法云答释以后，又就其答释内容进行轮番驳问。因此，这里的“问者”，显然不是一般的疑惑问道者，而是更接近于问难者。

由问者和解释者的两轮问答（一往返九番、一往返七番）可见，与“问者言”类似的表述还有“问言”“问”，有时连“问”都予以省略。与“解释者言”类似的表述还有“解者言”“解言”“解释言”。表达连续提问的辩论范式有“问者又言”“问者复言”等。与之相应，表达连续回答的辩论范式有“解释又言”“解释复言”等。此外，《法华义记》中还出现有其他与“问者言……解释者言”类似的辩论范式。如与“问者言”类似的有“问曰”，与“解释者言”类似的有“解云”“释者言”。此外，还有“解释言，有三种解……”的特殊用法。兹举数例：

问者又言：“三教本诠于理，若三教下无有三理者，此教竟何所诠？若无所诠三理，亦应无有能诠三教。”解云：“应众生

① ［南梁］法云：《法华义记》，《大正藏》第33册，第619页上—620页下。

实有三机，故昔日实有三教、实无三理，但昔三教为诠一理，昔日既未得说一实之理，是故假三乘言教远诠今日一实之理，但昔说一因作三因其实是一因。下经文言‘汝等所行是菩萨道’，故知无有三理，但有三种言教。前明权智即是开方便门，后明实智即是示真实相也。”①

问者言：“菩萨等自知如来权实之教同归之义，何故言鄙之？”释者言：“已如前释，但止片对四大声闻缘觉等涅槃及菩萨，若同取闻佛说法增长善根之义，大乘人与小乘人皆有增长，取喻三草二木皆禀天泽增长；若取知与不知之义，大意止片四大声闻，故涅槃及余人也。”②

问曰：“上言若人遭苦厌老病死，今者何故言贪着于生死，此则前后自相违。”或解释言，有三种解。一解言：生死有二种，一者三界分段生死，二者是三界外无明住地变易生死。分段之苦交切厌心则显，变易之苦比于分段此苦则微。且自昔日三乘教不说有无明住地之苦，就昔教既不说有此生死之苦，则于是苦无有厌心，故言贪着。第二解言：故始须陀洹等，若论求道之边此则遭苦厌老病死，犹有妻子之爱，此则是贪着于生死。此两解随意用之，后又言机中有厌情则有贪也。③

二、“难者”与“解释者”

除“问者言……解释者言”这类辩论范式外，《法华义记》中经常出现的辩论范式还有“难者言……解释者言”。兹举数例：

难者言：“何故不证成如是耶？”解言：“如是两字止为总举一部经，更无余意，不假证也。”④

难者言：“四生众生蛇蚖等，云何有发白面皱之相？复云何今已乘车乘着璎珞？”旧解言：“假设此等众生一时变成人，然后用珍宝布施，既施之后，次复能教化令得四果，所以言如此；

① [南梁]法云：《法华义记》，《大正藏》第33册，第593页上、中。
② [南梁]法云：《法华义记》，《大正藏》第33册，第647页下。
③ [南梁]法云：《法华义记》，《大正藏》第33册，第606页中、下。
④ [南梁]法云：《法华义记》，《大正藏》第33册，第577页中。

然由不如闻《法华经》起一念随喜心。”解释言:“此人虽顿舍国城，复令得四果，此即是世间果报，不免生死。今此人既闻《法华经》所说五百由旬应度、佛果妙极应往，此人于时起一念决定，一心离此生死、求彼佛果，如此功德实广。然菩萨本以自行为端、化他为首，发心度五百由旬远求佛果，然化他之心令六道众生离五百险难同得圆极妙果，是故此心深广，实非施国城四果格量也。又闻此《法华经》植福无(此)[比]，具六根清净胜妙果报，非算可数。”[①]

“难者言”，还常与“问者言”连用。例如：

问者言:“第一通序亦是别序。何以知然？故如王城之处得说此经、不得说《涅槃经》，拘尸城处得说《涅槃》、不闻说《法华》，如此流例，处所各别事义不同，岂非别序？”解释者言:“不无此义。今所论者，诸经明住处，相与为证我闻不谬，故成通叙。言不无此义者，故如诸经同闻人，使有两义，有通序义，是故通序中有。又有别序义，下别序中言‘尔时世尊四众围绕’，四众即是前同闻人。又如《涅槃经》中通序中与八十亿比丘俱，下别序又言时八十亿比丘俱，彼此两经前出为证一时，后出为正说作序也。”

难者言:“通中有五序，证信义同，故称通序。别中有五序，望正说义等，亦是通序。二义既齐，亦可前称别序，后称通序。”解者言:“前证五义同更无别，后望正说更有别意。何者？此经五别为因果作序，大经五别为常住为序，意致不同义则显然。”[②]

问者言:“何故不得罗汉是类、比丘是位耶？”解释者言:“所言位者，本据得果报处，今云罗汉，此则位居极果。何异初地二地之位？但菩萨心行长广唯制因位，声闻情意狭劣唯制果位，此处为异也。”

难者又云:“今言比丘即是出家之位，非在家之位。”解云:“不无此义，但此处义隐。今就出家众中明其有类有位，何异俗间仕官之人亦有类有位耶？比丘是天竺语，此间无的名翻译，古旧相传，皆以三德释之。若使备此三德乃称比丘。何者？一

① [南梁]法云:《法华义记》,《大正藏》第33册，第674页上。
② [南梁]法云:《法华义记》,《大正藏》第33册，第576页下。

曰怖魔、二言破恶、三者乞士也。魔罗是外国语，此方言杀者，若通途为论，一切恶知识尽皆是魔，今的明者据第六天魔。然第六天魔未必常尔，但偶于释迦一化不信正道。今一人出家魔宫振动，所以尔者，此人发意逾越生死永弃五尘出魔境界，非止灭魔一人，然此人复有一灯之化，是故魔宫振动、六师慑怖也。第二破恶者，即是修戒定慧，防身口七支诸恶及意地三毒四倒九十八使，此使诸恶法是累中之甚、妨道之巨患也。第三乞士者，夫出家之人不可终日自营，非唯增长贪爱故，亦妨乱行道。虽然本出家之意以身许道，但有累之身未能亡喰，复应将护身命行道进德，不可空弃一身徒劳剪落，应须携钵到家资身行道，是故净乞自活表示清素。又此三德次第相成。"

问："此人何故犹能怖魔，余人不能？""只由此人能破烦恼恶故。"

复问："此人何故能破烦恼恶？""只由净乞自活也。"[①]

问者言："若果正在定，云何问佛？且取自待佛出定然后问佛，佛使即说此经即是正说，云何称序？祇应问文殊引古证今，知出定必说《法华》，是故叙秪为序。"难者又言："只问弥勒为自有三念为物者耶？"解释者言："居本为物，何容自为问答？"

"为物者，何为许人耶？"解释人言："定只为始行菩萨及凡夫也。"

问者又言："即此时众有得他心智者，即见弥勒有如此疑，如此为义，岂成为物耶？"解释者又言："只如此智即成为物，今得他心智人，于时只宜知弥勒心中实自为物有此疑念，应问文殊；文殊名答非他心智，人既有此智密资进行，类知如来应说《法华》，如此为义于物有益，是故诸有所作亦不唐捐，此之谓也。"[②]

由上述文例可知，"难者言"一类的辩论范式，还有表示连番提问的"难者又云""难者又言"。与"解释者言"类似的辩论范式还有"解释言""解言""解云"等。由"难者"与"问者"连用、混用的文例可知，"问者"实际上就是"问难之人"，而"解释者"就是法云。

魏晋南北朝时期，受"清谈"风气的影响，学问僧讲经多采取一问

① [南梁]法云：《法华义记》，《大正藏》第33册，第577页下—578页上。

② [南梁]法云：《法华义记》，《大正藏》第33册，第584页上。

一答的方式，即“都讲”先发问，后由“讲师”详加回答与讲解。[①] 北宋释道诚《释氏要览》卷下“都讲”条记录了六朝时两次讲经的具体情形：“梁武帝每讲经，诏枳园寺法彪为都讲。彪先举一问，帝方鼓舌端，载索载征，随问随答。晋支遁至越，王（义）[羲]之请讲《维摩经》，以许询为都讲。询发一问，众谓遁无以答，遁答一义，众谓询无所难。”[②] 梁武帝以帝王之尊作“讲师”解经，法彪作为“都讲”，其发问自然偏于温和。而支遁与许询之间的问难堪称惊心动魄，每于绝处又翻波澜。当时问难的犀利程度，由此可见一斑。

《法华义记》记载之法云与问者之间的辩论，就犀利程度而言，并不亚于支遁与许询之间的问难。问者所提之问题不仅极富针对性，而且不限于所讲之经的范围。可见，梁代的学问僧讲经虽以经文原典为主，但席间可旁征博引，相当重视对于名词概念、佛学义理的讲解和辨析，因此，这一讲经形式对主讲者的佛学素养有着极高的要求。换言之，主讲者若非精通佛学义理，话藏机锋，机敏过人，就很难在激烈的交锋中获胜，更遑论扬名了。

三、驳他说以正己说

《法华义记》中，有些记载具有明显的问难色彩，还有一些记载蕴含着辩驳之意。其最常使用的辩论范式是“有人解言……（表示反对之语）……”即先陈述前贤时哲之观点，然后再提出自己的观点。兹举数例：

> 本有六段今皆颂之，此四行之中，初一行颂说《无量义经》同也。次一行颂入定同也。次半行颂雨华同也。有人解言：“下诸天龙鬼神犹属雨华。”今一家所习不尔，此花本非诸天所雨，直是如来神力雨花，亦是如来神力动地，然地动既非地神所作，所雨之花宁关诸天所降耶？[③]
>
> “方便”者，有人解言：“方者言是方所之称，便者言巧即

---

① 清谈的参与者虽然有多人，但主角只有两人，“作为主角的两个人则分‘主’‘客’两方。主方首先发言，提出一个论点，并加以简明论证，叫作‘叙理’。然后由客方提出诘问或反驳，称为‘作难’，或简称‘难’。客方作难后，主方当然要‘辩答’。一难一答，称‘一番’。再难再答，便是第二番。如此往反，可至数十番”。参见唐翼明：《魏晋清谈》，人民文学出版社，2002，第44—45页。

② [北宋]道诚：《释氏要览》，《大正藏》第54册，第295页中。

③ [南梁]法云：《法华义记》，《大正藏》第33册，第590页中、下。

时。”所习不然，正言此两字只是一句语也，方便者是善巧之能也。此明圣人智有善巧之用，故言方便也。又云：“方者言正，便者言巧也。权者是权假暂时之谓，非是久长之义。”但此方便智及权智受名不同，今言方便智者此是当体受名，则明圣人智有善巧之能也。权智者此从境得名。①

有人解言：“用此四行半偈颂上‘佛说一解脱义’，‘我等亦得此法到于涅槃’文句乃相类。”意谓不尔。何以知之？上长行中即是经家叙于时时众有此疑，云何舍利弗颂经家意耶？故知但是直说偈。②

今略述索车义凡有四重，述人解不同，第一明三车体相，第二覆明索车义，第三明有索无索，第四述人解。第一（两问答）夫师习不同意致各异，古来旧义体用通漫。有人解言：“索珍宝大车，经文自言‘是时长者各赐诸子等一大车’，若不索大，云何与大？”即时所习，意谓不尔，前文自言“时诸子等各白父言：‘父先所许三种宝车，愿将赐与。’”若言索大，何故求三？故知昔日所许三种小车，既言父先所许，云何索大？诸子即是三乘人，三乘不一故言诸也。三种宝车即是羊、鹿、牛车，即譬昔日阿罗汉、辟支佛、大力菩萨三［无］学人究竟果，珍宝大车平等种，无三种差别，即譬今日《法华经》中为众生受记同得佛果。且自长者昔在门内许时，门外三车赐诸子，今避门内之苦出门外，得车故乐，既出门外不见有车，是故就父求索，何关索大车？

…………

又有人解：“是言教中索。”又有人解：“是机中有索。”即时所习，就情明索，意在后途明三车体相。③

“捉狗两足扑令失声”者，有人解言：“色界众生谤无色无因无果，如捉狗两足。又谤欲界无因无果，如以脚加颈。”一往乃类，核实不然。今明欲界有十使众生，下自别有文明色界，那得言是色界耶？④

……正言“汝诸子等，先因游戏来入此宅”。有人解言：“从

① ［南梁］法云：《法华义记》，《大正藏》第33册，第592页中。
② ［南梁］法云：《法华义记》，《大正藏》第33册，第600页中。
③ ［南梁］法云：《法华义记》，《大正藏》第33册，第619页上。
④ ［南梁］法云：《法华义记》，《大正藏》第33册，第626页下。

三界外流来入三界中，故言入此宅。”今所习不然，昔二万亿佛所已曾受大乘化，即是父子义，故言“汝诸子等”。“先因游戏来入此宅”者，故如《遗教》所明，其未度者皆亦已作得度因缘。昔有大乘解之时，于时位心皆作出生死意，后起烦恼失大乘解，即便成入生死义。来入之义其意如此。①

“尔时四众等见过去”此下是第十五，明大众既见多宝如来，散华供养说如是言。有人解言：“于时时众有语，但经文略不载多。”意谓不尔，此只取上多宝如来赞叹释迦之言也。②

由上述文例可知，《法华义记》常常先用“有人解言”“又有人解”“又云”等引出他人之观点；然后用“今一家所习不尔/不然”“(今)所习不然”“但”“(即时所习)意谓不尔”“核实不然”等明确表示反对之语作为过渡，最后再陈述自身之观点。这一论辩结构可概括为：

“有人解言”(“又有人解”“又云”)→陈述他人之观点→明确表示反对之语→陈述自身之观点

需要指出的是，《法华义记》有时在引述他人之观点后，不用明确表示反对之语，而是用“今一家所习”“即时所习”等语作为过渡，最后再陈述自身之观点。有时甚至在引述他人之观点后，直接提出自身之观点。兹举数例：

今言“如是”者，此是通序之第一也。有人解言：“文则称如，理则称是。”又有人言：“如明无异，是辨无非也。”今一家所习，言如是两字更无别意，正为总举一部经为我闻作诠叙，言如是一部经，我佛边闻也。③

“乐说辩才”者，有人解言：“是外化德，正言乐为人说也。”今一家所习犹是内德。何以知然？有二义故，一理、二教。理者本言四辩是智门非是功德，智慧门中本无外化，今言乐说辩才，即是四辩中之一，云何是化耶？④

① [南梁]法云:《法华义记》,《大正藏》第33册，第627页中。
② [南梁]法云:《法华义记》,《大正藏》第33册，第661页下。
③ [南梁]法云:《法华义记》,《大正藏》第33册，第576页下。
④ [南梁]法云:《法华义记》,《大正藏》第33册，第580页下。

且更解“因缘”之义者，有人解言：“因亲缘疏。所以言因亲者，此果是本无而今有，是亲义。何以故？能令本无今有故。复名作疏者，只同此果，二头三手者不可生，道理中有可生义。”汝若言道理中不可生而因力能令生者，二头三手不可生，因力何故不令其生？若因力不能令不可生而得生者，乃可名因为亲。果既有可生义，因于果成疏义，此果本无今有，此因于果是亲义；果有可生之理，此因于果则成缘义。今光宅法师解不作亲疏之义，正言言因者对果为义，缘者只是由藉为义。若据万行望果，有对果之义，名之为因；若据果望万行，此果则由万行而得，于果即是缘义。[1]

但《化城品》中将导譬有四义，今此第一系宝珠亦有四义譬。“若有人者”则是下根人自譬，则是上譬说中“若有多众”下明三十子义，“至亲友家”即是上五百由旬及一宅也。“醉酒而卧”即是上怖畏之义，“是时亲友”以下即是领导师义也。内合十六王子昔日覆讲则是亲友，于时听众即是有入于生死，覆讲之处即家也。“醉酒而卧”者，烦恼自惛醉而卧。有人解言：“即来亲友家言亲友与其酒。”亲友是十六王子，云何言子与众生烦恼？诸佛圣人不为众生作烦恼因缘，故知入余处饮酒来至亲友家。下言“其家甚大富具设诸肴膳”，自有人一日恒设 果，只自无有酒也。[2]

《法华义记》中，用来引述前贤时哲之观点的论辩范式，除“有人解言”外，还有“旧解言”“有人言”“一解云”等语。引语之后，常常用明确表示反对之语作为过渡，最后再陈述自身之观点。兹举数例：

从“于此世界尽见彼土”，此下是第二明现瑞相于他土。中亦有六种瑞相：第一因光见六道众生；第二“又见彼土现在诸佛”者，明因光见东方诸佛；第三“及闻诸佛所说经法”者，明因光闻他土佛说法；第四“并见彼诸比丘”以下，明因光见二乘人修行；第五“复见诸菩萨”以下，明因光见大乘人修行；第六“复见诸佛般涅槃”以下，明因光见他方佛般涅槃乃至起塔供养也。

① [南梁]法云：《法华义记》，《大正藏》第33册，第597页上。

② [南梁]法云：《法华义记》，《大正藏》第33册，第658页上。

旧解言:“定有六见一闻事。”不见此义,一家所习不尔也。①

上开譬中本有十譬,今唯颂九譬,略不颂第十不虚妄譬。何以故然?旧解言:“所以不颂第十者,上不虚妄譬本是舍利弗作此不虚妄譬,今者是佛说偈,云何用佛说偈颂舍利弗语耶?”今一家所习不用此解,凡如此处亦复何限,故如《寿量品》中佛作医师不虚譬问弥勒。弥勒答佛明不虚,及至下佛还舍弥勒不虚譬。又如《分别功德品》中佛说长行,弥勒偈颂如此,比例实为不少。今所以不颂者,明不虚之意本令物得实解,时众既得信心不虚妄义,其意自显,是故略不颂第十不虚譬也。②

从“若四百万亿”此下是第三阶,作财法二施所得功德问弥勒,明施主用珍宝布施四生众生,一一众生与满阎浮提金银珍宝。又教化若干众生皆令得四果,此施主由自不如第五十人闻《法华经》一偈随喜功德。

难者言:“四生众生蛇蚖等,云何有发白面皱之相?复云何今已乘车乘着璎珞?”旧解言:“假设此等众生一时变成人,然后用珍宝布施,既施之后,次复能教化令得四果,所以言如此;然由不如闻《法华经》起一念随喜心。”解释言:“此人虽顿舍国城,复令得四果,此即是世间果报,不免生死。今此人既闻《法华经》所说五百由旬应度、佛果妙极应往,此人于时起一念决定,一心离此生死、求彼佛果,如此功德实广。然菩萨本以自行为端、化他为首,发心度五百由旬远求佛果,然化他之心令六道众生离五百险难同得圆极妙果,是故此心深广,实非施国城四果格量也。又闻此《法华经》植福无(此)[比],具六根清净胜妙果报,非算可数。”③

“诸佛两足尊”此下有两行颂因一。……有人曰:“用此两偈颂教一”。意谓不尔,何故知是因一?言佛种从缘起,因只是缘也。④

然因果多途非可一类,若以同性相招即习因习果能致乐受,即是报因报果感见圣人,即是感应因果。有人言:“未来善感正

① [南梁]法云:《法华义记》,《大正藏》第33册,第583页中。
② [南梁]法云:《法华义记》,《大正藏》第33册,第625页中。
③ [南梁]法云:《法华义记》,《大正藏》第33册,第674页上。
④ [南梁]法云:《法华义记》,《大正藏》第33册,第607页下—608页上。

言曾有之善已生，何假圣应？”今所习不然。夫感应理微非粗心所见，一念生善能感习果，时非缘不发，是故曾有之善正招习果，又傍感圣人为生果之缘。若言未来习果能感圣者，亦应未来乐受能招于大，善感乐果果在未来，亦应善感习果果在未来，未来习果既感圣，亦应未来乐受能感于大。若果报无有感大之力，亦应习果无有感圣之功。至于此难实觉难通，而苟执未来其理不可，故知报因之力正感乐受，傍招于大为乐受之缘，亦何异习因之力正感习果，傍感圣之功为其生果之缘耶？①

“尔时弥勒即说偈言”此下有十九行偈，是第三弥勒说偈颂佛长行，即是领解之义。就此领解中自有四段文句：初有两行是第一，先称赞时众得解寿量故欢喜；第二“或住不退地”有九行颂佛长行，正是领解之义；第三“雨曼陀罗”有七行，明弥勒自述于时事，不颂上长行。有人言：“颂上长行。”上是出经者述取于时供养之相，佛尔时无言无说，不容用弥勒偈颂经家语。“佛名闻十方”一行，是第四叹佛结领解也。②

“五十余年”，所以言余年者，解有二种，一解云：“实只自有五道无别有阿修罗道，阿修罗道只摄入鬼神道，鬼神道中最胜者离出，名作阿修罗道，既被出，故言余也。”一家所习不然，善有三品，下品感阿修罗，其多谄曲求道甚难，故贬之在鬼神道也。③

透过《法华义记》记载的法云与问者之间的往复辩论，我们看到了一个力排他说、独陈己见的法云。事实上，法云对于他说并非一概反对，对于他人之合理观点亦果断采用。如《法华义记》卷一《序品第一》曰：

“皆是阿罗汉”，此是第三，明此一万二千人阶位，位登无学也。罗汉亦是天竺正音，于此亦无的翻译，相传旧解亦以三德释之，备此三德乃称罗汉。何者？第一不生、第二杀贼、第三言应供也。若使此人后犹生三界流转六道者，非谓罗汉。今明罗汉之人，一殂之后不复受生，既断绝生因、生果亦亡，故言我生已尽、梵行已立、所作已办、不受后有，此之谓也。第

① ［南梁］法云：《法华义记》，《大正藏》第33册，第617页下—618页上。
② ［南梁］法云：《法华义记》，《大正藏》第33册，第672页下。
③ ［南梁］法云：《法华义记》，《大正藏》第33册，第635页上、中。

二言杀贼者，贼之为用，能夺人财宝、伤人身命。今明九十八使烦恼诸贼，无过瞋恚断人慧命，是故《遗教经》言："劫功德贼无过瞋恚。"明诸罗汉，结贼已亡，功德不失，慧命长存，是故《维摩经》云："行罗汉慈破结贼故。"第三应供者，此人智断既圆，堪生物福，亦取譬良田有秋收之实，是故下经文言："我等今者真阿罗汉，一切皆受人天供养。"又此三德亦得相成。只问此人死后何故不生？正由杀烦恼贼。又问此人何故能杀烦恼贼？由有应供之德故。亦有倒相生义，那得有此应供之德？只由杀烦恼贼故。云何得知杀烦恼贼？此人死后不复受生也。[①]

法云在"旧解"的基础上，用"三德"来诠释阿罗汉之义，由此提出三德"相成"与"倒相生"之创见。可见，法云对他人之观点秉持着在批判中继承、创新之开放态度。

上述文例不仅可使我们窥知南梁时期，佛学界盛行的辩论之风，思想界对于《法华经》的种种异解，还为我们研究南北朝时期佛教的发展情况提供了珍贵的文献资料。

综上所述，无论是面对"问难者"的激烈词锋，还是驳他说以正己说，法云均凭借对佛理的精学深研、明晰透彻的辩词，使"当其锋者罕不心瞀"，他也由此获得"讲经之妙，独步当时"之誉。尤其值得称道的是，法云在反驳他人之观点时，从不斗气争强，而是始终秉持着分条析理之学术精神，这与他批判佛门不良风气的学术态度如出一辙。从某种意义上来说，正是这种就学论学的态度，成就了他在佛学上的卓绝地位。

① [南梁]法云:《法华义记》,《大正藏》第33册，第578页上、中。

第三章 光宅法云对诸经的科分

一般而言，每部佛经都有一套完整的组织架构，读经者往往很难厘清其中的层次结构。因此，学问僧在讲解一部佛经时，需要对其内容进行分段“科判”。刘宋以来盛行“三分科经”法，即将佛经分为序分、正宗分和流通分三个部分。相传，此法为东晋道安法师所创，为后世佛经注疏广泛采用。

“序分”又作“序说”“教起因缘分”。法不孤起，释迦牟尼宣讲佛法义理多出于某种因缘，而佛经开端的“序分”便旨在揭示这一因缘，即交代说法地点、提问者以及听众等。“正宗分”又作“正宗说”“圣教正说分”，旨在论述一经之宗旨，乃一部佛经的主体部分。“流通分”大多是赞叹佛法功德的文字，说明受持本经之利益，劝众流通奉行。“三分科经”有助于读经者正确地理解佛经的组织架构、准确地把握佛经的思想内涵。

法云对于佛典的科分亦有自己的见解。《法华义记》卷一开篇即言：

> 寻诸经品目，皆非佛语。何以故？然但佛说法时直尔散明因辨果，正是八音妙响说法度人，乃至无有文字纸墨，况复诸品。但随根性有五时差别，于时时众如说修行，但阿难比丘曩劫怀愿亲承金口，佛灭度后仍采拾三藏具述五时，致有书写纸墨卷盈世界，欲令后代时人虽复不睹真容、亲听金口，览卷寻文，彻见始终说法大意，故作诸经品目。故知皆是出经者制，亦可密承圣旨述而不作。照然品义，只以类例不同所明各异之义也。①

法云先是论述了佛经从口耳相传的“无字圣典”到“有字圣典”的

① ［南梁］法云：《法华义记》，《大正藏》第33册，第574页下。

演变过程。佛陀在世时，四方应机教化，并无文字记载。佛典的出现，是佛陀灭度后由阿难等比丘诵出佛陀所言，并加入经文品目，结集而成。在法云看来，佛经的品目只是出经者依佛法内容的不同而作的归类，并非不可撼动，而是可以按照义理进行重新划分。

法云曰："今一家所习，言经无大小例为三段。三段者：第一諮为序也，第二称为正说，第三呼曰流通。"[①] 可见，法云对诸经的科分亦是采用"三分科经"之法。此法虽自刘宋以来便已盛行，非法云一人独创，然具体经文的科判划分，却最能反映解经者对佛经的组织架构和思想内涵的理解，尤见其佛学功底。目前，仅存法云对《法华经》《涅槃经》《维摩经》三经的科分。

第一节　法云对《法华经》的科分

《法华经》作为中国佛教极为重要的一部大乘经典，多位高僧大德都对其做过科判。智顗在《妙法莲华经文句》卷一中就前贤时哲对于《法华经》之科分情况进行了总结：

> 天亲（世亲）作论，以七功德分《序品》，五示现分《方便品》，其余品各有处分。昔河西凭、江东瑶，取此意节目经文。末代尤烦，光宅转细，重氛翳于太清，三光为之戢耀，问津者所不贵。昙鸾云："细科烟扬，杂砺尘飞。"盖若过若不及也。
>
> 庐山龙师，分文为序、正、流通，二十七品统唯两种：从《序》至《法师》，言方便、言真实，理一说三故；《宝塔》下，身方便、身真实，实远唱近故。又从《方便》至《安乐行》是因门，从《踊出》下是果门。齐中兴印、小山瑶，从龙受经，分文同。
>
> 玄畅从《序》至《多宝》为因分，从《劝持》至《神力》为果分，从《嘱累》尽经为护持分。又有师云："从《序》至《学无学人记》，是《法华》体；从《法师》至《嘱累》，明受持功德；从《药王》尽经，美诸菩萨本愿。"有师作四段：初品为序段；从《方便》至《安乐行》，开三显一段；从《踊出》讫

① ［南梁］法云：《法华义记》，《大正藏》第 33 册，第 574 页下。

《分别功德》，开近显远段；后去余势，流通段。

> 光宅云从印受经，初三段。次各开二：谓通序、别序；正谓因门、果门；流通谓化他、自行。二序各五；二正各四；二流通各三，合二十四段（云云）。[①]

由引文可知，世亲作论判分《法华经》，以七功德判分《序品》，以五示现判分《方便品》，其余品亦各有不同的判分。刘宋僧道凭、法瑶[②]亦与世亲一样，也是就每一品分别进行科分。[③]法云对《法华经》的科分堪称繁琐细碎，反倒掩盖了《法华经》之深意，为深入探求《法华经》者所不取。如智顗就认为，法云之科分有"过犹不及"之嫌。

庐山慧龙对《法华经》的科分在当时亦颇有影响。慧龙将《法华经》分为序分、正宗分、流通分三个部分，并提出二十七品之大意，统而言之只分为两段：从《序品》到《法师品》为第一段，主要是从佛理的角度，演说三乘方便与一乘真实的关系；《现宝塔品》以后为第二段，主要是从佛身的角度，演说应机现身说法、寿量八十之佛陀与寿命长远之佛陀的关系。此外，又将从《方便品》到《安乐行品》判分为因门；将《从地踊出品》以下判分为果门。中兴寺僧印、小山寺法瑶等从慧龙受经后，亦改依慧龙之科分法。

玄畅亦将《法华经》科分为三段：从《序品》至《见宝塔品》为因分；从《劝持品》至《如来神力品》为果分；《嘱累品》以下为护持分。又，有师亦将《法华经》作三段科分：从《序品》至《授学无学人记品》为第一段，是《法华》体；从《法师品》至《嘱累品》为第二段，明受持功德；《药王菩萨本事品》以下为第三段，称赞诸菩萨本愿。二人虽均将《法华经》科分为三段，然采用的并非东晋道安法师创立的"三分科

---

① [隋]智顗：《妙法莲华经文句》，《大正藏》第34册，第1页下—2页上。

② 法瑶，刘宋僧，河东人，因居吴兴武康小山寺十九年之久，故又称"小山瑶"。此处为与"河西凭"对应，故就籍贯称其为"江东瑶"；下文为与"中兴印"对应，故就居所称其为"小山瑶"。就智顗此论来看，法瑶起初对《法华经》的科判采用的是世亲之科分法，从慧龙受经后改依慧龙之科分法。

③ 世亲之《法华论》有两种汉译本：《妙法莲华经忧波提舍》（菩提留支共昙林等译）、《妙法莲华经论优波提舍》（勒那摩提共僧朗等译），两本皆被收入《大正藏》第26册。天竺僧人菩提留支与勒那摩提分别于北魏正始五年（508）、永平元年（508，同年改元）至洛阳译经，而法瑶于元徽年间（473—477）示寂，其时世亲之《法华论》尚未译出。因此，此处所谓的"取此意节目经文"，并非指道凭与法瑶采用世亲之科分内容，而是指二人对《法华经》的科分法与世亲一样，即就每一品分别进行科分。

经”。[①] 此外，还有师将《法华经》作四段分：初品为序段；从《方便品》至《安乐行品》为开三显一段；从《从地踊出品》至《分别功德品》为开近显远段;《随喜功德品》以下为流通段。[②] 智顗在引文最后指出，“光宅云从印受经”，并对法云“三分科经”之内容作出概括。下面，我们就法云关于《法华经》之科分展开论述。[③]

法云师从慧龙—僧印一脉，其关于《法华经》之科分大体采用慧龙一脉之法，从同归之理、长寿之报以及因果等方面，提出更为细碎繁复的科分。如法云在《法华义记》卷一《序品第一》中，首先运用“三分科经”之法对《法华经》进行科分。其文曰：

> 然今三重开科段，第一开作三段自有三阶，初释名义序，以缘由为义，为正说作诠序也。正说者，正明一经大意蕴在其中，显同归之因、明长寿之报也。流是行为义，借譬为名；通是无壅塞为义也。三段名义如此。三段文句起尽处者，初《序品》一品则是序段，第二从《方便品》以下，讫《分别功德品》中弥勒说偈颂佛长行以来，凡有十四品半经，是经之正说，因果两法显此文中也。第三流通者，《分别功德品》中从弥勒说偈后长行初，言“佛告弥勒菩萨：其有众生闻佛寿命长远如是，

① 除玄畅与此师外，竺道生亦持“三段”（因、果、人）分法，而智顗未载。道生《法华经疏》卷一曰：“(《法华经》) 凡有三段。始于《序品》，讫《安乐行》，此十三品明三因为一因。从《踊出》至于《属累品》，此八品辨三果。从《药王》终于《普贤》，此六品均三人为一人。”参见《卍续藏》第 150 册，第 801 页上。

② 吉藏所述僧印之“四段”科分法，与智顗此处所述未详师名的“四段”科分法大体相同，其文曰：“印法师开此经凡为四段:《序品》为序。从《方便品》竟《安乐行品》十二品，开三显一，明乘方便、乘真实。从《踊出品》至《分别功德品》弥勒说偈以前两品半，开近显远，明身方便、身真实。从《分别功德品》竟经，是流通分也。”([隋]吉藏:《法华义疏》,《大正藏》第 34 册，第 452 页下。) 二者略异之处，在智顗所述“四段”科分法中将《分别功德品》以下经文判为流通，而吉藏所述僧印之“四段”科分法中将《分别功德品》中偈颂以下经文判为流通。此细微差异可能是由智顗行文简略导致的。如其述“流通段”，以“后去余势”一笔带过，亦有可能包括《分别功德品》中偈颂以下半品。吉藏所述僧印之“四段”科分法，与法云对各品的判分完全一致。法云只是先序、正、流通三分，再将正说一开为二，僧印直接科分为四段。从师承渊源的角度来看，很有可能僧印持“四段”科分的主张。僧印究竟是持“三分”还是持“四分”？若僧印持“四分”主张，智顗此处所述未详师名的“四段”科分法是否为印师所用？上述问题仍有待学界进一步考证。

③ 日本学者菅野博史、早川贵司两位先生亦对法云关于《法华经》之科分有所论述。详见菅野博史:「法雲『法華義記』冒頭の総合的解釈の考察（下）」,『大倉山論集』第 32 辑，1993，第 77—100 页；早川貴司:「法雲の『法華義記』における一乗解釈」,『龍谷大学佛教学研究室年報』第 11 号，2001，第 1—21 页。

乃至能生一念信解……当知以为深信解相”以下尽经，凡有十一品半经，皆是流通付嘱。[1]

由引文可知，法云先是阐述序、正说、流通之不同功用，然后分别列出对应的经文内容，此为第一重析分。接着在第一重析分的基础上，进行第二重析分。其文曰：

次第二重，又就此三段之中各开为二。序中二者，第一，从“如是我闻”讫“退坐一面”以来，名为通序，正明众经通有，称通序也。第二，从“尔时世尊四众围绕”尽品，名为别序，正言众经各异、部部不同也。故如欲说《涅槃》，大音宣告、放光动地以为别序；欲说《胜鬘》，父母送书以为别序；欲说《维摩》，长者献盖为别序。此经天雨四华、地六种动为别序也。然通序亦名证信序，明佛法理同；别序亦名开发序，明此经意异也。

正宗中有两段者，但此经只以因果为宗，是故第一《方便品》以下，尽《安乐行品》有十二品经，正开三显一以明因义，譬莲家之花也。第二从《踊出品》以下，竟《分别功德品》中弥勒说偈颂佛长行以来，凡有两品半经，名为开近显远以明果义，喻若花家之莲。前辨因义，后明果宗，然则因果双说，经之正体也。

第三流通中有两段者，第一从弥勒说偈后长行言“佛告弥勒其有众生闻佛寿命长远”以下，竟《妙庄严王品》，有十二[2]品半经，名为化他流通。明此一段高行菩萨非唯自能受持读诵，复能传授未闻，是故《维摩经》言：“譬如胜怨乃可为勇，如是兼除老病死者，菩萨之谓也。”第二《普贤劝发品》一品，名为自行流通。所以尔者，前药王、妙音等诸大菩萨苦行通经，皆亡身济物没命度人，但始行菩萨未全能尔，便于通经之道生退没之心，是故如来劝人言，若使不能丧身护法弘经化他者，亦

① ［南梁］法云：《法华义记》，《大正藏》第 33 册，第 574 页下。

② 从《分别功德品》中弥勒说偈后长行以下，竟《妙庄严王品》，仅有十品半经。由前引《法华义记》“第三流通者，《分别功德品》中从弥勒说偈后长行初……尽经，凡有十一品半经”等语来看，流通仅“十一品半经”，去除自行流通的《普贤劝发品》一品，化他流通应为“十品半经”，故此处之“十二”，当作“十”。

> 可自能受持读诵，自受持读诵即是自行流通。何故然者？若使此人不自受持读诵者，经于此人则不流通。此人既能受持读诵，经于此人得流，即是通也。①

在第二重析分中，“序”“正说”“流通”又分别细分为两个部分。其中，“序”分为“通序”与“别序”。“通序”亦称“证信序”，是诸经相通之序。一般包括“如是、我闻、一时、佛、在某处、向谁说法”六部分内容。“别序”亦称“开发序”，旨在阐明某经特有的发起因缘。②“正说”分为“明因”与“明果”。“明因”即开三显一，以示同归之因；“明果”即开近显远，以示长寿之报。因果双说，揭示整部佛经之宗旨。“流通”分为“化他流通”与“自行流通”，突显大乘佛法兼具自度与度人之特点。

法云在第二重科分的基础上，又提出第三重科分：“次第三重开科段者，减一明义。通别两序各开为五；明因辨果二正说中各开为四；化他、自行二流通中各开为三也。”③即序、正说、流通各自二分之下，每部分再以通序、别序各五；因、果正说各四；化他、自行流通各三的逐次“减一”的方式进行科分。下面分述之。

其一，通序、别序各五者：

> 通序五者：第一“如是”，第二“我闻”，第三“一时”，第四出说经住处，第五从“与大比丘众”讫“退坐一面”，列同闻众也。
>
> 别序五者：第一众集序，第二瑞相序，第三疑念序，第四发问序，第五答问序也。从“尔时世尊四众围绕”讫“供养恭敬尊重赞叹”，是第一，名为众集序也。从“为诸菩萨说大乘经”讫“以佛舍利起七宝塔”，是第二，名为瑞相序也。从“尔时弥勒菩萨作是念”下讫“今当问谁”，是第三，名为疑念序也。从“尔时弥勒菩萨欲自决疑”竟四言偈，是第四，名为发问序也。从“是时文殊师利语弥勒菩萨”尽品，是第五，名为答问序也。④

---

① [南梁]法云:《法华义记》,《大正藏》第33册，第575页上、中。

② 释迦牟尼宣说佛法义理时，通常是当时有某人某事引起弟子的疑惑，而有一位启请者代表弟子们向佛陀提问，引发释迦牟尼的宣说。

③ [南梁]法云:《法华义记》,《大正藏》第33册，第575页中。

④ [南梁]法云:《法华义记》,《大正藏》第33册，第575页中、下。

通序一般包括“如是、我闻、一时、佛、在某处、向谁说法”六部分内容。别序则旨在阐明某经特有的发起因缘。由有众集，故现瑞相；由有瑞相，故令众心生疑念；由有疑念，故发问；有问，故有答。可谓层层递进、环环相扣。

其二，因、果正说各四者：

正说第一段明因中有四段者，第一略说开三显一动执生疑，第二怀疑致请，第三广说开三显一断疑生信，第四别流通开三显一之义也。从《方便品》初，讫“佛以方便力，示以三乘教，众生处处着，引之令得出”以来，是第一，名为略说开三显一动执生疑。所以尔者，但三乘行人执昔日三乘方便教，铿然言尔，谓三家所行其道必别，忽闻如来道“佛以方便力，示以三乘教”，又言“世尊法久后，要当说真实”，昔日不言三乘是方便，今言是方便，昔日言理极于此，今日更有真实可说，是故执三情动、疑一意生也。从“尔时大众中有诸声闻众”以下，讫“是等闻此法则生大欢喜”以来，是第二，名为大众怀疑致请。是则执情既动，有可除之义；疑心既生，堪为入道，是故论云：疑者，解之津也。《大涅槃经》云：“宁堕疑中，莫入见丛”也。然则执动生疑，请情又至，是故从“尔时佛告舍利弗汝已殷勤三请”以下，讫《授学无学人记品》，有七品半经，是第三，广说开三显一断疑生信。然则时众相与解无三之理、信同归之义，于明因段中粗已周足，是故从《法师品》《见宝塔品》《持品》《安乐行品》，有四品经，是第四，名为别流通开三显一，是别流通开三显一因义也。

辨果之中有四段者，第一别序开近显远动执生疑，第二略说开近显远动执生疑，第三怀疑致请，第四广说寿命长远断疑生信也。从《踊出品》初，讫“当精进一心，我欲说此事”四行偈以来，是第一，名为别序开近显远，即是别叙寿量之义也。“尔时世尊说此偈已，告弥勒菩萨：我今于此大众宣告汝等”下，竟“我今说实语，汝等一心信，我从久远来，教化是等众”以来，是第二，名为略说开近显远动执生疑。所以尔者，如来十九出家、三十成道，如来自言寿命八十，或言七百阿僧祇，而今踊出菩萨皆久殖德本积行深远，非始发心人，而佛自言我从

> 久远来教化是等众，若实寿八十、七百者，云何言久远教化是等人？是明执八十、七百之情动，疑长远寿之意生也。从“尔时弥勒菩萨等心怀疑惑怪未曾有”尽《踊出品》，是第三，名为怀疑致请也。从《寿量品》初下入《分别功德品》中尽是弥勒说偈讫佛长行以来，一品半经，是第四，明如来广说寿命长远断疑生信也。①

明因之四段中，佛陀先是略说开三显一，动摇三乘之执念，令众心生疑惑；由有疑惑，故请佛释疑；在舍利弗三请之下，佛陀为众广说开三显一，令其断疑生信；生信之后，则是别流通开三显一。（因此处之“流通”与“流通分”不同，故以“别”为名。下“别序”，亦是同理。）

明果之四段中，只是将“开三显一”（因）的主题换为“开近显远”（果），其叙事顺序则与明因之四段大致相同。即略说开近显远，令“动执生疑”→“怀疑致请”→广说令“断疑生信”。明因与明果叙事结构的微异之处在于，明果有“别序”而无“别流通”。②

此外，《大正藏》所收二十八品《妙法莲华经》，从《方便品》以下尽《安乐行品》共十三品经。而法云在第二重科分的正宗分中指出：“是故第一《方便品》以下，尽《安乐行品》有十二品经。”与《大正藏》所收《妙法莲华经》相比，少了一品。又，法云在第三重科分的明因四段中指出：“是故从《法师品》《见宝塔品》《持品》《安乐行品》，有四品经。”恰无《提婆达多品》。可见，法云当时所依据之经文并非二十八品《妙法莲华经》，而是尚未加入《提婆达多品》之罗什原译文。

其三，化他、自行流通各三者：

> 二流通各有三段者，化他流通中有三段者，第一《分别功德品》中，从弥勒偈后长行初“佛告弥勒菩萨其有众生闻佛寿命长远如是乃至能生一念信解”以下半品经，《随喜功德品》《法师功德品》《常不轻品》，凡有三品半经，先明弘经益物者勋重

---

① [南梁] 法云：《法华义记》，《大正藏》第 33 册，第 575 页下—576 页上。

② 法云对“因中无别序、果中无别流通”的原因进行了深入剖析。法云曰：“今明因中无别序、果中无别流通者，此同是近故。何以故然？今明因中无别序者，此去通序近，不假立别序也。果中无别流通，此去总流通近，不假立别流通也。复言因有别流通、果中有别序者，此同是远也。今明因中有别流通，此去总流通远，是故立别流通。明果中有别序者，此去通序远，是故立别序也。”参见 [南梁] 法云：《法华义记》，《大正藏》第 33 册，第 576 页中。

> 报深，命觅弘经之人。第二从《神力品》初五行一文，明下方踊出菩萨堪弘经者，受命流通也。第三从《神力品》中“尔时世尊于文殊师利等大众前现大神力”以下半品，《嘱累品》《药王菩萨品》《妙音菩萨品》《观世音菩萨品》《陀罗尼品》《妙庄严王品》，凡六品半经，正明如来以经付嘱也。
>
> 自行流通中有三段者，第一，经家先明普贤菩萨为劝发，故从东方来此土也。第二，从“白言”以下，正明普贤菩萨与佛问答，缘是得劝发时众四种闻经因缘，生受持之意也。第三，从“说是《普贤菩萨劝发品》时”尽经，广明时众闻法得益多少，结成自行之义也。[①]

关于此二流通的科分，法云指出，化他流通下可分三重：寻觅弘经之人；觅得弘经人即受命流通；如来以经付嘱。然并非人人都有弘经之能，故有自行流通，其下亦分三重：普贤菩萨来此土劝发；普贤菩萨与佛问答受经因缘；劝人自行受持。

法云于三重科分之下，对每层都做了细致入微的剖析。限于篇幅，兹列举法云对通序中的“列同闻众”（第三重，即从“与大比丘众”讫“退坐一面”）下之层层分析于下。

第四重：

> 今就此同闻众中自有三段：第一人先列声闻众；第二从“菩萨摩诃萨”以下，即列菩萨众也；第三从“尔时释提桓因下”讫“退坐一面”，列凡夫众也。但众来之始未必如此，黑白前后无的次第，盖是出经者比次前后，令条然可视。又欲分别高下目铭凡圣，致使有此次第也。[②]

法云在第四重科分中，将“同闻众”又分为三段：第一段，自“与大比丘众”以下，列声闻众；第二段，自“菩萨摩诃萨”以下，列菩萨众；第三段，从“尔时释提桓因下”讫“退坐一面”，列凡夫众。法云进一步指出，声闻、菩萨、凡夫的科分，只不过是出经者为方便读经者辨明修行高下与凡圣区别而作的归类。

第五重，仅列举法云对“声闻众”之析分。其文曰：

---

① ［南梁］法云：《法华义记》，《大正藏》第33册，第576页中、下。

② ［南梁］法云：《法华义记》，《大正藏》第33册，第577页中。

今且就列声闻众中自有两段：第一，意“学、无学二千人”以来，先列声闻比丘众僧也。第二，从“摩诃波阇波提”下竟“耶输陀罗”，此则列声闻比丘尼众也。所以有此两段者，为欲取男女尊卑两别也。①

法云在第五重科分中，按照“男女尊卑”的原则，将“列声闻众”又分为两段：第一段，“学、无学二千人”以上，列声闻比丘僧众；第二段，从“摩诃波阇波提”讫“耶输陀罗”，列声闻比丘尼众。

第六重：

又就僧尼两众之中，各有二段。僧众二者，第一，“与大比丘众”下竟“大阿罗汉”，名为有名闻众。何以知然？此一万二千比丘常随如来处处说法，天上人间殊方异国远近知闻，名为有名闻众也。第二，从“复有学无学二千人”以下，名为小名闻众，未必常随如来、不尽为远近知识也。尼众亦然，至时当道。②

法云在第六重科分中，将僧尼两众又分为两段。其中，僧众的第一段是自“与大比丘众”以下竟“大阿罗汉”，为有名闻众。此一万二千比丘常随如来，天上人间远近知闻。第二段是自“复有学无学二千人”以下，为小名闻众。因为此众并非常随如来，所以其名不尽为远近知闻。尼众之分法与僧众相同。

第七重，仅列举法云对僧众中“有名闻众”之析分。其文曰：

今且就初众（指有名闻众）中自有六段：第一先谈人类；第二称众数；第三明阶位位登无学；第四叹德；第五列名；第六“如是”下即释疑结句也。

今言“与大比丘众”者，此是第一，明其是出家丈夫之类也。……

“万二千人俱”，此是第二，称其数也。

“皆是阿罗汉”，此是第三，明此一万二千人阶位，位登无

① [南梁]法云:《法华义记》,《大正藏》第33册，第577页下。

② [南梁]法云:《法华义记》,《大正藏》第33册，第577页下。

学也。……

“诸漏已尽”，此下是第四叹德，凡有五句，名为依位叹德。……

“其名曰”，此下是第五列名。……

“如是众所知识”，此下第六段，释疑总结。……[1]

法云在第七重科分中，将僧众之“有名闻众”又分为六段：第一，言“与大比丘众”者，明其是出家丈夫之类；第二，“万二千人俱”，此是称其数；第三，“皆是阿罗汉”，明此一万二千人阶位，位登无学。第四，“诸漏已尽”以下，是叹德；第五，“其名曰”以下，是第五列众比丘之名；第六，“如是众所知识”以下，是释疑总结。

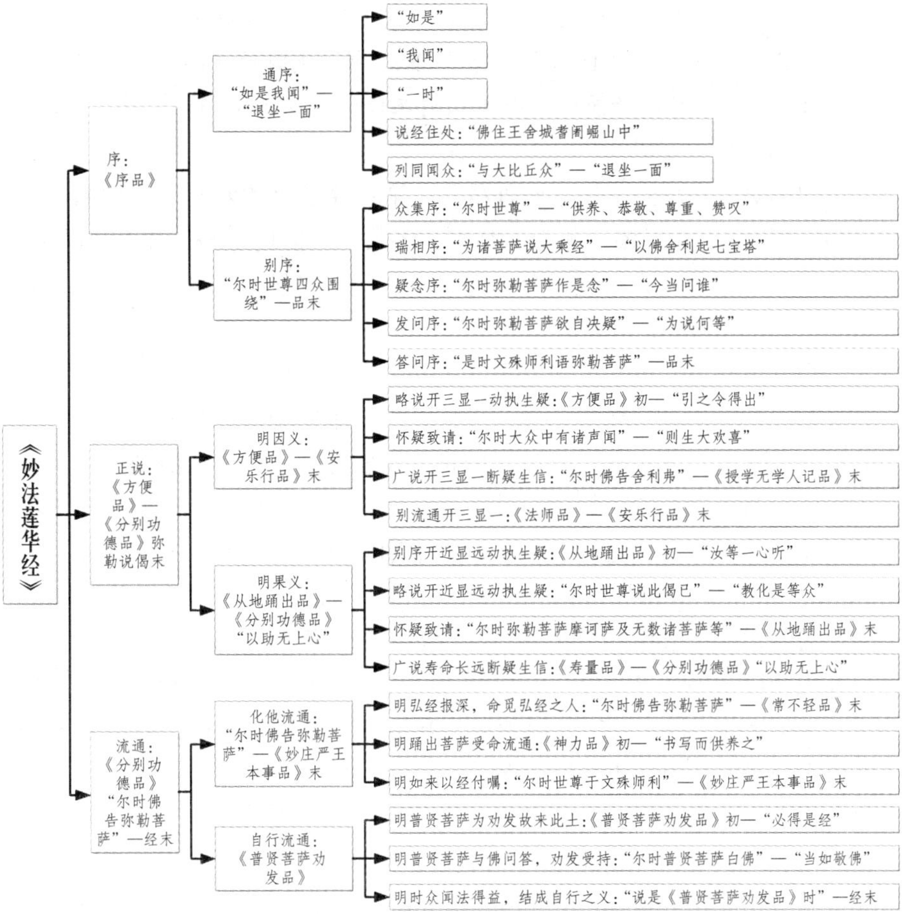

附图二　法云关于《妙法莲华经》之科分结构图

① [南梁]法云:《法华义记》,《大正藏》第33册，第577页下—578页下。

由上述七重科分可见，法云的分判可谓条理清楚，环环相扣，由显至微，巨细靡遗。法云对《法华经》研习之细致与透彻，千载之后，犹令人叹服。智顗虽批判法云之科分有“若过若不及”之嫌，然其关于《法华经》之科分中，对法云之科分颇多采纳之处。《妙法莲华经文句》卷一中载有智顗关于《法华经》之科分。其文曰：

> 天台智者分文为三：初品为序；《方便品》讫《分别功德》十九行偈，凡十五品半，名正；从偈后尽经，凡十一品半，名流通。又一时分为二：从《序》至《安乐行》十四品，约迹开权显实；从《踊出》讫经十四品，约本开权显实。本迹各序、正、流通。初品为序，《方便》讫《授学无学人记品》为正，《法师》讫《安乐行》为流通。《踊出》讫“弥勒已问斯事佛今答之”半品，名序；从“佛告阿逸多”下，讫《分别功德品》偈，名为正；此后尽经为流通。今记从前三段消文也。[①]

智顗对《法华经》做了两种科分：第一种是初品为序；《方便品》讫《分别功德》十九行偈，凡十五品半，名正；从偈后尽经，凡十一品半，名流通。第二种是先将全经分为迹、本二门开权显实，再将二门各自分为序、正、流通三部分。

第一种科分与法云之分判完全一致。[②] 第二种科分虽然看似与法云之分判迥异，但是只要我们细心探究，便不难发现其对法云之科分的沿袭痕迹。首先，法云在“正说”中将《安乐行品》与《从地踊出品》作为明因、明果之分岭。智顗将从《序品》至《安乐行品》十四品判为迹门开权显实；将《从地踊出品》以下十四品判为本门开权显实，亦是以《安乐行品》与《从地踊出品》作为迹门、本门之分岭。其次，法云将初品判为序，将《方便品》至《安乐行品》判为正说之明因段，并于明因中开为四段：略说开三显一→怀疑致请→广说开三显一→别流通开三显一。其中，前三段之经文内容为从《方便品》讫《授学无学人记品》；别流通之经文内容为《法师品》讫《安乐行品》。智顗于迹门之序、正、流通中，亦判初品为序。智顗又判《方便品》讫《授学无学人记品》为正说，《法师品》讫《安乐行品》为流通，则是化用法云所判正说中明因四段之分法，也就是将前三段之内容判为正说，将“别流通”段判为流通。

① ［隋］智顗：《妙法莲华经文句》，《大正藏》第34册，第2页上。

② 见附图三《法云、智顗关于〈法华经〉科分之关系图（一）》。

由此可见，智顗之分段与法云相同，只是名称略作变化而已。

又，法云将《从地踊出品》至《分别功德品》中偈判为正说之明果段，将《分别功德品》中偈以下至经末判为流通，并于明果中开为四段：别序开近显远→略说开近显远→怀疑致请→广说寿命长远。智顗于本门之序、正、流通中，判《从地踊出品》讫“已问斯事，佛今答之，汝等自当因是得闻”半品为序；判自“尔时释迦牟尼佛告弥勒菩萨（阿逸多）”以下讫《分别功德品》中偈为正说；此后尽经为流通。其中，智顗所判之“序”与法云所判之“别序”略有差异，其将《分别功德品》中偈作为正说与流通之分岭的分法，则与法云相同。①

综上所述，智顗虽对法云巨细靡遗之科分颇有微词，但无论是其第一种分文为三（序、正、流通）之科分法，还是第二种分文为迹、本二门，再各自三分之科分法，皆受法云之影响甚深。

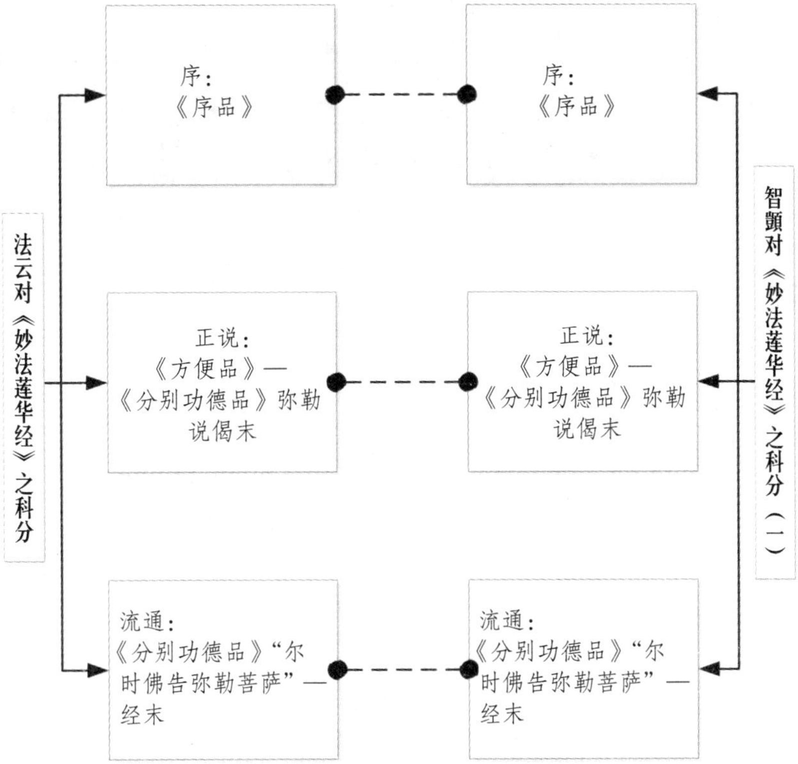

附图三　法云、智顗关于《法华经》科分之关系图（一）

① 见附图三《法云、智顗关于〈法华经〉科分之关系图（二）》。

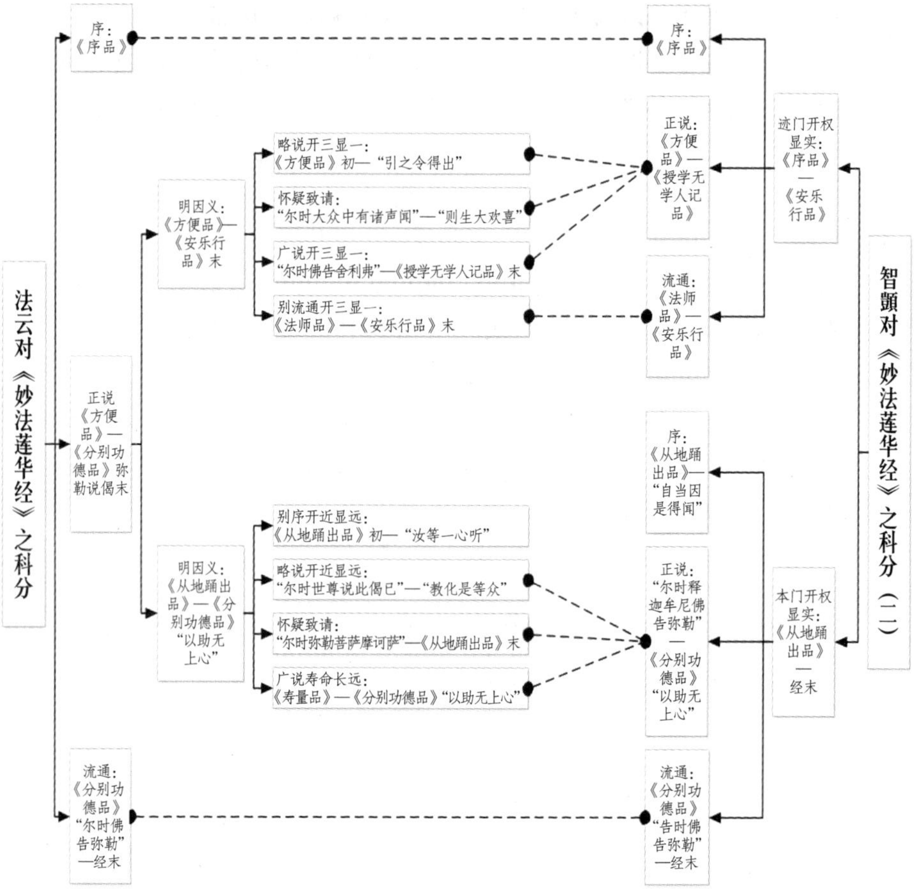

附图三　法云、智顗关于《法华经》科分之关系图（二）

第二节　法云对《涅槃经》的科分

法云对《法华经》之科分情况，《法华义记》中保存得最为完备。从法云关于《法华经》第二重科分下通、别二序之言来看，其亦对《涅槃经》《胜鬘经》《维摩经》进行过科分。其文曰：

> 序中二者，第一，从“如是我闻”讫“退坐一面”以来，名为通序，正明众经通有，称通序也。第二，从“尔时世尊四众围绕”尽品，名为别序，正言众经各异、部部不同也。故如欲说《涅槃》，大音宣告、放光动地以为别序；欲说《胜鬘》，父母送书以为别序；欲说《维摩》，长者献盖为别序。……[①]

如前所述，法云通常将“序”分为“通序”与“别序”两种。“通序”基本上为每部佛经所共有，一般包括“信、闻、时、主、处、众”六部分内容。“别序”为一部佛经发起的因缘。由引文中“欲说《涅槃》，大音宣告、放光动地以为别序”等语可知，法云将《大般涅槃经》[②]中《序品》“二月十五日临涅槃时，以佛神力出大音声”[③]以下至该品末判为别序，而将“二月十五日临涅槃时”前之经文判为通序。

又，灌顶《大般涅槃经疏》卷第一《序品》上曰：

> 上代直唱消文释意，分章段起小山瑶、关内凭等。因兹成则，此经文句盈缩非一，有二三四五七八。梁武但制中前中后；开善唯序、正；光宅足流通；灵味问有缘起，答有余势；河西五门；婆薮七分；兴皇八门。……光宅足流通，只是用章少分。……[④]

可见，关于《大般涅槃经》之科分，诸师分别持二分、三分、四分、五分、七分、八分等说。判为二者，以梁武帝与开善智藏为代表。其中，梁武帝判为中前、中后两部分；智藏判为序、正两部分。判为三者，以

① ［南梁］法云：《法华义记》，《大正藏》第 33 册，第 575 页上。
② 法云所依《涅槃经》，当为刘宋慧严等译《大般涅槃经》。
③ ［刘宋］慧严等译：《大般涅槃经》，《大正藏》第 12 册，第 605 页上。
④ ［隋］灌顶撰，［唐］湛然再治：《大般涅槃经疏》，《大正藏》第 38 册，第 42 页上、中。

光宅法云为代表，其观点为“足流通”。判为四者，以灵味宝亮为代表。判为五者，以河西（很可能指道凭）为代表。判为七者，以婆薮为代表。判为八者，以兴皇法朗为代表。

需要注意的是，法云所谓的“足流通”颇语焉不详，而《大般涅槃经疏》卷三十二中关于《憍陈如品》之论述，则可以作为其注脚。其文曰：

> 此品是第三摄邪归正说。光宅云：翻虽未尽，三段且足，此品即是流通段也。又云此品答第三十七，“今欲问诸阴，而我无智慧”。①

引文中的“第三十七”，是指刘宋慧严等译《大般槃经·长寿品》中，迦叶“即于佛前以偈问曰”② 那段问偈中的第三十七问。也就是“今欲问诸阴，而我无智慧”。③ 参合此段所引光宅法云“翻虽未尽”之语与上段所引灌顶“光宅足流通，只是用章少分”之语，可知法云当时所依据之《大般涅槃经》章目似有少缺。在章目少缺的情况下，法云认为“三段且足，此品即是流通段”，正是上文略言“足流通”之注脚。因此，法云所谓的“三段且足，此品即是流通段”，是说《大般涅槃经》虽章目少缺，然序、正说、流通三段亦大体完备。其中，《憍陈如品》属于流通段。

① ［隋］灌顶撰，［唐］湛然再治：《大般涅槃经疏》，《大正藏》第38册，第219页中。

② ［刘宋］慧严等译：《大般涅槃经》，《大正藏》第12册，第619页中。

③ “今欲问诸阴，而我无智慧”为慧严等译《大般涅槃经·长寿品》中的偈语。关于这一段问偈，诸师有多种看法。据《大般涅槃经疏》卷七《长寿品》载：“从‘即于佛前’是正问……问数不同者，梁武三十二问；河西三十四问；灵味亮，冶城素，庄严旻，并用之；中寺安三十五问；开善三十六问；光宅三十七问。”法云将这段问偈判为三十七问，并以“今欲问诸阴，而我无智慧”为第三十七问。参见［隋］灌顶撰，［唐］湛然再治：《大般涅槃经疏》，《大正藏》第38册，第76页中、下。

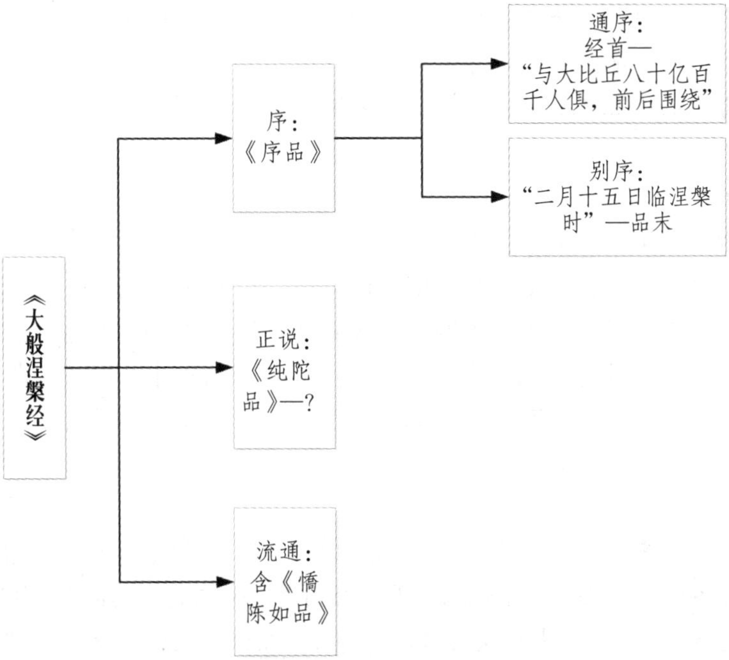

附图四　法云关于《涅槃经》之科分结构图

第三节　法云对《维摩经》的科分

如前所述，法云关于《法华经》第二重科分之“别序”中言及“欲说《维摩》，长者献盖为别序”。由此可见，法云将《维摩经》中的“长者献盖”判为别序。

此外，湛然《维摩经略疏》卷一中载有诸师对《维摩经》的科分情况，其中亦言及光宅法云之科分观点。其文曰：

> 先出古今次明一家。先明诸师者，什、生及古诸师悉不开科段，直帖文解释。而肇师云：始于净土，终法供养。其间所明虽殊，不思议一也。是则宝积发问已前为序，《嘱累》一品以为流通，其间并是正说也。次灵味小亮云：此经题既云净名所说，从《方便品》皆是正说。次开善师分为四：一序讫《菩萨品》；二正即室内六品；三证成即《菩萨行》《阿閦佛》两品；四流通即《法供养》《嘱累》两品。若庄严、光宅同用初四品为

> 序；入室六品为正；后四品为流通。晚三论师亦同此释。北地论师用《佛国》一品为序;《方便品》讫《见阿閦佛品》十一品为正；后两品为流通。但古今不同互有分别，承习之者各有宗门。①

由引文可知，诸家关于《维摩经》之科分虽然皆以“三分科经”法为主，然而对具体品目的判分则见仁见智。其中，光宅法云与庄严僧旻均将第一品《佛国品》至第四品《菩萨品》判为序，将第五品《文殊师利问疾品》至第十品《香积佛品》判为正说，将第十一品《菩萨行品》至经末判为流通。后起之三论师，亦大多沿用二人之科分观点。

湛然在列举诸师之科分观点后，提出了自己的科分观点：

> 一正分经者，经无大小例有三段，谓序、正、流通。序者，大圣将欲说法，必先现瑞表发以为由藉。如欲说《大品》，即放支节杂色之光，表欲说般若以导诸行。欲说《法华》，放眉间光，表欲说中道实相。今经合盖现土，表欲说佛国因果。既由藉不同，正表教门赴机有异。发起物情，使咸信慕，归宗有在。故曰序也。二正说者，四众睹瑞，悉皆忻仰，堪闻圣旨。大圣知时赴机设教，时众闻经咸沾法利，故名正说也。三流通者，流譬水之下霔，通则无滞无壅。如来大慈平等说法，非止但为现在，亦欲远被正、像、末代有缘，使咸沾法润。是则法水流霔无穷，并沾斯泽，故名流通也。今开为三：一从“如是我闻”讫七言偈，具通、别二序。此于正说由藉义足名为序分。二从宝积请问佛国因果已去讫《阿閦佛》，有十一品半，皆明不思议解脱佛国因果，皆是赴机之教，现在沾益，并为正说。三从《法供养》讫《嘱累》，明天帝发誓弘经，如来印可，劝发嘱累宣通未来，使流传不绝。此并（嘱）[属]流通也。②

湛然亦采用“三分科经”法，将《维摩经》分为序、正、流通三部分：从经首至《佛国品》“达诸法相无罣碍，稽首如空无所依”，③为序；二、从《佛国品》“尔时，长者子宝积说此偈已”至《见阿閦佛品》末，

---

① [唐]湛然:《维摩经略疏》,《大正藏》第38册，第563页上。
② [唐]湛然:《维摩经略疏》,《大正藏》第38册，第563页上、中。
③ [后秦]鸠摩罗什译:《维摩诘所说经》,《大正藏》第14册，第538页上。

为正说；三、《法供养品》《嘱累品》两品，为流通。就序而言，湛然将《佛国品》前半部分判为序，比法云之科分少了三品半；就正说而言，湛然将十一品半经判为正说，比法云之科分多出五品半；就流通而言，湛然仅将《法供养品》《嘱累品》两品判为流通，比法云之科分少了两品。当被人问及“（科分）何以不同庄严光宅及三论师”时，湛然回答道：

> 《佛国》为序其妨同前。[①] 又用《菩萨行》《阿閦佛》以属流通。恐此不然。何者？净名掌擎大众，还庵罗园对佛印定，室内所说方得成经。又佛还对净名辨佛国因果，撮经终始，宗旨分明，大众蒙益，过乎室内。此是正说，岂谓流通！[②]

可见，在湛然看来，佛作为法王，其所讲述应为正说，故将《佛国品》一品全判为序并不妥当。且《菩萨行品》中净名居士（维摩诘）掌擎大众到庵罗园，佛于室内为其说法，《见阿閦佛品》中佛辨明维摩诘自妙喜佛土来此间宣教之因果，皆令大众获益良多。因此，此二品不应判为流通，应判为正说。

---

① 湛然前答“何不依灵味（宝亮）”一问时曰：“《佛国》为序义不应然。何者？佛为法王、道王，三千有所宣说，岂非正也？但宝积所请佛所酬答，赴此机缘明佛国因果，时众闻经获大小益，岂折为序！又且净名助佛阐扬，正是奖成佛教。岂可弟子助说为正，大师说者翻为序乎？”（参见［唐］湛然：《维摩经略疏》，《大正藏》第38册，第563页下。）此即湛然所谓“《佛国》为序其妨同前”之意。

② ［唐］湛然：《维摩经略疏》，《大正藏》第38册，第563页下。

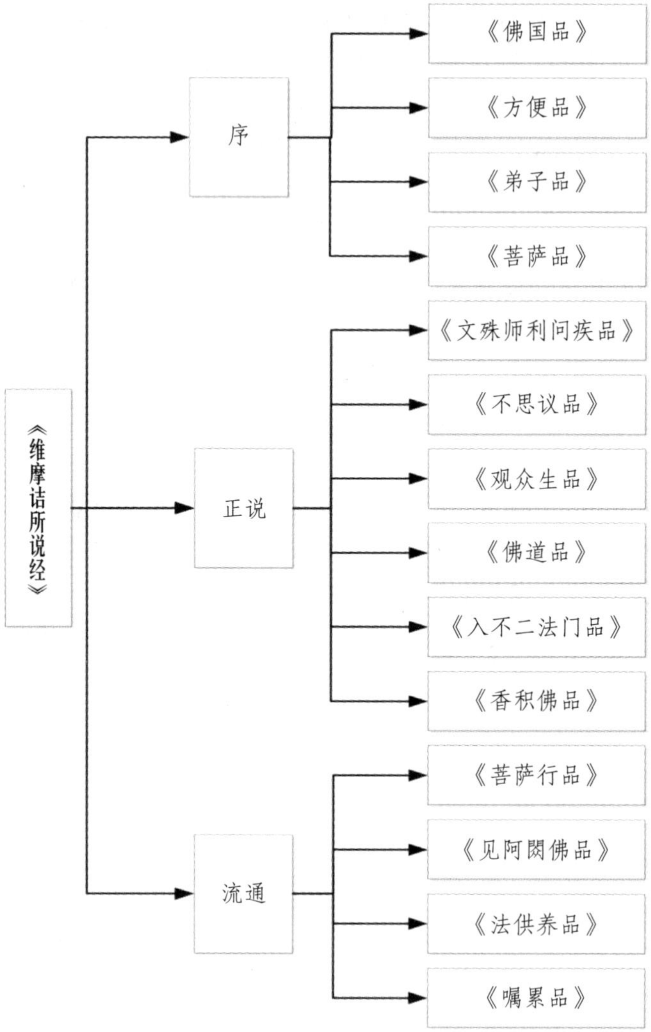

附图五　法云关于《维摩经》之科分结构图

第四章　光宅法云判教与《法华经》地位的提高

佛教东传之初，为便于中土人士更好地理解佛教的基本教义，中土僧侣常常以中国固有的老庄或儒家的哲学概念来比附佛学义理。此即所谓“以经中事数拟配外书，为生解之例，谓之格义”。[①] 然这种格义的解经策略只在佛教传入早期短暂使用，随着佛教的发展，至五世纪初，此法便逐渐被弃用。[②]

南北朝时期，随着佛典的大量传译以及佛教经义的充分阐释，佛学形成了一套独立的教理体系。随着对佛教经论的接触日益增多，中国佛教徒逐渐认识到诸佛典中所蕴含的教义并不相同。例如，关于佛陀说法的时分，《大毘卢遮那成佛神变加持经》(又称《大日经》)曰：“一切处一切时，于有情界宣说真言道句法。”[③]《法华经》旨在“会三归一”，以昔日三乘教为权教，以今日一乘教方为实教，故可视为权、实二教之分。《解深密经》及《妙智经》说有三时三教之分。《无量义经》及《月灯经》说有四时四教之分。《涅槃经》及《六度经》说有五时五教之分。不同佛典中所载的佛陀之教法有浅深层次的不同，其相互间说法的矛盾成为佛教发展的一大障碍。要想消除这一障碍，必须对诸佛典进行判别并会通异义，判教便应运而生了。

关于“判教”的内涵、目的和作用，任继愈先生曾做过精到的论述：

> 判教，就是佛教根据各派自己的观点、方法，把所有的佛教经典著作和理论加以系统地批判和整理，重新估价、安排。

---

① [南梁]慧皎：《高僧传》，《大正藏》第 50 册，第 347 页上。

② 美国学者梅维恒先生指出，格义并非一种翻译的技巧，而是一种解经的技巧，其基本目的是将佛教概念同中土原有的非佛教经典中的可比概念相关联。参见 Mair, Victor H，“What Is *Geyi*, After All?” In *Philosophy and Religion in Early Medieval China*, edited by Alan Kam-leung Chan,and Yuet Keung Lo., 227-264. New York: State University of New York Press, 2010.

③ [唐]善无畏等译：《大毗卢遮那成佛神变加持经》，《大正藏》第 18 册，第 1 页中。

目的在于说明佛教的一切经典著作不但不互相矛盾，而且是相互补充的；在于说明佛教经典著作和理论的相互矛盾的现象，是由于佛对不同的听众、在不同的时机进行的不同的说教。但他们认为佛教的基本精神没有矛盾。判教工作是隋唐佛教各宗派对外防止攻击，对内统一分歧而采取的必要措施……[①]

傅伟勋先生亦言：

教相判释，简称“判教”或“教判”，正式肇始于中国大乘佛学，其基本旨趣大致有三：（一）汉译经律论三藏卷帙浩繁，必须适予整理安排，且有需要进一步衡定佛教典籍的高低上下；（二）佛教典籍的安排衡定，亦必关涉到，如何对于释迦在五十年间横说竖说的种种法门，以及多次结集以后而有的大小乘经论乃至各宗教义，予以高低优劣的评价和定位；（三）大乘各宗宗师也借着教相判释标明立教开宗的本意，而正面提出本宗在理论与实践双层所以远较其他大小乘各宗殊胜之理。[②]

佛教要想持续向前发展，必须对众经加以分判，推寻出众经之间的前后、浅深关系。反过来，“判教”对众经前后、浅深关系的定位，又会对众经的地位与重要程度产生至关重要的影响。

美国威斯康星大学的 Chan Ju Mun 博士提出，中国佛教判教史上曾存在过两种不同的判教体系，分别是南北朝时期较为宽泛的判教体系和隋唐时期具有浓郁宗派色彩的判教体系。整体而言，南北朝时期的判教体系更倾向于学术式的。大约在隋朝时期，佛教在融合中国传统文化的基础上，形成了诸多宗派。[③] 自此以后，判教体系中的宗派色彩越来越

① 任继愈：《汉唐佛教思想论集》，人民出版社，1994，第 115 页。

② 傅伟勋：《从创造的诠释学到大乘佛学》，（台北）东大图书公司，1990，第 165 页。

③ 在中国佛教中，所谓的“宗派”只是名义上的划分，没有西方基督教或日本宗教那样浓厚的排他性。在中国佛教界，宗派人物的划分主要是基于师承、谱系。比如，某位僧人假如跟随华严宗的大师学法，其就被自动归入华严宗，与其是否通晓或履行别宗的教义或实践无关。参见 Holmes Welch, *The Buddhist Revival in China* , Cambridge: Harvard University Press, 1968, pp. 194-221; Robert H. Sharf, *Coming to Terms with Chinese Buddhism*, Honolulu: University of Hawaii Press, 2002, pp. 1-27; Bernard Faure, *The Rhetoric of Immediacy*: *A Cultural Critique of Chan/Zen Buddhism*, Princeton: Princeton University Press, 1991, pp. 11-31; Chan Ju Mun, “The History of Doctrinal Classification in Chinese Buddhism: A Study of the *Panjiao* Systems”, PhD dissertation, University of Wisconsin-Madison, 2002, pp. 2-3.

浓厚。一般而言，各宗所推崇的佛教经典各异，而为了突显本宗的优越性，各宗往往在判教活动中有意提高本宗所推崇的经典的地位。[①]《法华经》"诸经之王"地位的奠定，就与中国佛教早期判教活动密不可分。

《法华经》是大乘佛教早期的经典之一，其核心思想是"开权显实，会三归一"。吕澂先生在《中国佛学源流略讲》中提出："《法华经》的核心，就是以大摄小而以一乘为究竟的思想。"[②]即佛陀对众生说有三乘法，乃是方便接引众生的权宜之策，实际上只有一佛乘才是究竟之法。《法华经》的汉译本现存有三种，分别是《正法华经》十卷二十七品，西晋竺法护译；《妙法莲华经》七卷二十八品，[③]后秦鸠摩罗什译；《添品妙法莲华经》七卷二十七品，隋阇那崛多与达摩笈多合译。[④]

《法华经》于西晋初年传入中国汉地。太康七年（286），竺法护在长安译出了《正法华经》。后世称此本为"旧本"。黄忏华先生的《中国佛教史》对《正法华经》进行了详细描述。其文曰：

> 依《高僧传》，竺法深，讲《法华》《大品》，既蕴深解，复能善说。于法开，善《放光》及《法华》。竺法崇笃志经记，而尤长《法华》一教，著有《法华义疏》。竺法深之弟竺法义，游刃众典，尤善《法华》。竺法旷以《法华》为会三之旨，《无量寿》为净土之因，常咏二部，有众则讲，独处则诵。此《正法华》之学者也。[⑤]

后秦弘始八年（406），鸠摩罗什于长安大寺（或草堂寺）重译《法华经》，并以《妙法莲华经》为题刊布于世。后世称此本为"什本"。慧观曾对鸠摩罗什重译《法华经》的场面做出描述：

> 秦弘始八年夏，（罗什）于长安大寺集四方义学沙门二千余

---

① Chan Ju Mun, "The History of Doctrinal Classification in Chinese Buddhism: A Study of the *Panjiao* Systems", PhD dissertation, University of Wisconsin-Madison, 2002, pp. 6-7.

② 吕澂：《中国佛学源流略讲》，中华书局，2002，第 39 页。

③ 现存题为姚秦鸠摩罗什所译二十八品《妙法莲华经》译本，并非罗什原译本。罗什据龟兹文本原译仅二十七品，《提婆达多品》为后人所加。

④ 据《开元释教录》卷十四"别录中有译无本录"载，《法华经》还有《法华三昧经》六卷、《萨芸芬陀利经》六卷和《方等法华经》三种译本。有学者提出，三种译本均属于误传。鉴于三种译本今已散佚，是否属于误传实难定论，故暂不纳入本书之研究范围。

⑤ 黄忏华：《中国佛教史》，商务印书馆，1947，第 101 页。

人，更出斯经，与众详究。什自手执胡[①]经，口译秦语，曲从方言，而趣不乖本。[②]

由慧观的描述可知，鸠摩罗什对重译《法华经》是相当慎重与谨严的。鸠摩罗什既精熟梵文又通晓汉文，其所译的佛经典雅而不失原意，便于读诵和理解。因此，“什本”虽不如“旧本”详密，却更为后世学者所普遍接受。

据《高僧传》记载，鸠摩罗什在译经的同时，还致力于讲经说法和奖掖后学。[③]在鸠摩罗什的悉心指导下，其门下弟子纷纷为《法华经》注疏、评解。如昙影著《法华义疏》四卷，道生著《法华经疏》二卷，僧叡、慧观等也借由经序对《法华经》发表见解。

在鸠摩罗什及其弟子的推动下，中国佛教界涌现出一大批法华学者。如僧含著有《法华宗论》；[④]昙谛讲“《法华》《大品》《维摩》各十五遍”；[⑤]梵敏“数讲《法华》《成实》”；[⑥]慧亮“讲《法华》《大品》(《大品般若经》)《小品》《十地》等”；[⑦]法瑶“著《涅槃》《法华》《大品》《生鬘》等义疏”；[⑧]僧镜“著《法华》《维摩》《泥洹》义疏”；[⑨]求那跋摩“开讲《法华》及《十地》”；[⑩]昙机“善《法华》《毘昙》”；[⑪]道慈“善《维摩》《法华》”；[⑫]道登“善《涅槃》《法华》”；[⑬]昙度“备贯众典，《涅槃》《法华》”；[⑭]弘充“每讲《法华》《十地》”；[⑮]僧印“虽学涉众典，偏以《法华》著名，讲《法华》凡二百五十二遍”；[⑯]僧慧“能讲《涅槃》《法华》《十

① 原本作“胡”，《大正藏》载元本及明本作“梵”。
② [刘宋]慧观：《法华宗要序》，载[南梁]僧祐：《出三藏记集》，《大正藏》第55册，第57页中。
③ 参见[南梁]慧皎：《高僧传·道融传》及《高僧传·慧观传》，《大正藏》第50册，第363页中、368页中。
④ [南梁]慧皎：《高僧传》，《大正藏》第50册，第370页中。
⑤ [南梁]慧皎：《高僧传》，《大正藏》第50册，第371页上。
⑥ [南梁]慧皎：《高僧传》，《大正藏》第50册，第372页中。
⑦ [南梁]慧皎：《高僧传》，《大正藏》第50册，第373页中。
⑧ [南梁]慧皎：《高僧传》，《大正藏》第50册，第374页下。
⑨ [南梁]慧皎：《高僧传》，《大正藏》第50册，第373页中。
⑩ [南梁]慧皎：《高僧传》，《大正藏》第50册，第341页上。
⑪ [南梁]慧皎：《高僧传》，《大正藏》第50册，第374页中。
⑫ [南梁]慧皎：《高僧传》，《大正藏》第50册，第374页下。
⑬ [南梁]慧皎：《高僧传》，《大正藏》第50册，第375页中。
⑭ [南梁]慧皎：《高僧传》，《大正藏》第50册，第375页中。
⑮ [南梁]慧皎：《高僧传》，《大正藏》第50册，第376页上。
⑯ [南梁]慧皎：《高僧传》，《大正藏》第50册，第308页中。

住》《净名》《杂心》等”；[①] 慧基“乃著《法华义疏》，凡有三卷”；[②] 宝亮讲《法华经》“近十遍”；[③] 法云更是以《法华经》扬名。

“旧本”时期，中国佛教界盛行般若之学，而《妙法莲华经》刊行以后，《法华经》得到了极大的弘传。据黄忏华先生统计，“《高僧传》诵经二十一人中，诵《法华》者至十六人”。[④]《法华经》受到的关注和推崇，由此可见一斑。在南北朝时期的判教体系中，诸家或将《涅槃经》判为最高的了义之教，或将《华严经》判为“顿教”而置于诸经之上，而一般只将《法华经》判为非了义的经教。因为判教活动对佛典的弘传影响甚大，所以如何准确定位与合理提升《法华经》在众经中的地位，就成为其能否在众经中脱颖而出的关键。

梁代大僧正光宅法云抓住这一契机，在其“五时教”中有意将《法华经》置于《涅槃经》之上，并创造性地提出“四乘教”理论，用“权”“实”来分判众经，将《法华经》判为实教，并进一步凸显《法华经》在众经中的地位，将其置于诸经之首。法云以佛门统领的身份大力弘扬《法华》，使得此经研究大盛。

智顗在承续法云判教思想的基础上，创立“五时八教”说，将《法华经》判为“第五时”之教，又用“权”“实”区分出圆教与其他三教，并提出只有“但用圆教”的《法华经》，才是“圆顿至极”的实教，从而在天台一系确立了《法华经》“诸经之王”的地位。随着天台宗影响的扩大，《法华经》逐渐成为大乘佛教的重要经典之一。

第一节　佛教早期诸判教观

一、一音判教

就史实而论，佛陀传法时，为让各地信众听懂自己所开示的佛法，多用当地方言进行说法。但是佛陀被神化以后，就出现佛陀只是用一种声音说法（此“声音”并非限于用语言说法，而是神力的一种体现），而众生在听法时却能从一样的说法中各得其解的观点。佛以一音说法而众

① ［南梁］慧皎：《高僧传》，《大正藏》第 50 册，第 378 页中。

② ［南梁］慧皎：《高僧传》，《大正藏》第 50 册，第 379 页上、中。

③ ［南梁］慧皎：《高僧传》，《大正藏》第 50 册，第 381 页下。

④ 黄忏华：《中国佛教史》，商务印书馆，1947，第 106 页。

生各得异解之说，各大乘经典均有记载。

《华严经》卷十三曰：

> 无量菩萨称叹如来真实功德，永离颠倒，安住正法，具一切力，能令众生离诸恶难，开示善道，于一音中演无量法，从一切陀罗尼辩才之藏，不可穷尽，具足无畏，心常欢喜。①

《涅槃经》卷十曰：

> 如来常为一切众生而作父母。所以者何？一切众生，种种形类，二足、四足、多足、无足，佛以一音而为说法，彼彼异类各自得解，各各叹言："如来今日为我说法。"以是义故，名为父母。②

《维摩经》中偈曰：

> 佛以一音演说法，众生随类各得解，
> 皆谓世尊同其语，斯则神力不共法。
> 佛以一音演说法，众生各各随所解，
> 普得受行获其利，斯则神力不共法。
> 佛以一音演说法，或有恐畏或欢喜，
> 或生厌离或断疑，斯则神力不共法。③

传说，鸠摩罗什曾提出"一音圆教"的判教观点。如圆测（613—696）《解深密经疏》云："有说一教，所谓一音，如罗什等。"④澄观（738—839）《大方广佛华严经疏》卷一亦曰："立一音教。谓如来一代之教，不离一音。然有二师：一后魏菩提流支云'如来一音同时报万，大小并陈'。二姚秦罗什法师云'佛一圆音平等无二，无思普应，机闻自殊，非谓言音本陈大小'。"⑤然六朝以下迄吉藏法师的著作中，皆未提及

---

① ［东晋］佛驮跋陀罗译：《大方广佛华严经》，《大正藏》第9册，第482页中。
② ［北凉］昙无谶译：《大般涅槃经》，《大正藏》第12册，第423页下。
③ ［后秦］鸠摩罗什译：《维摩诘所说经》，《大正藏》第14册，第538页上。
④ ［唐］圆测：《解深密经疏》，《卍续藏经》第34册，第596页上。
⑤ ［唐］澄观：《大方广佛华严经疏》，《大正藏》第35册，第508页上、中。

鸠摩罗什有此判教观点。较早提出“一音”判教观的佛教学者，当属北印度僧菩提流支（生卒年不详）。净影慧远（523—592）《大乘义章》称：“菩提流支，宣说如来一音，以报万机，大小并陈，不可以彼顿渐而别。”[①]亦未言及鸠摩罗什有“一音圆教”的判教观点。

法藏（643—712）《华严一乘教义分齐章》卷一亦曰：

> 菩提流支，依《维摩经》等，立一音教。谓一切圣教皆是一音一味一雨等霔，但以众生根行不同，随机异解遂有多种。如克其本，唯是如来一圆音教。故经云“佛以一音演说法，众生随类各得解”等是也。[②]

据法藏所言，菩提流支立“一音教”，认为佛陀说法平等无二，只因众生根器不同而各得其解。这与慧远主张的如来一音即兼顾大、小、顿、渐，稍有不同。

又，窥基《大乘法苑义林章》卷一述及菩提流支立“一时教”。这里的“一时教”，与“一音教”相通。其文曰：

> 后魏有菩提流支法师，此名觉爱，唯立一时教。佛得自在，都不起心，有说不说，但众生有感。于一切时，谓说一切法。譬如天乐随众生念出种种声，亦如末尼随意所求雨种种宝。《花严经》（《华严经》）云：如来一语中，演出无边契经海。[③]

由引文可知，“一时教”中的佛陀比“一音教”中的佛陀更具神秘感。“一音教”中的佛陀尚“以一音演说法，众生随类各得解”，而“一时教”中的佛陀已脱出言语之筌蹄，“有说不说，但众生有感”。

二、二教说

中国佛教早期有两种判教为二的观点，分别是“半满二教”观和“渐顿二时教”观。“半满二教”观的理论依据为《涅槃经·如来性品》中的长者教子喻。经文指出，长者因爱子故，令从师受学，又恐其子半途而废，故每天教其子半字。这并非长者故意藏私，而是长者知道其子

① ［隋］慧远：《大乘义章》，《大正藏》第 44 册，第 465 页上、中。
② ［唐］法藏：《华严一乘教义分齐章》，《大正藏》第 45 册，第 480 页中。
③ ［唐］窥基：《大乘法苑义林章》，《大正藏》第 45 册，第 247 页上。

学力不足，只能循序渐进，由半及满。佛陀教化弟子亦是如此，先教其小乘思想，待弟子学力充足后再晓以大乘思想。[①]

“半满二教”观的代表人物是菩提流支。智顗《法华玄义》卷十曰：“菩提流支明半满教，十二年前皆是半字教，十二年后皆是满字教。”[②]据智顗所述，菩提流支认为佛陀悟道后说法的前十二年，皆是宣扬半字教（非了义），而其后则宣扬满字教（了义）。吉藏（549—623）《仁王般若经疏》卷上《序品一》亦曰：

> 今依菩提流支直作半满分教。若小乘教，名半字，名声闻藏。大乘名满字，名菩萨藏。今寻诸经论，斯言当矣。所言小乘半教者，若明其至理，但人法二空，语其因果，但说有作四谛。斯乃教不尽宗，语不极义。说称小根，进成小行，有所缺德，名之为半，故云小乘名声闻藏。大乘满字教者，若明其理至极，平等无得正观不二为宗，语其因果即说无作四谛。斯乃教称大乘宗，语极圆旨，说称大根，进成大行，具足无缺，名之为满，故云大乘名菩萨藏也。[③]

在这里，吉藏明确指出，菩提流支的“半字教”即小乘教、声闻藏，而“满字教”即大乘教、菩萨藏。

持“渐顿二时教”观的佛学者，亦不乏其人。菩提流支除提出“半满判教”说外，亦有“顿渐二时教”之说。窥基《大乘法苑义林章》卷一曰：“又菩提流支法师，亦立二时教。《楞伽经》说：‘渐者，莫问声闻菩萨，皆渐次修行从浅至深，名为渐也。顿者，如来能一时顿说一切法，名之为顿。’”[④]慧远述菩提流支“一音教”时云“不可以彼顿渐而别”，而窥基述菩提流支“二时教”时则分渐、顿。二人孰是孰非，很难妄下定论。

继菩提流支之后，护法师等亦持“渐顿二时教”观。法藏《华严一乘教义分齐章》卷一曰：

> 护法师等，依《楞伽》等经，立渐顿二教。谓以先习小乘

---

① ［北凉］昙无谶译：《大般涅槃经》，《大正藏》第 12 册，第 390 页下—391 页上。

② ［隋］智顗：《妙法莲华经玄义》，《大正藏》第 33 册，第 801 页中。

③ ［隋］吉藏：《仁王般若经疏》，《大正藏》第 33 册，第 315 页中、下。

④ ［唐］窥基：《大乘法苑义林章》，《大正藏》第 45 册，第 247 页中。

后趣大乘，大由小起故名为渐，亦大小俱陈故，即《涅槃》等教是也。如直往菩萨等，大不由小故名为顿，亦以无小故，即《华严》是也。远法师等后代诸德多同此说。[①]

由引文可知，护法师等以《涅槃经》等为渐教，以《华严经》为顿教。后世净影慧远等高僧大德，亦持此说。据慧远《大乘义章》卷一载，南齐刘虬（437—495）亦有“顿渐二教五时七阶”的判教论。其文曰：

晋武都山隐士刘虬说言，如来一化所说，无出顿渐。《华严》等经是其顿教，余名为渐。渐中有其五时七阶。言五时者，一佛初成道，为提谓等说五戒十善人天教门。二佛成道已十二年中，宣说三乘差别教门。求声闻者，为说四谛；求缘觉者，为说因缘；求大乘者，为说六度及制戒律，未说空理。三佛成道已三十年中，宣说大品空宗《般若》《维摩》《思益》，三乘同观，未说一乘破三归一，又未宣说众生有佛性。四佛成道已四十年后，于八年中说《法华经》。辨明一乘破三归一，未说众生同有佛性但彰如来前过恒沙未来倍数，不明佛常，是不了教。五佛临灭度一日一夜，说《大涅槃》。明诸众生悉有佛性法身常住，是其了义。此是五时。言七阶者，第二时中，三乘之别。通余说七。[②]

刘虬在《无量义经序》中，以七个阶段来判释经典间的关系。其文曰：

先为波利等说五戒，所谓人天善根，一也。次为拘邻等转四谛，所谓授声闻乘，二也。次为中根演十二因缘，所谓授缘觉乘，三也。次为上根举六波罗蜜，所谓授以大乘，四也。众教宣融，群疑须导。次说《无量义经》，既称得道差品，复云未显真实，使发求实之冥机，用开一极之由绪，五也。故《法华》接唱显一除三，顺彼求实之心，去此施权之名，六也。虽权开而实现，犹掩常住之正义，在双树而临崖，乃畅我净之玄音，

① [唐]法藏：《华严一乘教义分齐章》，《大正藏》第45册，第480页中。
② [隋]慧远：《大乘义章》，《大正藏》第44册，第465页上。

七也。[①]

据《提谓波利经》记载，佛陀成道后，在去鹿野苑的途中为提谓、波利等五百个商贾说五戒、十善诸法及人天因果报应，并为之授戒。刘虬将其判为第一阶。又，佛陀于鹿野苑初转佛法时，向拘邻（侨陈如）等五比丘说四谛之理，使五人得道。刘虬将其判为第二阶。第三阶为中根弟子说十二因缘。第四阶以后则说大乘教理，分别为《般若》第四，《无量义经》第五，《法华》第六，《涅槃》第七。

通过对比分析慧远《大乘义章》卷一与刘虬《无量义经序》，我们不难发现刘虬的《无量义经序》并未言及顿渐二教，而是直述七阶。而慧远不但将《华严经》收摄进来，列名顿教，还删除了刘虬所推重的《无量义经》，故与刘虬七阶判教的原意相去甚远。究其原因，很可能是慧远受到当时流行的顿渐五时判教观念的影响，误述了刘虬的七阶判教观点。受慧远的影响，硕法师（或作"碛法师"）《三论游意义》、窥基《大乘法苑义林章》在述及刘虬的七阶判教观时，皆与刘虬《无量义经序》的原意存在出入。笔者认为，对刘虬判教思想的解读，应以《无量义经序》为出发点，定为"七阶判教观"，而不应将其归入渐顿二教的判教者之列。

三、三教说

中国佛教史上首次提出系统化的判教主张的，当属刘宋僧慧观（生卒年不详）。慧观的判教主张几经修正之后，形成渐、顿、不定的三教观。慧观在其《大般涅槃经序》中，首次提出"顿渐二教五时"判教论。由于《大般涅槃经序》早已散失，只能根据吉藏《三论玄义》的记载略窥其大意。《三论玄义》曰：

> 言五时者。昔《涅槃》初度江左，宋道场寺沙门慧观仍制经序，略判佛教凡有二科：一者顿教，即《华严》之流，但为菩萨具足显理；二者始从鹿苑终竟鹄林，自浅至深，谓之渐教。于渐教内开为五时：一者三乘别教，为声闻人说于四谛；为辟支佛演说十二因缘；为大乘人明于六度，行因各别得果不同，谓三乘别教。二者《般若》，通化三机，谓三乘通教。三者《净

① ［萧齐］昙摩伽陀耶舍译：《无量义经》，《大正藏》第9册，第383页中、下。

> 名》《思益》，赞扬菩萨抑挫声闻，谓抑扬教。四者《法华》，会彼三乘同归一极，谓同归教。五者《涅槃》，名常住教。自五时已后。虽复改易。属在其间。[①]

由吉藏的记载可知，慧观在《大般涅槃经序》中判《华严》经教为“顿教”，而将“始从鹿苑，终竟鹄林”之间的佛陀说法判为渐教，并将渐教分为“五时”。渐教五时的理论依据为《大般涅槃经·圣行品》中的“五味喻”。经文曰：“譬如从牛出乳，从乳出酪，从酪出生稣，从生稣出熟稣，从熟稣出醍醐。……善男子，佛亦如是。从佛出生十二部经，从十二部经出修多罗，从修多罗出方等经，从方等经出般若波罗蜜，从般若波罗蜜出大涅槃，犹如醍醐。”[②] 后世佛学者从“五味”中延伸出“五时”，以譬喻佛陀说教之次第。

中国佛教史上，慧观的《大般涅槃经序》是第一篇正式阐述判教理论的经序。慧观在晚年时期，鉴于各地皆有新的佛典陆续译出，重新修正了当时流行的顿渐五时判教理论，即在原有的顿、渐二教外，又增加了“不定教”一类，用于收摄《胜鬘经》等新译佛典。据智顗《法华玄义》卷十记载，慧观不仅于顿、渐二教外增加了“不定教”，还重新修正了渐教五时教所对应经典的名目。初时为有相教，对应经典是《阿含经》；二时为无相教，对应经典是《般若经》；三时为抑扬教，对应经典是《维摩经》《思益经》；四时为同归教，对应经典是《法华经》；五时为常住教，对应经典是《涅槃经》。由于慧观于顿、渐二教外，又立不定教，故后世佛学者将其列为三教判教者。慧观提出的顿、渐、不定三大教中，渐教的“五时”判教观最有影响。此观点一经慧观提出，就迅速成为南北通用的主流判教理论。据智顗《法华玄义》卷十记载：

> 南北地通用三种教相，一顿，二渐，三不定。《华严》为化菩萨，如日照高山名为顿教。三藏为化小乘，先教半字，故名有相教。十二年后为大乘人，说五时般若乃至常住，名无相教。此等俱为渐教也。别有一经非顿渐摄，而明佛性常住，《胜鬘》《光明》等是也，此名偏方不定教。此之三意通途共享也。一者虎丘山岌师，述顿与不定不殊前旧。渐更为三：十二年前，明三藏见有得道，名有相教；十二年后齐至《法华》，明见空得道，

---

① ［隋］吉藏：《三论玄义》，《大正藏》第 45 册，第 5 页中。

② ［刘宋］慧严等译：《大般涅槃经》，《大正藏》第 12 册，第 690 页下—691 页上。

> 名无相教；最后双林明一切众生佛性，阐提作佛，明常住教也。二者宗爱法师，顿与不定同前，就渐更判四时教，即庄严旻师所用三时不异前，更于无相后常住之前，指《法华》会三归一，万善悉向菩提，名同归教也。三者定林柔、次二师，及道场观法师，明顿与不定同前，更判渐为五时教，即开善光宅所用也。四时不异前，更约无相之后同归之前，指《净名》《思益》诸方等经为褒贬抑扬教。①

由引文可知，将佛典分为顿教、渐教、不定教三种教相，是南北通用的主流判教理论。其中，顿教经典指《华严经》、不定教经典指《胜鬘经》《金光明经》，佛学界并无异议，而对渐教的分歧较大。有分为三时者，如虎丘岌法师（生卒年不详）将佛典分为有相教（十二年前说法②）、无相教（十二年后说法至《法华经》）、常住教（《涅槃经》）；有分为四时者，如宗爱（生卒年不详）与庄严寺僧旻，均于无相教后、常住教前加一同归教，将《法华经》归入此教；有分为五时者，如定林寺僧柔、慧次，道场寺慧观、开善寺智藏及光宅寺法云，③皆在四时教的无相教后、同归教前加一抑扬教，将《净名经》《思益经》等归入此教。

北魏律僧慧光（468—537）及其徒众亦持“三教”说。法藏《华严一乘教义分齐章》卷一曰：

> 光统律师（慧光）立三种教，谓渐、顿、圆。光师释意，以根未熟先说无常后说常，先说空后说不空深妙之义。如是渐次而说故名渐教。为根熟者，于一法门具足演说一切佛法，常与无常，空与不空。同时俱说更无渐次，故名顿教。为于上达分阶佛境者，说于如来无碍解脱究竟果海圆极秘密自在法门，即此经是也。后光统门下遵统师等诸德，并亦宗承，大同此说。④

---

① [隋]智顗:《妙法莲华经玄义》,《大正藏》第33册，第801页上、中。

② 吕澂先生根据《十二游经》的记载提出，“十二年前经教”为佛陀成道以后的十二年中所说的“有相教”，讲诸法实有。参见吕澂:《中国佛学源流略讲》，中华书局，1979，第168—169页。

③ 法云以五时判教的思想极有可能受到慧次的影响，但无论是其五时判教观还是其四乘教观，皆将《法华经》视为了义之教。而智顗在此处称法云将《法华经》归入非了义的同归教，当是笼统述之。详见下节论述。

④ [唐]法藏:《华严一乘教义分齐章》,《大正藏》第45册，第480页中。

由法藏的描述可知，慧光立渐、顿、圆三种教相，并将《华严经》判释为圆教。其后，光统门下的洪遵律师（530—608）等亦持此说。

又，吉藏《大乘玄论》卷五曰：

> 地论师云：有三宗四宗。三宗者，一立相教；二舍相教；三显真实教。为二乘人说有相教；《大品》等经广明无相，故云舍相；《华严》等经，名显真实教门。四宗者，毗昙是因缘宗；《成实》谓假名宗；三论名不真宗；《十地论》为真宗。①

可见，地论师有三宗论及四宗论。持三宗论的地论师认为，应判小乘经教为"立相教"，《大品般若》等经为"舍相教"，《华严》等经为"显真实教"。

四、四教说

道生晚年在《法华经疏》中提出"四法轮"说。其文曰：

> 寔由苍生机感不一，启悟万端，是以大圣示有分流之疏，显以参差之教。始于道树，终乎泥日，凡说四种法轮：一者善净法轮，谓始说一善，乃至四空，令去三涂之秽；二者方便法轮，谓以无漏道品得二涅槃，谓之方便；三真实法轮，谓破三之伪成一之美，谓之真实；四者无馀法轮，斯则会归之谈，乃说常住妙旨，谓无馀也。②

道生主张，佛所说法不出四种法轮——善净法轮、方便法轮、真实法轮、无馀法轮。有些学者认为，道生所谓的"无馀法轮"是指《法华经》（"会归之谈"）与《涅槃经》（"常住妙旨"）③，但从"四法轮"后面的一段文字来看，道生的本意并非如此。其文曰：

> 此经（《法华经》）以大乘为宗。大乘者，谓平等大慧，始

① ［隋］吉藏：《大乘玄论》，《大正藏》第45册，第63页下。
② ［东晋］道生：《法华经疏》，《卍续藏》第150册，第800页中。
③ 黄忏华先生在《中国佛教史》中、蓝日昌先生在《六朝判教论的发展与演变》中皆持这一观点。

> 于善，终乎极慧是也。平等者，谓理无异趣，同归一极也。大慧者，就终为称耳。……妙者，若论如来吐言陈教何经非妙，所以此经偏言妙者，以昔权三之说非实，今云无三，斯则言当理惬，无昔虚伪，谓之妙耳。①

结合道生后来所言《法华经》是“虚谈既亡，真言存焉。诚言既播，归一之实显乎其中矣”，② 可见在其看来，《法华经》既有“破三之伪，成一之美”之功，又隐含“会归”之意。因此，《法华经》既可归入第三真实法轮，也可归入第四无馀法轮。

又，佛驮三藏与慧光不以时分判教，而依经典宗旨，将众经分为因缘宗、假名宗、诳相宗、常宗四宗。智顗《法华玄义》卷十对四宗做了详细介绍。其文曰：

> 佛驮三藏、学士光统（即慧光）所辨四宗判教。一因缘宗，指毘昙六因四缘。二假名宗，指《成论》三假。三诳相宗，指《大品》、三论。四常宗，指《涅槃》《华严》等常住佛性本有湛然也。③

由智顗的阐述可知，佛驮三藏与慧光的四宗判教未将《法华经》收摄在内，并将《华严经》归入最高层次的常宗，使其与《涅槃经》具有同等的地位。此外，还将释论纳入判教体系，进一步扩大了经典判释的范围。

据法藏《华严一乘教义分齐章》卷一记载，慧光除提出“四时判教”说外，又提出“顿渐圆三教判教”说。④ 此说的最大特点，是将一般被判为顿教的《华严经》判为圆教。需要指出的是，以《华严经》为圆教的观点，全然未见于六朝其他论师的著作中，且在法藏之前的净影寺慧远、天台智顗、嘉祥吉藏，皆未言及慧光有“三教判教”说。因此，慧光是否提出“三教判教”的理论，有待进一步考察。

又，前引吉藏《大乘玄论》卷五载有“地论师”之“四宗说”：“四宗者，毘昙是因缘宗；《成实》谓假名宗；《三论》名不真宗；《十地论》

① [东晋]道生：《法华经疏》，《卍续藏》第150册，第800页中—801页上。
② [东晋]道生：《法华经疏》，《卍续藏》第150册，第801页上。
③ [隋]智顗：《妙法莲华经玄义》，《大正藏》第33册，第801页中。
④ [唐]法藏：《华严一乘教义分齐章》，《大正藏》第45册，第480页中。

为真宗。”[①] 此论的最大特点,是“地论师”为推崇《十地论》而有意将其置于众经之上。

除“一音判教”说,“半满二教”说、“顿渐二教”说,“顿渐不定三教”说以及“四教”说外,尚有“五教”说。如广州大亮法师(宝亮法师被称为小亮法师,道亮法师被称为大亮法师)提出“五时判教”说,其分别以初时对应《阿含经》等,以二时对应《优婆塞经》,以三时对应《般若经》《维摩经》《思益经》《法鼓经》等,以四时对应《法华经》,以五时对应《涅槃经》[②]。又,“地论北道派”的自轨法师提出“五宗判教”说,其分别以因缘宗对应《毘昙》,以假名宗对应《成实论》,以诳相宗对应《般若经》《法华经》,以常宗对应《涅槃经》,以法界宗对应《华严经》。此外,耆阇安凛法师提出“六宗”说,即因缘宗、假名宗、诳相宗、常宗、真宗(《法华经》)、圆宗(《大集经》)。[③] 南齐刘虬提出“七阶判教”说。

综上所述,当时的判教者虽然从不同的立场提出了各自的判教理论,但是需要明确的是,无论诸家的判教名目如何五花八门,其遵循的判教原则大致相同,要么将《涅槃经》判为最高的了义之教,要么将《华严经》判为“顿教”而置于诸经之上。此外,还有一个显著特点,即普遍把《法华经》列于诸经之后、《涅槃经》之前。即《法华经》虽然阶次高于一般经典,但仍非了义之教,当低于《涅槃经》。宝亮《大般涅槃经集解》对《法华经》的评论足以代表当时的普遍看法。其文曰:

> 昔《法华》所辨乘果,由是无常,即是果乘不备也。因中既无解常之智,故因乘不满也。[④]

宝亮所谓的“果乘”,指的是“三车”中的大白牛车,也就是佛乘;“因乘”指的是三乘众生。在宝亮看来,《法华经》虽标明佛乘才是究竟之道,但既未说众生必然可得此佛果,亦未说佛身常住之义,故就“果”而言,《法华经》是不完备的;诸子虽在长者的诱引下逃离火宅,但究是借助外因之缘,并非众生自身了知常住之义,故就“因”而言,《法华

① [隋]吉藏:《大乘玄论》,《大正藏》第45册,第63页下。

② [隋]吉藏《大品经游意》卷一曰:“广州大亮法师云五时:《阿含》为初;离三藏为第二,如《优婆塞经》也;《波若》《维摩》《思益》《法鼓》为第三;《法华》为第四;《涅槃》为第五也。”(《大正藏》第33册,第66页中。)

③ [隋]智顗:《妙法莲华经玄义》,《大正藏》第33册,第801页中。

④ [南朝]宝亮:《大般涅槃经集解》,《大正藏》第37册,第425页下。

经》是不圆满的。

若《法华经》在判教中一直被视为非了义之教，其地位及受重视程度必然受到负面影响。为改变这一状况，法云不仅在其“五时判教”中有意提高《法华经》的地位，并在其“四乘判教”中进一步将《法华经》提至实教的高度，使其从众经中凸显而出，从而为《法华经》“诸经之王”的地位奠定基础。

第二节　法云的判教观与《法华经》地位的提高

一、法云的渐教五时判教观

前文已述，智顗《法华玄义》卷十在论述“南北地通用三种教相”时指出，法云于渐教中主张“五时教”。此外，法云在《法华义记》卷一中明确提出了“五时教”说。其文曰：

> 今明为《法华》之序正明一时一坐一部经教各自有序，何异五时之教皆有序、正、流通。今明《无量义经》犹是堪闻《法华》徒众闻此经，但未说《法华》之前仍说《无量义经》。《大品》《维摩》虽明无相空义，犹言三家行因为量，三乘得果不同。然《无量义经》言夫行善者皆得佛果，是故有异《大品》《维摩》。又直言万善成佛不明会三归一，是故复异《法华》。既居两过之间，是故得为《法华》作序也。①

法云在其“五时教”中，将《无量义经》置于《大品般若经》《维摩经》之后，并在《法华经》之前“为《法华》作序”。可见，在法云看来，《法华》经教当在《般若》《维摩》经教之后。

《法华义记》卷七又曰：

> 以众经格量乎此经（《法华经》），此经为第一者。若明称会物机为第一者，则五时经教皆是称会物机。今不论此处，只言会前开后名为第一。会前者，谈三乘无异路，语万善明同归。

① ［南梁］法云:《法华义记》,《大正藏》第33册，第582页下。

开后者，明万善皆成佛寿命长远。此则开《涅槃》前路作常住之由渐。然则前后两望二义双明。下即出言已说、今说、当说，已说者昔来三乘等教；当说者即指《涅槃》为当说；今说者即是《法华》。有如此义，故称第一也。[①]

在这里，法云先是提出核心观点——与众经相比，《法华经》可称为经中"第一者"。继而从衡量众经的两种角度展开论述：其一，就"会物机（应机教化）"的角度而言，五时经教无一不是"会物机"。其二，就"会前开后"的角度而言，则《法华经》堪称第一。法云将佛陀说法的次序判为：先三乘等教，次《法华经》，后《涅槃经》。三乘等教为"已说"，《涅槃经》是最后所"当说"，而《法华经》为"今说"。如此一来，《法华经》不仅将前三乘等教妥善融摄，还将众生导向诸法实相，开后《涅槃》经教，因此具有"会前开后"的意义。从这个意义上来说，《法华经》可称为经中"第一者"。

关于《法华经》在法云判教学说中的地位，有学者指出："法云的判教学说当看是否涉及《涅槃》，若无，则终于《法华》的'一乘因果大理'；若有，则《法华》后再以《涅槃》谈论佛性常住。……说《法华》为第一是有条件的，就顺应行者根机，开三乘同归一乘，则此经为最。然而，此经只是作为讲常住佛性的前路，地位当不及《涅槃》。"[②] 笔者认为，法云所谓的"以众经格量乎此经（《法华经》），此经为第一者"中的"众经"，很明显既包括《法华》之前"已说"之经（三乘诸经），亦包含《法华》之后"当说"之经（《涅槃经》）。有鉴于此，法云才会提出《法华经》"会前开后，名为第一"的观点。

由上述两则《法华义记》的史料可知，法云将佛陀五时说法的次序判为：三乘教—《大品般若经》—《维摩经》—《法华经》—《涅槃经》。法云虽然将《涅槃经》判为佛陀最后的说教，但是把《法华经》判为"开涅槃前路"的了义之教，由此确立了《法华经》为众经中"第一者"的地位。

法云在《法华义记·方便品》中阐述"权实二智"时提出："释会五时经，故辨二智不同。"[③] 法云对"五时经教"的看法，集中表现在《法华

① ［南梁］法云：《法华义记》，《大正藏》第33册，第660页中。

② 黄国清：《〈法华经〉于中国佛教的判教地位——从鸠摩罗什到法藏》，《世界宗教学刊》，2010，第59页。

③ ［南梁］法云：《法华义记》，《大正藏》第33册，第592页中。

义记·方便品》中。其文曰：

> 众经不同，凡有五种。一者十二年前有相教所明二智。若照生老病死分段无常境者名为权智；若照刹那无常名为实智也。二者《大品经》所明二智。若照因缘假有即是权智也；照此假有即空是实智也。三者即是《维摩经》所明二智者。若知病识药静照物机，此则是实智；若便能应病与药令得服行，此则是方便智。四者是《涅槃经》所明二智者。若照金刚已还生死无常苦空之法，此则是方便智也；若照涅槃常乐我净真实之法，此即是实智也。五者就此《法华》所明二智。若照三三之境即方便；若照四一之境即实智也。[①]

由引文可知，法云依据佛陀说法的“五时”，将众经判为五个阶类：一、十二年前有相教（三乘教）；二、《大品般若经》；三、《维摩经》；四、《涅槃经》；五、《法华经》。需要注意的是，法云在《法华义记》卷七中，将《涅槃经》判为佛陀最后的说教，将《法华经》判为“开涅槃前路”的了义之教；而在《方便品》中，却将《法华经》置于最后。从表面上看，这两处的表述似乎不一致，但从佛陀说法的五时次序和经教的优劣深浅之间的对应关系来看，法云之所以将《法华经》置于最后，是为了突显《法华经》才是最深最高的经教，正与其《法华经》“会前开后，名为第一”的观点暗合。[②]

智顗在《法华玄义》卷十中，简要评述了南北朝时期的各种判教学说。其文曰：

> 南北地通用三种教相，一顿，二渐，三不定……此之三意通途共享也。一者虎丘山岌师，述顿与不定不殊前旧。渐更为三：十二年前，明三藏见有得道，名有相教；十二年后齐至《法华》，明见空得道，名无相教；最后双林明一切众生佛性，阐提作佛，明常住教也。二者宗爱法师，顿与不定同前，就渐更判

① [南梁]法云：《法华义记》，《大正藏》第33册，第593页下—594页上。

② 李幸玲教授、菅野博史先生提出了相反的观点。二人均认为，法云以《法华经》未明“常住”义，故在判教中判定《法华经》不及《涅槃经》究竟。参见李幸玲：《光宅法云〈法华义记〉的诠释观点》，《台大佛学研究》第16期，2008，第154—158页。[日]菅野博史：「光宅寺法雲の法華経観」，『東アジア仏教學術論集』2014年第2号，第69—71页。

四时教，即庄严旻师所用，三时不异前，更于无相后常住之前，指《法华》会三归一，万善悉向菩提，名同归教也。三者定林柔、次二师，及道场观法师，明顿与不定同前，更判渐为五时教，即开善、光宅所用也。四时不异前，更约无相之后同归之前，指《净名》《思益》诸方等经为褒贬抑扬教。[1]

由智顗的概述可知，法云所主张的渐教五时教，分别是指相教（十二年前说法）、无相教（十二年后至《净名经》《思益经》以前[2]）、抑扬教（《净名经》《思益经》等）、同归教（《法华经》）、常住教（《涅槃经》）。可见，智顗在阐述法云的五时教思想时，把《法华经》归入非了义的同归教，而与法云在其《法华义记》中将《法华经》判为了义之教且为众经"第一者"的说法大相径庭。笔者认为，智顗在《法华玄义》卷十中对持五时教观的法师们的判教学说的论述相当笼统，尤其是对光宅法云的五时教观与判《法华》为同归教的法师们的五时教观未作进一步区分，从而背离了法云将《法华经》列为了义之极教的初衷。

又，道液《净名经关中释抄》卷上曰：

若开善、光宅二法师判三种教：一顿，二渐，三偏方不定。渐中分为五时：一、顿教，谓《华严经》也。二、十二年前说有相教，小乘教也。三、十二年后说无相《般若》教。四、抑扬教，此经（《净名经》）是。五、同归教，《法华》《涅槃》也。[3]

道液虽言光宅法云于顿、渐、圆三教观中将渐教分为五时，但此五时经教名目不但与智顗所述相异，且道液将顿教《华严经》列入渐教中为第一时，在逻辑上相当混乱，故其论不足为据。

二、法云的四乘教观

（一）"光宅四乘"判教观

法云的判教理论中，推崇《法华经》是其"五时教"观的显著特点，

① ［隋］智顗：《妙法莲华经玄义》，《大正藏》第 33 册，第 801 页上、中。

② 据智顗《法华玄义》原文，三时教中的无相教当指"十二年后齐至《法华》"的说教，以此类推，五时教中的无相教应调整为"十二年后齐至《净名》《思益》"的说教。

③ ［唐］道液：《净名经关中释抄》，《大正藏》第 85 册，第 507 页上、中。

然而其对后世产生重大影响者，是其从《法华经》疏解中发展而来的“四乘教”观。

《法华经》的中心思想，就是“开权显实，会三归一”。关于“会三归一”，《妙法莲华经·方便品》的阐述是：

> 如来但以一佛乘故，为众生说法，无有余乘，若（第）二若（第）三。……诸佛以方便力，于一佛乘，分别说三。……诸佛如来，言无虚妄，无有余乘，唯一佛乘。……[①]

“乘”即“车乘”，寓意依此教法可以运载众生从生死此岸度至涅槃彼岸，出三界而到一切智海。法相宗窥基释“乘”曰：“乘是运载义。故《广雅》云：乘，驾也。《周礼》云：乘，载也。运载行者至彼岸故。故此经云：乘此宝乘直至道场。”[②]《方便品》这段经文是说，佛的真实教法只有一乘，为了接引众生，方有三乘之说。之所以要用三乘来接引众生，是因为“（佛）知诸众生有种种欲，深心所著，随其本性，以种种因缘譬喻、言辞方便力而为说法。……诸佛以方便力，于一佛乘分别说三”。[③]佛陀为了对治众生的种种诟习，根据众生的不同根机施以不同的教法，从而将众生一步一步地引导到一佛乘上来。

《妙法莲华经·序品》论述了佛陀针对不同根机的众生，所宣讲的三种教法。其文曰：

> 世尊演说正法，初善、中善、后善。其义深远，其语巧妙，纯一无杂，具足清白梵行之相。为求声闻者，说应四谛法，度生老病死，究竟涅槃；为求辟支佛者，说应十二因缘法；为诸菩萨，说应六波罗蜜，令得阿耨多罗三藐三菩提，成一切种智。[④]

所谓“初善”“中善”“后善”，是指佛陀说法的次序，依次有三乘之别，即为求声闻者说四谛，为求辟支佛者说十二因缘，为求菩萨者说六波罗蜜。三乘之教皆是应机而生，自有其存在的价值，但三乘最终要归

---

① 《妙法莲华经》，《大正藏》第9册，第7页中、下。

② ［唐］窥基：《妙法莲华经玄赞》，《大正藏》第34册，第714页中。

③ 《妙法莲华经》，《大正藏》第9册，第7页中、下。

④ 《妙法莲华经》，《大正藏》第9册，第3页下。

于一乘。《方便品》中偈所谓的“正直舍方便，但说无上道”，正是要由三乘方便而达一乘真实，最终统一到佛的智慧上来。

《法华经·譬喻品》中还借用一个譬喻，来阐释“会三归一”的真实教义。有位长者家中失火时，长者劝告诸子出宅躲避，但是诸子不听，长者便以羊车、鹿车、牛车来诱引诸子出宅。诸子出火宅后向长者索要三车时，长者心喜诸子得救，故赐予诸子比羊鹿牛三车更为华丽庄严的大白牛车。此即著名的“三车譬”，又称“火宅譬”。

《法华经》就“三车譬”的寓意揭示道：

> 如彼长者，虽复身手有力而不用之，但以殷勤方便，勉济诸子火宅之难，然后各与珍宝大车。如来亦复如是，虽有力无所畏而不用之，但以智慧方便，于三界火宅拔济众生。为说三乘声闻、辟支佛、佛乘……若有众生，内有智性。从佛世尊闻法信受，殷勤精进欲速出三界，自求涅槃，是名声闻乘，如彼诸子为求羊车出于火宅。若有众生，从佛世尊闻法信受，殷勤精进求自然慧，乐独善寂，深知诸法因缘，是名辟支佛乘，如彼诸子为求鹿车出于火宅。若有众生，从佛世尊闻法信受，勤修精进，求一切智、佛智、自然智、无师智、如来知见，力无所畏，愍念安乐无量众生，利益天人度脱一切，是名大乘。菩萨求此乘故名为摩诃萨，如彼诸子为求牛车出于火宅。舍利弗，如彼长者见诸子等安稳得出火宅到无畏处，自惟财富无量等以大车而赐诸子。如来亦复如是。为一切众生之父，若见无量亿千众生以佛教门出三界苦怖畏险道得涅槃乐，如来尔时便作是念：我有无量无边智慧力无畏等诸佛法藏，是诸众生皆是我子，等与大乘，不令有人独得灭度，皆以如来灭度而灭度之。……初说三乘引导众生，然后但以大乘而度脱之。何以故？如来有无量智慧力无所畏诸法之藏，能与一切众生大乘之法，但不尽能受。舍利弗，以是因缘，当知诸佛方便力故，于一佛乘分别说三。①

引文中明确提出三乘为“声闻”“辟支佛”“佛乘”。以三车譬三乘，即羊车譬声闻乘；鹿车譬辟支佛乘（缘觉乘）；牛车譬佛乘。“佛乘”即

---

① 《妙法莲华经》，《大正藏》第9册，第13页中、下。

“大乘”（菩萨亦求此乘）。长者待诸子出火宅后赐予他们的大白牛车，即譬大乘。佛陀为方便众生，故说有此三乘。而实际上，此三乘之中，只有佛乘是实，其他二乘皆是虚。正如《法华经·方便品》中的偈颂所言：“我有方便力，开示三乘法。一切诸世尊，皆说一乘道。今此诸大众，皆应除疑惑。诸佛语无异,唯一无二乘。”[①] 正是因为《法华经》中标明佛陀为引导众生所说三乘中，只有大乘是实，其他二乘皆是虚，所以后世的三论宗及法相宗均提出，昔日三乘教中的佛乘（大乘）即今日一乘教之佛乘。

法云对于“火宅譬”中的“四车”，却另有发挥。法云称：

> “诸子”即是三乘人。三乘不一故言诸也。“三种宝车”即是羊、鹿、牛车。即譬昔日阿罗汉、辟支佛、大力菩萨三无[②]学人究竟果。“珍宝大车”（大白牛车）平等种无三种差别。即譬今日《法华经》中为众生受记同得佛果。……问者言：“既不索大，何故与大？”解释者言：“以大化小，是故与大。”……“三小唯是一大。今者与大，由大乘机发，是故会昔三小，成今一大。”[③]

在法云看来，羊车、鹿车、牛车分别譬喻阿罗汉（声闻）乘、辟支佛（缘觉）乘、菩萨乘（菩萨亦求大乘），而珍宝大车（大白牛车）则譬喻大乘（佛乘）。昔日“三小”指三乘权教；今日“一大”指一乘实教。

又，《法华义记》卷三曰：

> “有佛子心净”此下三行半偈，是第二别出三乘中大乘之人。教中亦有二。初有一行半偈先出三乘中大乘人教。说是大乘教者，是昔日三乘中之大乘，非今日大乘。……[④]

“有佛子心净”以下三行半偈，即《妙法莲华经·方便品》中偈颂“有佛子心净，柔软亦利根，无量诸佛所，而行深妙道。为此诸佛子，说

---

① 《妙法莲华经》,《大正藏》第9册，第8页中、下。

② 原本作“三学”,《大正藏》载宽喜二年写东大寺藏本作“无学”，依义理及下文言“阿罗汉辟支佛大力菩萨三无学”，当作“三无学”。

③ [南梁]法云:《法华义记》,《大正藏》第33册，第619页上。

④ [南梁]法云:《法华义记》,《大正藏》第33册，第606页下。

是大乘经，我记如是人，来世成佛道。以深心念佛，修持净戒故，此等闻得佛，大喜充遍身。佛知彼心行，故为说大乘”。[①] 法云在阐释这三行半偈时，明确提出“昔日三乘中之大乘，非今日大乘”。意谓昔日三乘中的“大乘”，并非今日《法华经》最后宣讲的“一佛乘”。这就于昔日的三乘教外，又立一今日《法华经》所言之大乘教，而成为别立圆融之一佛乘。三乘教再加上一佛乘教，便构成了“四乘教”。[②]

法云认为，三乘与一佛乘虽同属佛陀说法，但有质的不同：昔日三乘教是权宜之教；今日《法华经》所说一佛乘方是真实之教。佛陀之所以昔日不对众生讲真实之教，是因为众生根机并未成熟。而今日众生根机已熟，佛陀乃会昔“三小”成今“一大”。正如《法华义记》卷二所言：

> 只今日此经正显昔日三乘教是方便，方便但三乘教当乎昔日之时，本是实教，不名方便。既说今日一乘实相之理，此则形显昔三乘是方便。是故下经文言：“此经开方便门示真实相。”是则说今日因果真实之相，则显昔日因果非是真实。[③]

法云依《法华经·譬喻品》所说四车，判释佛陀之教法为四乘教。其中，谓临门三车为三乘，即权教也；四衢所授大白牛车为第四乘，即实教也。于三乘教之外，别立圆融之一佛乘，乃法云之一大创举，后世遂称此理论为“光宅四乘”。

（二）四乘教引发的三乘家与四乘家之争

法云“光宅四乘”判教观立论的关键，是三车中的牛车与最后的大白牛车不是同一体性，也就是三乘中的菩萨大乘与“一佛乘”不是同一体性。自法云以后，中国佛教界就牛车是与羊鹿二车同一体性，还是与大白牛车同一体性这一问题，展开了激烈的争论。

---

① 《妙法莲华经》,《大正藏》第 9 册，第 8 页上。

② 《法华义记》中“四乘教”一词出现两次，其文曰：“上长行中唯开三乘是方便，今此偈广明五乘是方便。今就十二行一句偈中宜分为二：第一有八行三句偈，先出四乘教是方便；第二从‘有佛子心净’下有三行半偈，别出菩萨大乘教是方便。逐文句起尽，是故宜开为二也。又就八行三句偈出四乘方便中自复有二：初有五行三句偈先出四乘教，第二从‘我说是方便’有三行偈正开是方便，明昔日所以有四乘之教皆是方便。又此两段中各有二：初有四行一句出人、天二乘教，次一行半出声闻、辟支佛二乘教也。”（第 606 页中。）然此段所言之“四乘教”，实指五乘中之人、天、声闻、辟支佛四乘，而非法云判教之“光宅四乘”。

③ [南梁] 法云:《法华义记》,《大正藏》第 33 册，第 592 页上。

中国佛学界对一乘（大白牛车）有别于声闻乘和缘觉乘（临门羊、鹿二车）并无太大的争议，但对一乘是三乘中的菩萨大乘（临门牛车），还是于声闻、缘觉、菩萨三乘之外另有一乘则没有定论。三乘家（或三车家）认为，一乘就是三乘中的菩萨大乘；四乘家（或四车家）认为，三乘外别有一佛乘。吉藏在《大乘玄论》卷三中称："三车四车，诤论纷纶由来久矣。了之则一部可通；迷之则八轴[①]皆壅。"[②]可见，三车四车之争不仅是中国佛教界的重要议题，还直接决定着佛学者对《法华经》的理解是通达还是滞塞。

三乘家的代表人物有三论宗创始人吉藏[③]与法相宗创始人之一窥基[④]。三乘家认为，佛的教法始终不超过三乘，说《法华》之前，主说三乘；于《法华》时废权的二乘（声闻乘、缘觉乘），只讲实之菩萨乘（或佛乘），权实双存而有三乘。在三乘家来看，一乘（佛乘）与三乘中的菩萨乘同体，只是于三之中废二兴一；三乘之外，非有别乘。

四乘教理论由光宅法云首创，经天台智顗达到极盛。法云认为，菩萨乘与声闻、缘觉二乘皆是方便假说，至《法华》更说一乘，会前之三乘而立圆融之一佛乘。光宅法云的四乘教理论，华严宗第三祖法藏在《华严经探玄记》《华严一乘教义分齐章》[⑤]中皆有论述。《华严经探玄记》卷一曰：

> 梁朝光宅寺云法师立四乘教。谓如《法华》中临门三车即为三乘，四衢道中所授大白牛车即为第四乘。以临门牛车亦同羊、鹿俱不得故。若不尔者，长者宅内引诸子时，云此三车只在门外，诸子出宅即应得车，如何出已至本所指车所住处而不得，故后更索耶。故知是权，同羊、鹿也，以是大乘中权教方便说故。具释如彼《法华疏》中。[⑥]

① 八轴，即《妙法莲华经》八卷。罗什译《妙法莲华经》有七卷或八卷之说。梁僧祐之《出三藏记》、隋费长房之《历代三宝纪》、明智旭之《阅藏知津》等，悉记为七卷。独唐智昇之《开元释教录》记《妙法莲华经》八卷，注记古本七卷。且，唐玄应之《一切经音义》所据为八卷本。盖此时既已为八卷。

② ［隋］吉藏：《大乘玄论》，《大正藏》第45册，第44页上。

③ ［隋］吉藏：《法华义疏》，《大正藏》第34册，第525页下—526页上；《法华玄论》，《大正藏》第34册，第409页中—410页上。

④ ［唐］窥基：《妙法莲华经玄赞》，《大正藏》第34册，第748页下—751页上。

⑤ ［唐］法藏：《华严一乘教义分齐章》，《大正藏》第45册，第481页上。

⑥ ［唐］法藏：《华严宗探玄记》，《大正藏》第35册，第111页中。

由引文可知，在法云看来，三车中的牛车和羊车、鹿车是同一体性的，它们都是权教，而长者最后等予诸子的大白牛车则是有别于前三车的，是别于三乘权教的圆融一乘教。[①] 澄观（738—839）在《华严经疏》[②]《华严经疏钞》[③] 中亦对法云的四乘教理论作了类似的评论。

三乘家和四乘家的主要分歧在于：《法华经·譬喻品》所谓临门三车中的牛车与四衢道中所授之大白牛车是否同体，即声闻、缘觉、菩萨（大乘）三乘中的大乘与佛乘是否同体。这一问题的答案，需要我们回到《法华经》的原典中去寻找。《法华经·方便品》曰："佛告舍利弗：'诸佛如来但教化菩萨，诸有所作，常为一事，唯以佛之知见示悟众生。舍利弗！如来但以一佛乘故，为众生说法，无有余乘，若二若三。'"[④] 经文中，"余乘"后面所接的"若二若三"，正是造成三乘家和四乘家分歧的根源。"余乘"是指三乘（声闻、缘觉、菩萨大乘）呢，还是仅指声闻、缘觉两乘，不包括菩萨大乘（菩萨大乘与佛乘同体）呢？其实"余乘"就是"权教"，一佛乘就是实教。正是《法华经》此处模糊了权教是有二还是有三，光宅法云才顺势提出"四乘教"理论，同时亦引发三乘家与四乘家的争论。

然而，《法华经·方便品》的另一偈颂中亦明确提出："唯此一事实，余二则非真。"[⑤] 这句偈颂的大意是说，三乘的中佛乘（大乘）与一佛乘是同一性质的，二者都是真实的，而声闻、缘觉二乘都不是真实的。

根据梵文原典，《法华经》此处的"若二若三"，其准确的汉译应为"第二乘或第三乘"。与《法华经·方便品》"舍利弗！如来但以一佛乘故，为众生说法，无有余乘，若二若三"对应的梵文是：

ekamevāhaṃ śāriputra yānamārabhya sattvānāṃ dharmaṃ deśayāmi yadidaṃ buddhayānam.

na kiñcicchāriputra dvitīya（m）vā tṛtīyam vā yānaṃ saṃvidyate.[⑥]

---

① 法云认为："说《法华》明万善同归，明三乘人皆转作菩萨，皆成佛道。"（［南梁］法云：《法华义记》，《大正藏》第 33 册，第 640 页上。）值得注意的是，法云此处所言"初说有三，后会三归一"蕴含着两个转折：初说声闻、缘觉、菩萨三乘分别，先令声闻、缘觉回小向大，再与菩萨乘同成佛道。详见本书第六章第三节"二乘转为菩萨乘后同归佛乘"。

② ［唐］澄观：《华严经疏》，《大正藏》第 35 册，第 509 页中。

③ ［唐］澄观：《华严经随疏演义钞》，《大正藏》第 36 册，第 51 页下—55 页上。

④ 《妙法莲华经》，《大正藏》第 9 册，第 7 页上、中。

⑤ 《妙法莲华经》，《大正藏》第 9 册，第 8 页上。

⑥ *Saddharmapuṇḍarīka vaipulyasūtram,* Nepal: Loṭasa Risarca Senṭara, 1990, p.45.

> 汉译文：舍利弗！我但以一佛乘，为众生说法。舍利弗！无有别的第二乘或第三乘。①

这里的“dvitīya（m）vā tṛtīyam vā”，直译应为“无第二或第三”，而非如鸠摩罗什所翻译的“若二若三”。道生在注疏《法华经》时，便明确提出：“若二若三，二，第二乘也；三，第三乘。”② 在道生看来，“无有余乘，若二若三”就是说只有一佛乘，没有第二乘、第三乘。第一乘指一佛乘（大乘），第二乘和第三乘指缘觉乘和声闻乘。由此推测，道生可能见过梵文原典，故能作出更符合梵文原典的解读。

继道生之后，窥基在《妙法莲华经玄赞》中也提出了类似的观点。其文曰：

> 佛乘第一；独觉第二；声闻第三。无第二独觉，无第三声闻，非无三乘之中大乘体极。勘梵本云“无第二第三”。今翻之略故云“无二亦无三”也。③

梵文《法华经》以序数的形式明确指出，只有第一佛乘和第二缘觉乘、第三声闻乘这三乘，而鸠摩罗什译《妙法莲华经》所谓的“无有余乘，若二若三”，很容易让人理解为除一乘外，没有别的二乘或三乘，即一乘在二乘或三乘外，从而产生三乘与四乘的歧异。梵文《法华经》“无有第二乘或第三乘”则以序数的形式，有效避免了这个分歧。

虽然鸠摩罗什并未完全按照梵文《法华经》原典进行翻译，但其所译《妙法莲华经》在义理上并无矛盾。究其原因在于，无论是舍二说一还是舍三说一，其实都是一样的。吉藏在《法华玄论》卷四中对此做了精辟阐述：

> 次云唯一是实余二非真者。唯一佛乘，欲引导众生故，方

---

① 此段采用直译，力求反映梵文佛典真实语义，不求达、雅。值得一提的是，有学者提出，就形成时间而言，汉文版《法华经》极有可能早于梵文版本。更有学者大胆猜想，《法华经》最早确立的部分是以古印度方言撰成的，而非梵文。然而，即使此梵文版本并非《法华经》的最早版本，仍可反映出佛教早期对一佛乘的理解，即三乘中的一乘（菩萨乘或佛乘）是实，而其余二乘非实。正如什译《妙法莲华经》所言“唯此一事实，余二则非真”。

② [东晋]道生:《法华经疏》,《卍续藏》第150册，第807页中。

③ [唐]窥基:《妙法莲华经玄赞》,《大正藏》第34册，第715页中。

> 便说三。考实而言，唯一佛乘是实，余二非真，是故说三说二犹一意耳。请设近喻以况远旨。如父手中唯有一果，欲引诸子说一果为三果。考实而论，唯有一果无二果。是故二文无相违也。以三二既明，会义可领。晚见《法华论》，释十方佛土中尚无二乘何况有三，与今意同。《论》云此是遮义。是遮者，明无二乘涅槃，唯佛究竟无上菩提，有大涅槃耳。此但明无有二乘唯有佛乘，不言无偏行六度菩萨乘。故光宅失旨也。①

在这里，吉藏将菩萨大乘与一佛乘视为同体，提出只有一佛乘是真实，而佛陀为了普度众生，又为根器未到者说声闻、缘觉二乘教法。譬如父手中唯有一果，欲引诸子，遂说手中有三果。但考实而论，手中唯有一果，余二皆无。此即《法华经》所谓的“唯此一事实，余二则非真”。但同样可以说，唯有一果，并无三果，因为初时说有三果，实则只有一果。吉藏以此证明，破三说一与破二说一，本质上是一样的。综合而论，吉藏从三乘教的立场出发解读《法华经》，结合譬喻以论“光宅失旨”，就契合《法华经》原意而言，此论尚算允当。

虽然三乘家的解读更为契合《法华经》的原意，但是法云根据什本《妙法莲华经》而提出的“四乘教”理论，却极大地提升了《法华经》在众经中的地位。“光宅四乘”判教观强调“权”“实”的分判，视三乘为权教，而别立圆融一佛乘为实教。佛陀以《法华经》说一佛乘，既然唯有一佛乘是实教，那么，《法华经》便成为此唯一实教的经教。如此一来，《法华经》便从众经中凸现出来而具有最高经教的地位。

光宅法云作为梁代大僧正，其所提出的判教主张必然在当时的佛学界具有很高的权威性和影响力，并对后世的判教理论产生了深远影响。他本人亦不遗余力地宣扬《法华》思想，使得此经愈受重视。天台智顗就在承续法云判教观的基础上，创立“五时八教”说，将《法华经》判为“第五时”之教，由此奠定了《法华经》“诸经之王”的地位。

---

① [隋]吉藏:《法华玄论》,《大正藏》第34册，第389页上。

第三节　法云对智顗判教观的影响以及《法华经》地位的确定

继光宅法云之后，净影寺慧远的判教理论亦产生了较大的影响。净影寺慧远在批判刘虬的“五时七阶”说时提出，将《法华经》列于《般若经》之后是不当的，且《法华经》的教义并不比《涅槃经》浅。又，因为佛陀随宜说法，所以不应以佛陀说法的顺序来强分众经教浅深。因此，慧远不是以渐顿，而是以声闻藏、菩萨藏来简易区分众经教。不仅《涅槃经》，还有《法华经》《般若经》《维摩经》《胜鬘经》等都是了义的经教，从而抬高了《法华》等经的地位。[①] 但是，慧远将各大乘经典都视为“了义”，并没有刻意凸显《法华经》的特殊地位。

继法云之后，真正在判教理论中确定《法华经》崇高地位的，是天台宗创始人智顗。智顗判教学说的最大特点是“独尊法华”，早已成为学界的共识。[②] 智顗师事慧思，慧思极度推崇《法华经》，尤重法华三昧，称法华三昧为圆顿一乘法门，为一切修大乘者所必修。在慧思的影响下，智顗也极为推崇《法华经》，并依据《法华经》开创了天台宗。如此一来，确立《法华经》在众经中至高无上的特殊地位，自然成为智顗判教学说的核心思想和宗旨。

在智顗生活的陈隋之际，大量的大小乘经典得以传译并刊布流通，这就给智顗提供了统观诸经经义的深浅隐显、贯通诸经经论之奥旨的机会。智顗在承续法云“五时教”观和“四乘教”观的基础上，从宗派的

---

① ［隋］慧远：《大乘义章》，《大正藏》第 44 册，第 466 页下—467 页上。慧远判教的内容，详见［日］吉津宜英：「浄影寺慧遠の教判論」，『駒澤大學佛學部研究紀要』1977 年第 3 期，第 205—226 页。

② 王仲尧《隋唐佛教判教思想研究》、李四龙《天台智者研究——兼论宗派佛教的兴起》、安藤俊雄『天台學——根本思想とその展開』、Chanju Mun，“The History of Doctrinal Classification in Chinese Buddhism: A Study of the *Panjiao* Systems”等，对此皆有论述。

角度提出了更为全面系统的“五时八教”判教理论。[①]

“五时八教”判教理论中的“五时”，分别指华严时、鹿苑时、般若时、方等时、法华涅槃时；“八教”则分别指顿、渐、秘密、不定这化仪四教，以及藏、通、别、圆这化法四教。[②]李四龙先生对智顗的“五时八教”判教观做了精彩的宏观概述：

> 智顗提出了“五时八教”的教判，从“时”或“义”两方面论述。“时”是指佛陀说法的时间先后顺序；“义”是指佛陀所说之法，又可从“理”或“事”两个角度展开。“理”是讲不同时期佛陀说法的根本意趣，如智顗所说的“化法四教”，“事”是讲不同时期佛陀说法的机缘与方式，如智顗所说的“化仪四教”。从“理”“事”两方面判释教相，体现了佛教传播贵在“契理契机”的特色。[③]

一、智顗“五时”“五味”判教

智顗在提出“五时八教”判教理论之前，曾整理评点前人“南三北七”十种判教观统分的不当之处。蓝日昌先生的《六朝判教论的发展与演变》[④]一书，对此有详尽阐述，兹不赘引，仅将智顗对于慧观等人判《法华经》为第四时“同归教”的评判内容摘录如下：

> 慧观等人认为《法华经》“收束万善入于一乘，不明佛性、

---

① 关于“五时八教”可否视作智顗的判教主张，海内外学者一直存在不同的意见。如 Paul L. Swanon 认为，我们甚至不能确定书中哪部分是智顗自己的原话，而非出自文本记录者灌顶，并指出平井俊荣先生已经举证《法华文句》的大部分内容都是抄自吉藏关于《法华经》的评注。(Paul L. Swanon, “Understanding Chih-i: Through a Glass, Darkly?” *Journal of the International Association of Buddhist Studies*, no. 17 (1994), p. 356.) 菅野博史先生亦怀疑，在天台的圈子里，湛然在负责推介经典的宗派主义，这集中表现在单独凸显《法华经》的优越地位。[“A Comparison of Zhiyi’s and Jizang’s Views of the *Lotus Sutra*: Did Zhiyi, after all, Advocate a ‘Lotus Absolutism’?” *Annual Report of the International Research Institute for Advanced Buddhology at Soka University for the Academic Year 1999*, no. 3 (2000), p. 144.]

② 需要指出的是，“化法四教”与“化仪四教”的分类并非出自智顗，而是由灌顶及谛观提出的。详见 [唐] 灌顶：《天台八教大意》，《大正藏》第 46 册，第 769 页上。[北宋] 谛观：《天台四教仪》，《大正藏》第 44 册，第 774 页下。

③ 李四龙：《天台智者研究——兼论宗派佛教的兴起》，北京大学出版社，2003，第 204 页。

④ 蓝日昌：《六朝判教论的发展与演变》，文津出版社，2003，第 172—179 页。

> 神通、延寿、前过恒沙，后倍上数，亦不明常。”故立《法华经》第四时教，智顗于此破斥中先以《法华经》与《华严经》作比较：（1）智顗认为《法华经》一开始就说开示悟入佛之见，佛之智慧犹如十方土，而《华严经》犹如菩萨智慧，菩萨智慧犹如爪上土，因此法华是常而华严才是非常才对；（2）再者《华严经》是释尊成正觉之后首次演法，而《法华经》则是成佛之后经久始宣讲，不管中间或今日所述者皆是化迹，华严既言常，那么法华哪有不言常之理？（3）再者就常住之理而言，《法华经》明明说“世间相常住”，又说“无量阿僧祇劫，寿命无量常住不灭”，哪有不明佛常住不灭之理？（4）再就佛性义而言，智顗认为《法华经》明三因佛性之说，如经云“我不敢轻于汝等，汝等皆当作佛。”这即是正因佛性，又经云“为令众生开佛知见”这即是了因佛性，又经云“佛种从缘起”这即是缘因佛性之说，此外，《法华论》也明三种佛性之理，如“唯佛如来证大菩提，究竟满足一切智慧，故名大。言我不敢轻于汝等，汝等皆当作佛者，示诸众生皆有佛性也。”智顗认为经与论写得如此清楚，何能说《法华经》不明佛性之义？再者，《涅槃经》云“是经出世，如彼果实多利益安乐一切，能令众生见如来性，如法苑中八千声闻得受记成大果实，如秋收冬藏更无所作。”可见《涅槃经》已明言《法华经》悬记八千声闻明见佛性之事。又《涅槃经》卷25中说：“究道毕竟者，一切众生所得一乘，一乘者名为佛性，以是义故，我说一切众生悉有佛性，一切众生悉有一乘故。”智顗认为《法华经》《涅槃经》同为一乘之教，况且《涅槃经》犹带三乘得道，而《法华经》是纯一无杂，《涅槃经》明佛性常住之义，《法华经》何可说不明佛性常住之理呢？①

可见，智顗认为《法华经》亦明佛性及佛常住不灭之理，故不应被判为第四时“同归教”。这是有意揭去《法华经》“非了义”的标签，以提高其在众经中的地位。

智顗在《法华玄义》卷十中论述教相时，以乳、酪、生酥、熟酥、醍醐五味比喻五时经教。其文曰：

① 蓝日昌：《六朝判教论的发展与演变》，文津出版社，2003，第175—176页。

乳为众味之初，譬顿在众教之首，故以《华严》为乳耳。三教分别即名顿教，亦即醍醐五味分别即名乳教。……次开渐者，佛本以大乘拟度众生，其不堪者寻思方便，趣波罗柰，于一乘道分别说三，即是开三藏教也。……于顿教未转，全生如乳，三藏中转革凡成圣，喻变乳为酪。即是次第相生，为第二时教。不取浓淡优劣为喻也。……次说方等十二部经。所以次小说大者，佛本授大，众生不堪，抽大出小，令断结成圣，虽有此益，非佛本怀。次说方等《维摩》《思益》《殃掘摩罗》，弹诃小乘保果之僻，讥刺三藏断灭之非。……喻如烹酪作生苏，即此义也。按《无量义》，得知方等是三藏之后，为第三时教也。……故方等之后次说《般若》，为第四时教也。复言熟苏味者，命令转教领知众物，心渐通泰。自知萤火不及日光，敬伏之情倍更转熟。如从生苏转成熟苏也。……故次《般若》之后说《华严》海空[①]，齐《法华》也，亦第五时教也。复言醍醐者，是众味之后也。《涅槃》称为醍醐，此经名大王膳，故知二经俱是醍醐。又灯明佛说《法华经》竟，即于中夜唱入涅槃，彼佛一化，初说《华严》后说《法华》。迦叶佛时亦复如是，悉不明《涅槃》，皆以《法华》为后教后味。今佛熟前番人，以《法华》为醍醐。更熟后段人，重将《般若》洮汰方入《涅槃》，复以《涅槃》为后教后味。譬如田家，先种先熟先收，晚种后熟后收。《法华》八千声闻，无量损生菩萨，即是前熟果实。于《法华》中收，更无所作。若五千自起，人天被移，皆是后熟《涅槃》中收。为此义故。故云从《摩诃般若》出《大涅槃》，即后番次第也。按《无量义》云"摩诃般若次华严海空"，即前番《法华》中次第也。[②]

由上述引文可知，智顗所判的五时教分别是：

第一时，华严顿教。佛陀成道之初，为大众演说《华严》顿法，令

① "华严海空"义不可解，"海空"当作"海云"，即《华严经·入法界品》中善财子所参问的海云比丘。《无量义经》所云"次说方等十二部经、摩诃般若、华严海云，演说菩萨历劫修行"（《大正藏》第9册，第386页中），亦可证之。既然《般若》之后是《华严》，则就当为华严时了，但这与华严为初时者相矛盾，故用一个"齐"字将华严时转为法华时。《华严经》为顿圆，《法华经》为渐圆，顿圆与渐圆齐，故云"《华严》海(空)[云]，齐《法华》也"。

② [隋]智顗：《妙法莲华经玄义》，《大正藏》第33册，第807页中—808页中。

利根人迅速悟入而成正觉。以乳味对应之。

第二时，三藏教。佛陀初说顿法之时，在座的小乘根机众生“不辨如来说顿之意”，佛陀遂转而改说小乘法。佛陀在波罗奈国的鹿野苑说《阿含经》，实为小乘三藏教之始。此时以根机较浅的初学者为对象，讲说小乘三藏经教。以酪味对应之。

第三时，方等诸大乘经教。鹿苑说小乘，仅为引钝根人入道，故仍须继续说大乘经典，使众生耻小乘而慕大乘。以生酥味对应之。

第四时，《般若》经教。《般若》诸经旨在融通淘汰大小乘分别之偏执，显出诸法皆空、中道实相之理。经过方等时的弹斥，小乘众生渐趋大乘，然尚有法执，于是佛陀再向众生讲说《般若》之法，使众生明了诸法缘生缘灭，即假即空，最后融通于诸法实相之妙谛。以熟酥味对应之。

第五时，《法华》经教和《涅槃》经教。佛陀在最后阶段为众生说《法华经》和《涅槃经》。《法华经》宣扬究竟一佛乘思想，《涅槃经》说众生皆有佛性，且佛性常住，二者的根本教义是一致的。以醍醐味对应之。①

智顗分别以乳、酪、生酥、熟酥、醍醐五味比喻五时经教，故五时教亦被称作“五味教”。为了论证《法华经》和《涅槃经》同居于醍醐味，智顗又提出“前番五味”和“后番五味”这两个概念。经由前四个时段的说法而最终到达《法华》，是为“前番五味”，《法华经》为“前番五味”中的后教后味。于《法华》中未得入者，则更以《般若》之后，令其于《涅槃》中悟入，是为“后番五味”，《涅槃经》为“后番五味”

---

① 智顗《维摩经玄疏》卷六在阐述“顿”“渐”“不定”“秘密”四种经教时，将渐教喻为五味，并将渐教五味教中的第一《华严》归入顿教，五味教遂变为三藏前经教—三藏经教—方等经教—《般若》经教—《法华》《涅槃》经教。虽然智顗关于五味教的两处论述存在出入，但将《法华经》和《涅槃经》同归入第五味的做法是一致的。其文曰：“如来经教乃遍满三千，元其正意不出四种。一者顿教；二者渐教；三者不定教；四者秘密教。一、顿教者，即《华严经》也。譬如日出前照高山。……二、渐教者，即是五味相生。三藏初门所说事戒定即是从牛出乳。三藏教明生灭四谛即是从乳出酪。方等大乘最初说无生四谛，无量无作对破小乘，诃责声闻乐小法者，即是从酪出生苏。三、明不定教者，亦不同旧解，别有遍方不定之说。今但于五味教内，利根之人，不同教，教悉皆得见佛性，故有满字之义。故《涅槃经》云：‘譬如有人置毒于乳，乃至醍醐亦能杀人。’所以梁武、流支、摄山三家此经大品皆是满字明佛性辨常，意在此也。四、秘密教者，《大智论》云佛初成道，鹿苑转四谛法轮，显露教中，明五人见谛得须陀洹果，八万人得法眼净。秘密教无量菩萨闻说大乘得无生忍。复次始从得道至泥洹夜常说《般若》，或可即其义也。此经云：‘佛以一音演说法，众生随类各得解。’此亦是秘密教之相。若时众皆不得闻见，即是秘密教也。”参见［隋］智顗：《维摩经玄疏》，《大正藏》第 38 册，第 561 页下—562 页中。

中的后教后味。可见，《法华经》和《涅槃经》同为五味经教中的后教后味，“俱是醍醐”。此即所谓“二经教意，起尽是同”。[①]

此外，智顗又以《法华经》记载的“长者付子家业譬”中，长者以方便引其子最终领受家业的过程，来譬说五时阶次。高丽僧人谛观于《天台四教仪》中将智顗之“五时教”总结为：

> 言五时者，一《华严》时，二鹿苑时，三方等时，四《般若》时，五《法华》《涅槃》时，是为五时，亦名五味。[②]

后世遂以此五时名目作为智顗“五时”“五味”判教的内容。智顗的“五时”“五味”判教理论具有两个显著特点：一是将顿教《华严经》也收摄入“五时”“五味”之中，并判其为初时，以乳味相对应；二是将《法华经》与《涅槃经》同置于醍醐味的阶教，并用“前番五味”与“后番五味”这两个概念来解释二经并行的原因。除光宅法云外，智顗以前的判教者大抵将《法华经》判为未圆之教，而智顗在沿袭法云判《法华经》为了义之教这一判教思想的基础上，将《法华经》与《涅槃经》同置于醍醐味的阶教，从而将《法华经》提升至最圆融之经教的地位。

智顗将《法华经》置于与《涅槃经》同等的醍醐味经教的做法，与法云在“渐教五时”判教中有意将《法华经》置于《涅槃经》之后的做法，有异曲同工之妙。只是智顗在继承法云判教思想的基础上，进一步提出“前番五味”与“后番五味”两个概念，为《法华经》《涅槃经》的并行提供了理论依据。

智顗“五时”“五味”判教只是将《法华经》提至与《涅槃经》同等的地位。为了使《法华经》于众经中脱颖而出，具有他经不可比拟的特殊地位，智顗又在《法华玄义》卷十中对“五时教”作出补充说明。其文曰：

> 佛于无名相中，假名相说，说余经典，各赴缘取益。至如《华严》，初逗圆别之机，高山先照，直明次第不次第，修行住上地上之功德，不辨如来说顿之意。若说四《阿含》，《增一》明人天因果；《中》明真寂深义；《杂》明诸禅定长破外道。而通说无常，知苦、断集、证灭、修道，不明如来曲巧施小之意。

① ［隋］智顗：《妙法莲华经玄义》，《大正藏》第33册，第809页上。

② ［北宋］谛观：《天台四教仪》，《大正藏》第44册，第774页下。

> 若诸方等，折小弹偏，叹大褒圆，慈悲行愿，事理殊绝，不明并对诃赞之意。若《般若》论通则三人同入，论别则菩萨独进，广历阴入，尽净虚融，亦不明共别之意。若《涅槃》在后，略斥三修，粗点五味，亦不委说如来置教原始结要之终。凡此诸经皆是逗会他意，令他得益。不谭佛意，意趣何之？今经（《法华经》）不尔。絓是法门网目，大小观法，十力无畏，种种规矩，皆所不论。为前经已说故。但论如来布教之元始，中间取与，渐顿适时，大事因缘究竟终讫。说教之纲格，大化之筌罤。①

智顗在这里阐述的佛典阶次，与其“五时”“五味”判教的阶次基本相同。如前已述，因为智顗的“五时”“五味”判教只是将《法华经》置于与《涅槃经》同等的醍醐味之教的地位，并不能使《法华经》从众经中真正脱颖而出，所以智顗在阐述《法华》《涅槃》并行的理由后，又提出二经有所区别。在智顗看来，《涅槃经》也同《法华经》外的诸经一样，皆未表明“佛意”旨趣何在。也就是说，《法华经》以外的经教（包括《涅槃经》），都不是最圆满的教法，唯有《法华经》统摄三乘而归极于圆融的一佛乘，方可称为“说教之纲格，大化之筌罤”。这就使《法华经》真正从众经中脱颖而出，并具有了特殊的崇高地位。

有学者提出，智顗持的是“五味”说，而非“五时”说。② 持此论者认为，就宗旨而言，“五时”是分判一切经教的阶类、评判各经优劣的判教说；“五味”是佛陀考虑到众生的根机差别，而应机说法的根机论。若论智顗的本意，从乳味至醍醐味是就众生根性而言，非有次第高下之别，只是佛陀针对不同根性的众生，采取了不同的教法。因此，智顗的教相论应是根机论的“五味”说，而非“五时”判教说。

由智顗《法华玄义》卷十的记载来看，智顗有意识地确定了从“初时”至“第五时”的五时经教。虽然智顗对南北朝时期的渐教五时判教观提出质疑，认为其所判阶次并不准确，但其本人并不反对以五时来判教。无论是“五时”还是“五味”，都只是智顗衡判众经的一种手段，“五时”亦可被视为在每个时段适应当时众生的根机而说法，是一种根机论；“五味”亦可被视为针对不同的时分而有不同浓淡的教法，是一种判教说。换言之，“五时”与“五味”本就处于交织融通的状态，无须定执

---

① [隋]智顗:《妙法莲华经玄义》,《大正藏》第33册，第800页上、中。

② 日本学者関口真大先生为持此论的代表。详见董平:《论天台教判：兼与关口真大说商榷》,《佛学研究》1999年第8期，第107—115页。

一端而强作分别。

二、智顗“化法四教”判教观

智顗提出，《法华》之说教有别于他经，可就“教相三意”以作区分：“一、根性融不融相；二、化导始终不始终相；三、师弟远近不远近相。”① 可见，在智顗看来，《法华经》之前的各种经教真实与方便相杂，且众生根性或利或钝，参差不齐，故为“不融”；诸经教大多随宜而说，并非真实圆满，故为“不始终”；《法华经》以前之诸经教中，释迦已满实智，其弟子只能听受权智，故师与弟子皆为“不远近”。《法华经》唯说一乘真实之教，众生根机已无利钝之分，“不令有人独得灭度，皆以如来灭度而灭度之”，② 故为“融”；《法华经》会权归实，度脱众生，能尽如来真义，故为“始终”；《法华经》说释迦于过去久远之世已满权实二智，其弟子已于过去世即为佛弟子，故在释迦于今世成佛之前，师与弟子已权实长远，故为“远近”。因此，《法华经》实有别于他经，而为纯圆独妙之作。有学者认为，智顗的“三种教相论”亦是其判教观的体现。然而，智顗系统的判教观，除“五时”“五味”判教观外，最具代表性的还是“八教”判教观。

关于“八教”的名目，据智顗《法华文句》记载：“先佛有渐、顿、秘密、不定等经，渐又三藏、通、别、圆。今佛亦尔。”③ 其中，“渐教”的次第教相又按照义理的“了不了”，分为三藏、通、别、圆四种法门，“了义”指“圆顿旨”，“不了义”指“次第意”。

灌顶《天台八教大意》对“天台八教”的概述是：

> 机缘差品，应物现形，为实施权，故分乎八。顿、渐、秘密、不定，化之仪式，譬如药方；藏、通、别、圆，所化之法，譬如药味。④

由灌顶的描述可知，顿、渐、秘密、不定为“化仪四教”，是佛陀教化众生所用的方法，譬如药方；藏、通、别、圆为“化法四教”，是佛陀教化众生的教理内容，譬如药味。

---

① ［隋］智顗：《妙法莲华经玄义》，《大正藏》第 33 册，第 683 页中。
② ［隋］智顗：《妙法莲华经玄义》，《大正藏》第 33 册，第 683 页下。
③ ［隋］智顗：《妙法莲华经文句》，《大正藏》第 34 册，第 3 页中。
④ ［唐］灌顶：《天台八教大意》，《大正藏》第 46 册，第 769 页上。

在化仪四教中，佛陀随宜说法的方式，其实只有顿、渐二门，秘密、不定二门则是根机不同之众生对佛之顿、渐说法的不同解悟方式。具体而言，顿教是直说大乘圆满教理，第一时所说的《华严经》即为顿教。渐教指渐渐次第说化法四教，由浅及深、由小入大，接引众生令成正觉。秘密教是说在前四时中，佛以一音说法，而同一会中，听众因根机不同，故有不同的解悟，或得顿益，或得渐益，彼此互不相知，故为秘密。不定教是说听众同会听法，因根机不同而得解各异，或于说顿中得渐益，或于说渐中得顿益，彼此知道彼此得益不同，故为不定。

“化法四教”是智顗提出的最具独创性和代表性的判教理论。所谓“化法四教”，即指藏、通、别、圆四教，这四教是佛陀化益众生的法门。

一、藏教。“藏教”是“三藏教”的简称。智顗曰：“此教明因缘生灭四圣谛理，正教小乘，傍化菩萨。所言三藏教者，一修多罗藏，二毗尼藏，三阿毗昙藏。……此之三藏教，的属小乘。”[①] 在这里，“三藏教”就是指以《阿含经》为主的小乘经、律、论，主要向初学者讲明因缘生灭、四圣谛等教理，不说种种菩萨行，故以小乘为正，以大乘为旁。

二、通教。智顗曰：“通者，同也，三乘同禀，故名为通。此教明因缘即空、无生四真谛理，是摩诃衍之出门也。正为菩萨，旁通二乘。”[②] “通教”之名，取自“三乘同禀”。此教大小乘兼容而以大乘为主，以众生根机不同，钝根则通前藏教，利根则通后别、圆两教，故曰“若立通名，近远俱便；言远便者，通别、通圆也”。[③] 此教主要阐明因缘即空的教理，即一切事物俱是因缘和合而成，当体即空，是毕竟空。钝根人依此教修行，但见空理，不能见不空之理，结果只能和藏教人证同样之果；利根人依此教修行，非但见空理，还能见不空之理，接入中道佛性，便是通后别、圆。其经典以《般若》为主，包括《方等》等其他大乘经典。

三、别教。智顗曰：“别者，不共之名也，此教不共二乘人说，故名别教。此教正明因缘假名、无量四圣谛理，的化菩萨，不涉二乘，故声闻在座如聋如哑。”[④] 此教专为菩萨所讲，与声闻、缘觉二乘无关。此教要求修习者观三谛而悟中道实相之理，内则断除无明见思，外则利他化度。别教虽已区别于通教，但与圆教尚有一定的距离，故智顗曰“别虽异通，

---

① [隋]智顗:《四教义》,《大正藏》第46册，第721页上。
② [隋]智顗:《四教义》,《大正藏》第46册，第721页下—723页上。
③ [隋]智顗:《四教义》,《大正藏》第46册，第722页上。
④ [隋]智顗:《四教义》,《大正藏》第46册，第722页上。

犹是未圆之名也”。[①] 其经典为《维摩经》等。

四、圆教。智顗曰：“圆以不偏为义，此教明不思议因缘。二谛中道，事理具足，不偏不别，但化最上利根之人。故名圆教也。”[②] 此教为佛陀教法的极致，宣说大乘究竟之理，化导最上利根之人，一切圆满具足、圆融无碍，即空即假即中，无非实相，故智顗曰“圆以不偏为义”。其经典为《华严》《涅槃》《法华》等，其中唯有《法华》为究竟纯圆之教。[③]

智顗在《四教义》卷一中阐述了藏、通、别、圆四教与各类经典的关系：

> 若《华严》顿教，用别、圆两教；若渐教之初，小乘经，但用三藏教；若大乘方等，则具有四教；若《摩诃般若》，用通、别、圆三教；《法华》但用圆教；《大涅槃》名诸佛法界，四教皆入佛性涅槃。[④]

由智顗的论述可知，诸经或用二教，或用三教，或用四教，唯有《法华经》“但用圆教”，才是纯圆之教。

智顗在《四教义》卷十二中又曰：“权实者，权是暂用之名，实以永施为义。方便波罗蜜随情近益，故名为权；智慧波罗蜜称理究竟，故名为实也。是则三教暂赴物情，故名为权；圆教究竟利物，故名为实。”[⑤] 在这里，智顗明确指出，藏、通、别三教与圆教是有本质区别的，藏、通、别三教都是方便权教，唯有圆教才是究竟实教。

智顗将《法华经》判为“诸经之王”的判教过程主要包括三个步骤：先是赋予《法华经》“但用圆教”的特性，接着用“权”“实”来分判出圆教与其他三教的高下，最后再顺理成章地提出，只有“但用圆教”的《法华经》，才是圆顿至极的实教。而这套判教理论得以成立的关键，是用“权”“实”来分判四教之高下。用“权”“实”来分判四教之高下的

① ［隋］智顗：《四教义》，《大正藏》第46册，第722页中。
② ［隋］智顗：《四教义》，《大正藏》第46册，第722页中。
③ 关于智顗“八教”的讨论，可参见王仲尧：《隋唐佛教判教思想研究》，巴蜀书社，2000，第20—21页。Kenneth K. S. Ch’en, *Buddhism in China, a Historical Survey*, Princeton University Press, 1964, pp.308-309. 关于秘密、不定教，Kenneth K. S. Ch’en 不赞同佛以一音说法而众生领悟各异之说。在他看来，智顗的本意是说，佛陀是有目的地用不同声音说法，而非出于听法者的领悟各异。换言之，不同的听法者之所以产生不同的理解，是因为佛陀在同一时间对不同听法者所说之法并不相同。
④ ［隋］智顗：《四教义》，《大正藏》第46册，第725页上。
⑤ ［隋］智顗：《四教义》，《大正藏》第46册，第766页上。

做法，与法云“四乘教”的判教观具有不可割裂的内在联系。法云将三乘判为权教，而别立圆融之一佛乘为实教的判教观，赋予《法华经》以最高经教的地位。智顗在基本沿袭法云判教理论的基础上，进一步提出《法华经》为圆融至极的实教，最终奠定了《法华经》为“诸经之王”的地位。

关于智顗的判教思想承自何处，印顺法师的看法是：

> 至其（智顗）判教，化法四教取于北方；化仪四教及五时，乃即南土旧说而略事融通；其解《法华》一乘，则承光宅之说而更进者。[①]

印顺法师认为，智顗判《法华经》为一乘实教的判教观，是“承光宅之说而更进者”，此论甚为精辟。但是，印顺法师只是笼统说智顗的判教“化法四教取于北方；化仪四教及五时，乃即南土旧说而略事融通”，并未明确指出具体是哪种“南土旧说”。如前所述，智顗的“五时”“五味”判教将《法华经》与《涅槃经》并列，也是受法云将《法华经》置于《涅槃经》之后的启发而提出的。

智顗《法华玄义》卷十曰：

> 复应当知诸大乘经指归不殊，但随宜为异耳。如《华严》《无量义》《法华》皆三昧名，《般若》是大智慧，《维摩》说不思议解脱，是解脱，《大涅槃》是究竟灭，《文殊问菩提》(《文殊师利问菩提经》）是满足道。悉是佛法，法无优劣。于中明果皆是佛果，明因皆是地行，明理皆是法性，所为皆是菩萨。指归不当有异，人何为强作优劣？[②]

在智顗看来，诸大乘经典都是佛陀随宜说法，各经虽主旨不一，但都殊途同归，无须强分优劣。然而，自宗派产生以后，教相判释不再仅就经义教理而论，更是为了推崇各自的修行体系。智顗以《法华经》为中心创立天台宗，虽认为诸经并无优劣，但为了满足创宗立派的需要，其在实际的判释中仍会自觉或不自觉地突出《法华经》的崇高地位。

智顗《法华玄义》卷十又曰：“若弘余经，不明教相，于义无伤。若

① 印顺：《佛教史地考论》，中华书局，2011，第19页。

② ［隋］智顗：《妙法莲华经玄义》，《大正藏》第33册，第813页中。

弘《法华》，不明教者，文义有阙。”[①] 智顗此言充分表明，其判教对他经的弘扬作用并不大，唯独对《法华经》的弘扬具有重大意义。这也从一个侧面反映出，智顗判教的特色及意旨，就是承续法云独崇《法华经》的判教思想，确立《法华经》为“诸经之王”的至高地位。智顗的判教思想被视为中国佛教判教体系的典型，[②] 随着天台宗在隋唐时期的发展壮大，《法华经》的“诸经之王”地位也日益稳固。

三、智顗之后，视《法华经》为最高经教之判教观

继智顗之后，许多判教者均将《法华经》列为最高经教，吉藏就是其中最典型的代表。吉藏曾提出影响深远的“二藏三法轮”判教学说，“二藏”分别指大乘与小乘，或称菩萨乘与声闻乘；[③] “三法轮”分别是根本法轮、枝末法轮、摄末归本法轮。“三法轮”判教观的主要观点是：佛成道后首开《华严经》，为菩萨说明一乘因果，是为根本法轮；后佛在四十余年中，因众生因缘和根机深浅的不同，分别说三乘，此是自《阿含》至《法华》以前诸经，为枝末法轮；最后佛说《法华经》，会同三乘归于一乘，总摄一生所说教法的究竟义，故名摄末归本法轮。[④]

需要注意的是，吉藏并不认为《法华经》比其他经教更具优越性。在他看来，佛陀宣说《法华经》的根本目的，是为了阐明三乘权教与一乘实教之间相互依存的关系。[⑤] 吉藏在《法华玄论》卷二中提出：“诸大乘经显道乃当无异。”[⑥] 又在《法华义疏》卷五中说：“诸大乘经显道无二。”[⑦] 可见，在吉藏看来，就地位和价值而言，所有大乘经典都是平等的；诸大乘经典在处理三乘教的问题上虽主张各异，但在对终极真实的

---

① [隋]智顗：《妙法莲华经玄义》，《大正藏》第 33 册，第 800 页上。

② 黄忏华：《中国佛教史》，商务印书馆，1947，第 207 页。牟宗三：《佛性与般若》，台湾学生书局，1984，第 7 页。

③ [隋]吉藏：《法华玄论》，《大正藏》第 34 册，第 382 页中、下。

④ [隋]吉藏：《法华游意》，《大正藏》第 34 册，第 634 页下—635 页中；《法华义疏》，《大正藏》第 34 册，第 575 页上；《中观论疏》，《大正藏》第 42 册，第 8 页上。菅野博史先生对此亦有深入论述，参见其“The Three Dharma-wheels of Jizang 吉藏”, *Buddhist and Indian Studies in Honour of Professor Sodō Mori*, Hamamatsu: Kokusai Bukkyoto Kyokai, 2002.

⑤ [隋]吉藏：《法华游意》，《大正藏》第 34 册，第 634 页上、中。相关阐述详见：王仲尧：《隋唐佛教判教思想研究》，巴蜀书社，2000，第 62—68 页。Chan Ju Mun, “The History of Doctrinal Classification in Chinese Buddhism: A Study of the *Panjiao* Systems”, PhD dissertation, University of Wisconsin-Madison, 2002 , pp.281-292.

⑥ [隋]吉藏：《法华玄论》，《大正藏》第 34 册，第 378 页下。

⑦ [隋]吉藏：《法华义疏》，《大正藏》第 34 册，第 518 页下。

显露上并无二致。[①] 吉藏正是在这一理念的基础上，创建了“三法轮”理论。在宗派色彩日益浓厚的判教氛围下，吉藏这种不带任何宗派立场的纯学术式的判教观更具独特的价值，但与智顗基于宗派立场而将《法华经》推至“诸经之王”地位的判教观相比，吉藏的判教观对《法华经》地位的提升并无多大助益。

除吉藏外，将《法华经》判为最高经教的另一位高僧，是法相宗创始人之一的窥基。窥基在“三时教”判教学说中虽然将《法华经》列为最高的第三时教，但是除《法华经》外，第三时教中还包括《华严经》《解深密经》等。[②] 因此，窥基的判教观并没有突出强调《法华经》的特殊地位。

综上所述，法云通过在其“五时教”中有意将《法华经》置于《涅槃经》之上，以及在其“四乘教”中将《法华经》判为实教经教的精心安排，首次在判教中将《法华经》凸显为最高经典。智顗在承续法云判教思想的基础上，提出“五时八教”判教理论，进一步将《法华经》推至“诸经之王”的至高地位。智顗的判教理论具有百科全书式的详实与严谨，得到了佛学者们的广泛认可。[③]

智顗依据《法华经》创立天台宗，并在天台一系中确立了《法华经》至高经典的地位。与此相应，《法华经》地位的凸显，又让天台宗相比别的宗派更具优越性。可以说，天台宗的迅速发展与《法华经》地位的提升密不可分。由此可见，法云不仅对《法华经》地位的提升居功至伟，对天台宗的创立也具有不可估量的作用。

随着天台宗的逐渐兴盛，唐代开始涌现出有关《法华经》流传、研学、诵持以及灵验事迹等的传记。其中，较具代表性的有《弘赞法华传》[④] 及《法华传记》等。挪威学者 Karl Ludvig Reichelt 曾高度评价《法华经》及其深远影响，认为没有哪部佛教典籍能够如《法华经》般蕴涵

① [日]平井俊栄:『中國般若思想史研究——吉蔵と三論學派』,(东京)春秋社，1976，第482—484页。[日]菅野博史:“A Comparison of Zhiyi's and Jizang's Views of the *Lotus Sūtra*: Did Zhiyi, after all, Advocate a ‘Lotus Absolutism’?” *Annual Report of the International Research Institute for Advanced Buddhology at Soka University for the Academic Year 1999*, no. 3 (2000), pp. 132-137.

② 王仲尧:《隋唐佛教判教思想研究》，巴蜀书社，2000，第69—70页。

③ Ch' en, Kenneth K. S., *Buddhism in China: A Historical Survey*, Princeton: Princeton University Press, 1964, p. 305.

④ 有关《弘赞法华传》的分析，详见 Daniel B. Stevenson, “Tales of the Lotus sūtra”，收于 Donald S. Lopez, Jr., 编 *Buddhism in Practice*（删节版），普林斯顿大学出版社，2007，第311—335页。

有如此多的伟大思想。[①]《法华经》本身的博大精深，加上法云和智顗等人不遗余力地提升其在众经中的地位，使其不仅成为大乘佛教最重要的经典之一，而且在中国的佛教、艺术和文学等领域产生了深远的影响。

第四节　法云—智顗判教思想对敦煌北朝—隋石窟艺术的影响

在中国佛教早期判教阶段，将《法华经》与《涅槃经》并举，并以《法华》融摄《涅槃》，始于光宅法云。智顗在承续法云判教思想的基础上，提出其经典的“五时八教”判教观，从而将《法华经》推至“诸经之王”的地位。北朝至隋敦煌石窟中出现的《法华》题材与《涅槃》题材并举，且以《法华》融摄《涅槃》及他经的艺术现象，极有可能受此一脉判教思想的影响。

一、敦煌北朝—隋石窟中《法华》《涅槃》题材的并举

据学者统计，敦煌北朝至隋的石窟中，11 个洞窟内有《法华经》题材的内容。其中，在北朝时期的 5 个窟中，莫高窟第 285 窟、第 428 窟和西千佛洞第 8 窟内均出现了《大般涅槃经》题材的内容；隋代的 6 个洞窟中，《法华》《涅槃》题材经变交相辉映的现象集中出现在第 420 窟内。[②]

第 285 窟开凿于西魏大统四年（538）、大统五年（539）前后。该窟内共绘有两铺释迦、多宝佛说法图，分别位于南、北两壁的最西端。南壁是释迦、多宝佛并坐说法图与《五百强盗因缘》《化跋提长者姊缘》《佛度水牛缘》《沙弥守戒自杀缘》《婆罗门闻偈本生》这五幅佛教故事

① Karl Ludvig Reichelt,Kathrina Van Wagenen Bugge（translate）, *Truth and Tradition in Chinese Buddhism: A Study of Chinese Mahayana Buddhism*, New York: Paragon Book Reprint Corp, 1968, p. 218.

② 贺世哲编：《敦煌石窟全集 · 法华经画卷》，商务印书馆（香港）有限公司，1999。贺世哲：《敦煌壁画中的法华经变》《敦煌壁画中的涅槃经变》，载氏著：《敦煌石窟论稿》，甘肃民族出版社，2004。李静杰：《北朝后期法华经图像的演变》，《艺术学》第 21 期，2004，（台北）艺术家出版社，2004。郭祐孟：《敦煌隋代法华主题洞窟初探》，《兰州大学学报》2006 年第 4 期。张元林：《〈法华经〉佛性论的形象诠释——莫高窟第 285 窟南壁故事画的思想意涵》，《敦煌研究》2004 年第 6 期。张元林：《敦煌北朝时期〈法华经〉艺术及信仰考察》，《敦煌研究》2006 年第 5 期。张元林、魏迎春：《试论法华判教思想对敦煌北朝—隋石窟的影响》，《敦煌研究》2008 年第 5 期。

画的组合。其中，《五百强盗因缘》与《婆罗门闻偈本生》分别出自北凉昙无谶译的《大般涅槃经》中的《梵行品》[①] 及《圣行品》[②]。张元林先生从《五百强盗因缘》故事画中佛弟子们手持经卷的细节，并结合紧邻的释迦、多宝佛说法图，认为二者分别表现了经卷受持和佛塔供养这两种《法华经》宣导的修行方法，将这一出自《大般涅槃经》讲“恶人也有佛性”的故事画与《法华经·提婆达多品》相联；又将《婆罗门闻偈本生》故事画所表现的为求佛法不惜舍身的菩萨行思想，与《法华经·药王菩萨本事品》中的一切喜见菩萨自燃双臂以供养诸佛的舍身精神相联；从而提出五幅故事画皆围绕《法华经》“众生皆有佛性”这一共同的思想基础而展开。[③]

第 428 窟开凿于北周保定四年（565）之后。该窟西壁中央绘有佛般涅槃的画面，紧接着是释迦、多宝“二佛并坐”说法图。张元林先生认为，涅槃图与释迦、多宝二佛图一起出现，应是深受法华系判教思想的影响。西千佛洞第 8 窟的涅槃图与释迦、多宝佛的组合，亦是受法华系判教思想的影响。[④]

西千佛洞第 8 窟始建于北周时期。该窟北壁西端的千佛像中间绘有释迦、多宝“二佛并坐”说法图 1 铺，略晚于莫高窟西魏第 285 窟的同类题材。多宝佛塔呈圆券形，内并坐二佛结跏趺坐，皆着袒右袈裟，龛外两侧分侍立二菩萨。下残存男女供养人、比丘、比丘尼、力士各数身。西壁北端的千佛像中间绘有《涅槃》经变 1 铺，与莫高窟北周第 428 窟的同类题材属于同一时期。画面两端绘着娑罗双树，中间为佛祖释迦牟尼右胁而卧，火焰纹舟形身光上簇拥着为佛举哀的众圣。

第 420 窟开凿于开皇九年至大业九年（589—613）之间或稍后的一段时期。其窟顶四坡，其中，北坡画《法华经》的《序品》《方便品》和《见宝塔品》，由于“《方便品》所说佛学义理非常抽象，实难形诸丹青。画师只好借用《大般涅槃经》中释迦涅槃的情节，来表现《方便品》的抽象义理”。[⑤] 东坡整坡绘《观世音菩萨普门品》。南坡整壁绘《譬喻品》中的火宅喻。西坡除绘涅槃情节外，还绘有其他图像。郭祐孟先生仔细

① [北京]昙无谶译:《大般涅槃经》,《大正藏》第 12 册，第 458 页中。

② [北京]昙无谶译:《大般涅槃经》,《大正藏》第 12 册，第 450 页上—451 页上。

③ 张元林:《〈法华经〉佛性论的形象诠释——莫高窟第 285 窟南壁故事画的思想意涵》,《敦煌研究》2004 年第 6 期，第 7—13 页。

④ 张元林、魏迎春:《试论法华判教思想对敦煌北朝—隋石窟的影响》,《敦煌研究》2008 年第 5 期，第 69—75 页。

⑤ 樊锦诗:《〈法华经〉故事》，华东师范大学出版社，2010，第 34 页。

比对该窟顶经变的细节后提出，该窟“是法华经变和涅槃经变的巧妙组合，反映当时法华与涅槃思想并重，而且有以法华融摄涅槃的情形”。[①]

二、南北朝判教中《法华》融摄《涅槃》的实现对敦煌石窟的影响

南北朝时期，诸判教者或将《涅槃经》判为最高的了义之教；或将《华严经》判为“顿教”而置于诸经之上，而一般皆依佛陀说法的先后次序（理论上与经教的浅深层次相应），把《法华经》列于诸经之后、《涅槃经》之前。这就意味着，《法华经》的阶次虽然比一般经典高，但是尚未圆满。既然《法华经》被判为“未圆满”，其地位及受重视程度难免受到负面影响。在这种背景下，法云在五时判教中有意提高《法华经》的地位，而“光宅四乘”的提出，将《法华经》判为实教经教，以融摄包括《涅槃经》在内的众经，从而使得《法华经》在众经中凸显出来而具有了最高经教的地位。法云的判教思想不仅对中国佛教内部理论的发展产生了重要影响，亦对外显信仰实态产生了深远的影响。

就笔者所见，最早论述判教思想对石窟艺术的影响的中国学者，是张元林先生、魏迎春先生[②]与殷光明先生[③]。三位先生的研究成果，为我们研究佛教内部理论对外显信仰实态的影响提供了新的视角。张元林先生、魏迎春先生认为，敦煌石窟中法华与涅槃并重，是受到北朝至隋代法华一系判教思想的影响。殷光明先生将考察重心放在中唐至宋代，详述了天台宗与华严宗的独特判教理路以及两宗在教义上的接近性，为此期敦煌法华、华严经变的配置奠定了教理基础。

张元林先生、魏迎春先生将《法华》《涅槃》并举的判教观归于西魏宇文泰的文献依据，是隋费长房《历代三宝纪》（唐道宣《大唐内典录》中也有基本相同的记载）中谈及宇文氏专权之下的西魏至北周时期佛教情况的一段记载：

> 魏丞相王宇文黑泰，兴隆释典，崇重大乘。虽摄万机，恒阐三宝。第内每常供百法师，寻讨经论，讲摩诃衍。遂命沙门释昙显等，依大乘经，撰菩萨藏众要及一百二十法门。始从佛

① 郭祐孟：《敦煌隋代法华主题洞窟初探》，《兰州大学学报（社会科学版）》2006 年第 4 期，第 42 页。

② 张元林、魏迎春：《试论法华判教思想对敦煌北朝—隋石窟的影响》，《敦煌研究》2008 年第 5 期。

③ 殷光明：《敦煌华严法华经变的配置与判教思想》，载敦煌研究院编：《敦煌壁画艺术继承与创新国际学术研讨会论文集》，上海辞书出版社，2008。

性，终至融门。而开讲时，即恒宣述，永为常则，以代先旧五时教迹，今迄流行山东江南。虽称学海轨化揩则更莫是过。乃至香火梵音礼拜叹佛悉是。①

张元林先生、魏迎春先生指出，“始从佛性，终至融门”中的“佛性”“融门”，分别指《涅槃经》和《法华经》；“代先旧五时教迹”应指以慧观为首的早期“南三北七”的判教主张，代之而起的则是“佛性”“融门”并重——将《涅槃经》和《法华经》推崇为最高教阶——的“新五时教迹”。

二位先生所提“佛性”“融门”分别指《涅槃经》和《法华经》的观点颇有见地，但将其称为“二经并崇”的判教观则难以令人信服。其理由如下：一、所谓的“始从佛性，终至融门”，只是讲二经的先后顺序，并非意味二经的并崇。二、就判教而言，五时教遵循的是以佛陀一生说法的时段来安排诸经教的判教框架，而将《涅槃经》放于初始阶段，与这一判教框架不符。遍检南北两地的诸判教观，无一人将《涅槃经》置于初始阶段。由《历代三宝纪》的撰者费长房将该段史料置于“周众经要二十二卷一百二十法门一卷”目录之下推断，该段史料讲述的应是宇文泰命释昙显等撰“菩萨藏众要及一百二十法门”时所依大乘经典的次序。而前文所谓“代先旧五时教迹”的“常则”，指的应是专讲“摩诃衍（大乘）”而不涉小乘佛学的常则。因此，该段史料旨在阐述宇文泰讲法的侧重点（“崇重大乘”）同旧时五时判教观（兼涉大小乘）有所不同，而非提出了《法华》《涅槃》二经并崇的判教观。

真正在判教中将《法华》与《涅槃》并举的，是南梁法云。如前所述，法云先是在其五时判教中有意将《法华》与《涅槃》并置，然后在其四乘判教中直接将《法华经》提至实教的至高地位，最终实现了《法华》对诸经的融摄。继法云之后，中国天台宗创始人智顗在承续法云判教思想的基础上，提出了“五时八教”判教观，将《法华经》判为“第五时”之教。他一方面以前番五味（以《法华》为第五味）、后番五味（以《涅槃》为第五味）两个概念来解释《法华》《涅槃》二经的并重；另一方面在八教的“化法四教”中，用“权”“实”来区分出圆教与其他三教的高下，明确提出只有“但用圆教”的《法华经》才是圆顿至极的实教，从而确立了《法华经》在天台一系中“诸经之王”的地位。

① ［隋］费长房：《历代三宝纪》，《大正藏》第49册，第100页上、中。

法云卒于梁大通三年（529），早于有《法华经》题材的敦煌石窟中最早有确切开凿年代的洞窟——第285窟的开凿年代。法云曾任梁代大僧正一职，其判教主张必然在当时的佛学界具有一定的权威性和影响力，同时亦可能对敦煌石窟题材产生不小的影响。

记载法云佛学思想的八卷本《法华义记》，是《法华经》注疏中仅次于竺道生《法华义疏》的古本，对后世的法华研究影响甚巨。敦煌文献中题名《法华（经）义记》的残卷有：S.2733、S.4102、P.3308以及被《敦煌遗书总目索引》误判为《法华义记》卷三的S.37。这些残卷理应是法云的佛学思想曾对敦煌地区产生过一定影响的直接证据，但笔者经过详细考辨后发现，上述残卷皆非法云《法华义记》的抄本。（详见本书第二章第二节）

郭祐孟先生在释读第420窟的图像结构时，亦将其与法云佛学思想相联系：

> 南梁法云认为法华一部可概分为“铨序”“正说”“流通”三阶，“正说”以因果为宗，因中又可略出“法说”和“譬说”。这个架构已与隋代诸师大同小异了。若对照420窟窟顶壁画的内容，从北坡延伸到西坡一半类如“铨序”，从西坡南段延伸到南坡类如“正说”，从东坡延伸到西坡东隅类如“流通”。而其中的西坡南段到南坡西隅反映的是“法说”，南坡则集中反映出“譬说”的主轴——火宅喻。①

法云以刘宋以来便已流行的序、正、流通“三分科经”法对《法华经》进行科分，“法说”“譬说”亦为其“三根说法”理论的内容。②郭先生的释读，显示出法云之佛学理论极有可能对第420窟产生了影响。

由于隋前阶段文献资料及文物资料的缺失，学界尚未发现法云的判

---

① 郭祐孟：《敦煌隋代法华主题洞窟初探》，《兰州大学学报（社会科学版）》2006年第4期，第51页。

② 《法华义记》卷三曰：“第一从‘汝已殷勤三请’以下，入第二卷中言‘我所有福业，今世若过世，及见佛功德尽回向佛道’以还，此諂为法说开三显一，化上根人舍利弗等也。第二从‘尔时舍利弗白佛言：世尊！我今无复疑悔亲于佛前得受三菩提记’尽《受记品》以还四品经，諂为譬说开三显一，化中根人迦叶、须菩提等四大弟子也。第三从《化城品》竟《授学无学人记品》以还三品经，諂为宿世因缘说开三显一同归之理，化下根人富楼那等也。”（[南梁]法云：《法华义记》，《大正藏》第33册，第601页上。）关于“法说”“譬说”“宿世因缘说”的详细阐述，可参见本书第五章第四节“法云‘法、譬、宿世因缘’三根说法”。

教观对第420窟以前的敦煌石窟艺术产生过影响的实物证据。因此，笔者只能大致推测：法云在判教中首次提出《法华》《涅槃》并置，且以《法华》融摄《涅槃》及他经的判教思路，智顗在承续法云这一判教思路的基础上，创立了“五时八教”判教观。法云—智顗一脉“以《法华》融摄他经”的判教理论，对北朝至隋代敦煌地区的石窟艺术产生了重要影响。其间敦煌石窟中出现了《法华》《涅槃》二经并举、大量《法华经》题材的造像与经变，并以《法华》融摄他经题材的艺术现象，正是敦煌石窟艺术受到法云—智顗一脉判教观影响的体现。

前文已述，殷光明先生曾提出，中唐至宋代时段，在天台宗、华严宗判教思想的影响下，敦煌石窟中出现了《华严》与《法华》普遍配置并融摄众经的特殊现象。在时间节点上，这一论断与本节所论相互衔接。天台宗以“纯圆实教”的《法华》融摄众经，与华严宗以“圆融无碍”的《华严》融摄众经，是中国佛教史上两种经典的融摄性判教观。在融摄性判教思想的影响下，北朝至隋代的敦煌石窟中出现了《法华》融摄《涅槃》及他经的艺术现象，而中唐至宋代的敦煌石窟中则出现了《华严》与《法华》普遍配置并融摄众经的艺术现象。

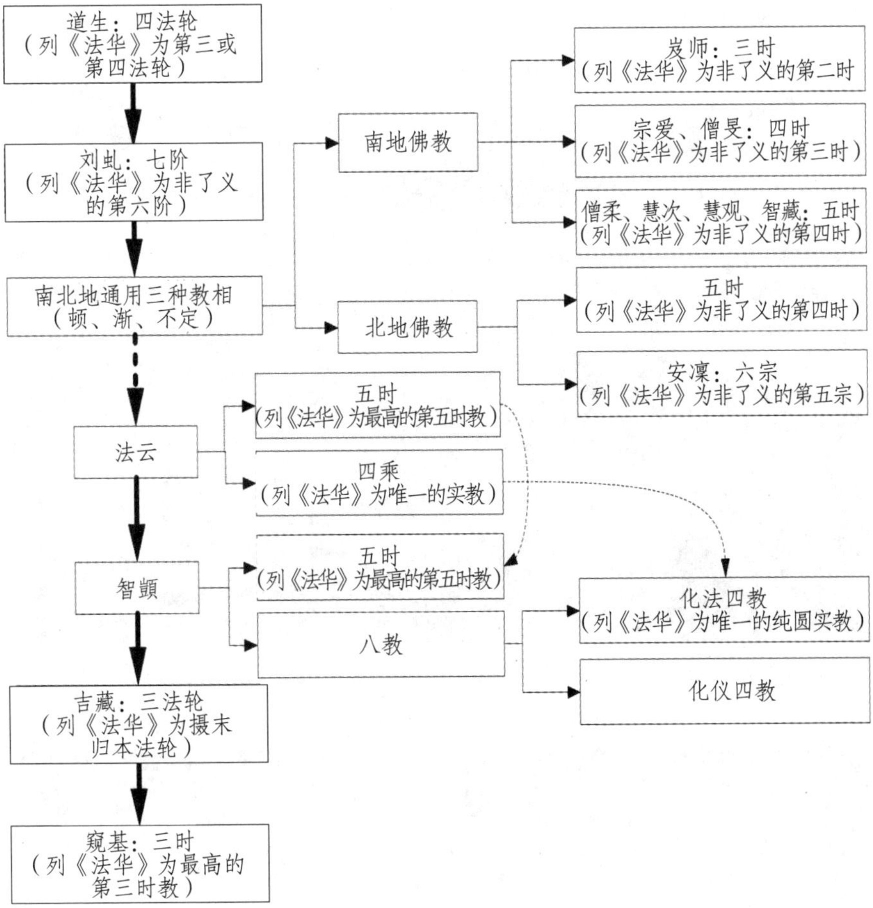

附图六　《法华经》在相关诸判教观中的地位

敦煌第285窟

1. 南壁：释迦、多宝佛并坐说法图

2. 北壁：释迦、多宝佛并坐说法图

敦煌第428窟

西壁：释迦、多宝并坐说法图

西千佛洞第8窟

北壁：释迦、多宝并坐说法图

敦煌第420窟

1. 窟顶北坡右侧：灵鹫山讲《法华经》及释迦、多宝二佛并坐

2. 窟顶西坡中间上部:《法华经·序品》之菩萨施辇与象乘

3. 窟顶南坡左侧下部：火宅喻

4. 窟顶南坡中间上部：火宅喻三车

5. 窟顶南坡中间下部：火宅喻三辆大白牛车

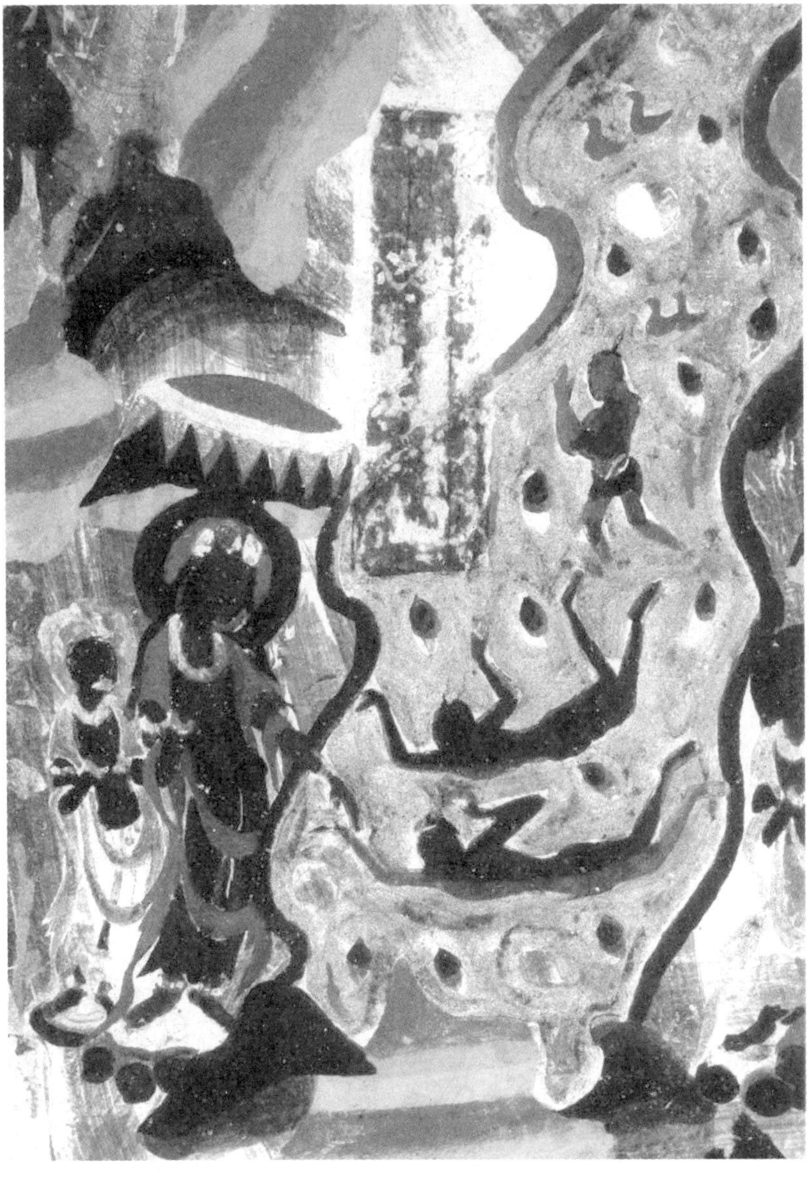

6. 窟顶东坡右侧下部:《观世音菩萨普门品》之救水难

7. 窟顶东坡上部:《观世音菩萨普门品》之救怨贼难

附图七　敦煌石窟《法华》经变(局部)

第五章　光宅法云《法华》“一乘”思想

《法华经》是大乘佛教的主要经典之一，其核心“就是以大摄小，而以一乘为究竟的思想”。[①] 法云在《法华义记》卷一中，将诸经宗旨概括为三：“一者以因为宗，二者以果为宗，三者以因果为宗也。”今《法华经》则“以因果为宗，自《安乐》之前开三显一以明因义，自《踊出》之后开近显远以明果义”。[②] 法云又以“门后金像”为喻，来阐发《法华经》的两大要旨。法云曰：

> 今此《法华》经教如手有二能：一则说昔日三乘教是方便，故下经文言“佛以方便力示以三乘教”，如手能开门；二则说今日长远之理，故下经文言“世尊法久后要当说真实”，明同归之理寿命长远，此则如手指示金像。[③]

由此可见，法云对《法华经》的诠释有两个重点：三乘方便一乘真实（因），佛寿长远（果）。法云对于《法华经》内容结构的科判，就是其具体体现。《法华义记》卷一曰：

> 正宗中有两段者，但此经只以因果为宗，是故第一《方便品》以下，尽《安乐行品》有十二品经，正开三显一以明因义，譬莲家之花也。第二从《踊出品》以下，竟《分别功德品》中弥勒说偈颂佛长行以来，凡有两品半经，名为开近显远以明果义，喻若花家之莲。前辨因义，后明果宗，然则因果双说，经之正体也。[④]

---

① 吕澂：《中国佛学源流略讲》，中华书局，2002，第 39 页。
② [南梁] 法云：《法华义记》，《大正藏》第 33 册，第 574 页中。
③ [南梁] 法云：《法华义记》，《大正藏》第 33 册，第 592 页中。
④ [南梁] 法云：《法华义记》，《大正藏》第 33 册，第 575 页上、中。

法云提出，就《法华经》的“正说”[①]部分而言，“同归之因”是《方便品》以下尽《安乐品》等十二品经，开三显一，以明因义。这十二品经的展开以《方便品》为中心，显明释迦出世之因缘，会三乘为一佛乘。“长寿之报”包括《踊出品》《如来寿量品》《分别功德品》半部等二品半，开近显远，以明果义。这两品半经的展开以《如来寿量品》为中心，显明释迦在久远劫时已成佛，佛寿长远旨在神通益物。

吉藏在《法华玄论》卷二中阐述《法华经》之宗旨时，先是回顾了前人十三家之说，接着将法云的观点概述为：“第五光宅法师受学印公之经而不用印公之释，云此经以一乘因果为宗，故经有两段：初开三显一以明因；后开近显远以辨果也。”[②]由吉藏的描述可知，法云虽从僧印受经，却没有采用僧印对《法华经》的科判，[③]而是将《法华经》分为因、果两段，即认为《法华》经旨有二：前段经文明同归之因，显三乘方便归于一乘真实；后段明长寿之果，显佛寿长远。[④]

本章旨在阐述法云《法华》“一乘”思想。法云以《法华》“一乘”思想为出发点，延伸出因果六义、权实关系、十如是等佛学论题；以《法华》“一乘”思想所采用的宣扬策略为切入点，形成了“三根说法”理论。

第一节　因果六义：昔粗今妙

法云依经释义说“三乘方便，一乘真实”的究竟“一佛乘”教法时指出，《法华》在说成佛之因、果上，各具有体、义、用三种胜妙于往昔

① 法云对《法华经》“序”“正说”“流通”三分科判之情况，详见本书第三章第一节。

② [隋]吉藏:《法华玄论》,《大正藏》第34册，第380页上。

③ 法云受经于僧印，僧印受经于慧龙。关于慧龙与僧印之经旨主张，吉藏称：“第二龙师云此经但以果为宗，彼云妙法者如来灵智体也。……第四中兴寺印师云此经亦以一乘实慧为体。……诸法实相即是一乘妙境，故境智为经宗。……评曰：印受经于龙，龙明佛慧为宗，而印加之以境，故以境智为宗。”参见[隋]吉藏:《法华玄论》,《大正藏》第34册，第379页下—380页上。

④ 吉藏认为，法云以因、果为宗之说仍未能尽美。究其原因，前段开三显一不但有因，亦当有果。参见[隋]吉藏:《法华玄论》,《大正藏》第34册，第380页上。

诸经。其中，因具三义、果具三义，合称“因果六义”。[①]

法云在《法华义记》卷一《序品》中释经题之“妙”字时，阐述了“因果六义”的具体内容。其文曰：

> 今言妙法者，是因果相待之名，对昔为论，昔日因果俱粗，今日因果俱妙也。先明两因，后辨二果。相待之名，但今日称妙备有三义，昔日称粗亦备三义。言今日备三义者，一明今日因体长故称妙，即对昔日因体短故称粗。二者明今日因义广故称妙，即对昔日因义狭故称粗。三者明今日因用胜故称妙，即对昔日因用劣故称粗。所言今日因[②]体长昔日因体短者，昔日止修三界治道为因，不及三界外治道。且自当昔日之时，不道更有三界外之治道也。今日长者，纵论自发心以上迄金刚以还，三界内外治道，一切万善以为因体，此则今长故妙、昔短故粗。复言广狭相对者，昔止言偏行六度不及其余诸行，此则是狭义也。今日明因横论，是善遍行，逢福尽修，此是广义。今广称妙，昔狭称粗。第三言用有胜劣相对义者，但烦恼有二种：一是四住地烦恼，二是无明住地烦恼[③]。但昔日因力止断四住烦恼，不及无明住地烦恼，此是用劣之义也。今日非唯止断四住烦恼，亦断无明住地烦恼，此是用胜之义也。是故今昔两因粗妙如此也。
>
> 今果对昔果亦各有三义。今果有三义者：一明今日果体长，即对昔日果体短。第二义言今日果义广，即对昔日果义狭。第三义言今日果用胜，即对昔日果用劣也。所以言今日果体长者，但昔言果止言寿命八十、七百阿僧祇，今日明果寿命长远复倍

---

① 日本学者菅野博史先生曾撰写一系列文章，详细论述了法云《法华经》因之三义、果之三义。详见菅野博史:「法雲『法華義記』における一乗思想の解釈について」,『創価大學人文論集』1992年第4卷，第14—16页;「法雲『法華義記』冒頭の総合的解釈の考察（下）」,『大倉山論集』1993年第32辑，第55—67页;「光宅寺法雲の法華経観」,『東アジア仏教學術論集』2014年第2号，第77—78页。

② 原本无“因”字,《大正藏》载嘉禄三年写东大寺藏本有。依上下文义理，当有。

③ 关于“四住烦恼”与“无明住地烦恼”到何种境界便可断除，由《胜鬘经》卷一“阿罗汉、辟支佛，断四种住地”之语推断，到阿罗汉、辟支佛境界便已断绝四住烦恼。再结合“如是无明住地力……阿罗汉、辟支佛智所不能断，唯如来菩提智之所能断”及“如是无明住地，缘无漏业因，生阿罗汉、辟支佛、大力菩萨三种意生身”两段经文来看，菩萨亦未能断除无明住地烦恼。因此，无明住地烦恼唯佛方能断除。参见［刘宋］求那跋陀罗译:《胜鬘师子吼一乘大方便方广经》,《大正藏》第12册，第220页上。

为数，是故下经文言“寿命无数劫，久修业所得”，取五百那由他阿僧祇三千大千国土墨点取为喻，言寿命复过于此。但昔日无有如此之寿。然罗汉、辟支不无边际智所延之寿，然终自无有长远之期，是故以今日长远之果对昔日短促之寿，昔粗今妙其义如此。第二言广狭相对，但昔无为果不足，只有断分段生死无为而已，今日断两种生死故，无为为具足也。昔日有为果体有功德智慧，然功德未圆、智慧未备，唯照有量圣谛，不照无量圣谛，亦可唯照三因三果，不照一因一果也。唯有尽（尽智）、无生智为体，义狭。功德未圆者，但慈悲三界内众生，不及三界外众生，故称未圆也。今日明有为果智照八谛，复照一因一果，功德为论，慈悲于内外众生，故功德智慧圆而且备。然今广故妙、昔狭故粗。第三明果用胜劣相对者，然此果更无别用，祇是殊形万象神通益物，下文言“神通力如是，于阿僧祇劫，常在灵鹫山，及余诸住处”，非唯止在灵鹫益物，亦复分身十方度人，见形者三毒灭，闻声者四倒除。但昔日之果不无小小说法，然不足是语，是故以今日神通无方益物之用胜，对昔日之用劣，昔劣今胜，劣者为粗、胜者称妙，二名相待其意如此。[1]

法云认为，《法华》在宣说成佛之因、果上，皆胜于往昔诸经，并分别从体、义、用三个方面展开论述。

因之三义，言“今日因体长，昔日因体短”者，因为昔日三乘只修三界内治道，不及三界外治道；而今日一乘则从发心向佛直至发金刚心，三界内、外治道皆修。故就“因体”而言，昔短今长，昔粗今妙。

言“今日因义广，昔日因义狭”者，因为昔日只言修六度方得成就，未及其余诸行；而今日则广言一切善行、福德皆是成佛善因。故就“因义”而言，昔狭今广，昔粗今妙。

言“今日因用胜，昔日因用劣”者，因为昔日三乘之因力只能断除四住烦恼，不及无明住地烦恼；而今日一乘则不光断四住烦恼，连无明住地烦恼亦可断除。故就“因用”而言，昔劣今胜，昔粗今妙。

果之三义，言“今日果体长，昔日果体短”者，昔日言果只言佛寿

---

① ［南梁］法云：《法华义记》，《大正藏》第 33 册，第 573 页。

八十或七百阿僧祇劫[①]；今日则言寿命长远，并以“点尘之譬”来说明寿命“复倍是数”[②]。故就“果体”而言，昔短今长，昔粗今妙。

言“今日果义广，昔日果义狭”者，昔日无为果不足，只断“分段生死”，得此无为而已；今日则不光断“分段生死”，亦断“变易生死”[③]。故就“果义”而言，昔狭今广，昔粗今妙。

言“今日果用胜，昔日果用劣”者，昔日之果只是小小说法，度人有限；今日则是“殊形万象，神通益物”，分身十方，普度众生。故就“果用”而言，昔劣今胜，昔粗今妙。

为便于理解，今列表陈之：

		昔	今
成佛之因	体	只修三界治道为因——短	三界内外治道，一切万善以为因体——长
	义	只言偏行六度，不及其余诸行——狭	言一切成佛善因——广
	用	只断四住烦恼，不及无明住地烦恼——劣	非唯止断四住烦恼，亦断无明住地烦恼——胜
成佛之果	体	只言寿命八十或七百阿僧祇劫——短	言寿命长远复倍为数——长
	义	无为果不足，只断分段生死——狭	断分段、变易两种生死，无为为具足——广
	用	小小说法——劣	殊形万象，神通益物——胜

法云在阐述“一乘”成佛因、果之三义时，借比较《法华》“一乘”

① 《佛说首楞严三昧经》卷二曰：“尔时佛告坚意菩萨：‘坚意！以是事故，当知我寿七百阿僧祇劫，乃当毕竟入于涅槃。’”（《大正藏》第15册，第645页上。）

② 《妙法莲华经》卷三《化城喻品第七》曰：“诸比丘！是人所经国土，若点不点，尽末为尘，一尘一劫；彼佛灭度已来，复过是数无量无边百千万亿阿僧祇劫。我以如来知见力故，观彼久远，犹若今日。”（第22页上。）

③ 关于“分段生死”与“变易生死”，慧远《大乘义章》卷八释曰：“二种生死，出《胜鬘经》。名字是何？一分段生死；二变易生死。言分段者，六道果报三世分异，名为分段。分段之法，始起名生，终谢称死。言变易者，泛释有三：一者，微细生灭无常念念迁异，前变后易，名为变易。变易是死，名变易死。故地持中，生灭坏苦名变易苦，此通凡圣。二者，缘照无漏所得法身神化无碍，能变能易，故名变易。变易是死，名变易死。此该大小。三者，真证法身隐显自在，能变能易，故言变易。变易非死，但此法身，未出生灭，犹为无常死法。所随变易身上，有其生死，名变易死。”（第615页下。）

教与其他三乘教法之优劣，来形显今《法华》之教的殊胜，实乃一大创见。

此外，法云又从体、位、用三个方面，对“因果六义”作出另一种诠解。其文曰：

> 又复作一种解，因果各判为三。言因三者：一者体广、二者位长、三者用高。体广者，收罗五乘诸善为因体，得言广也。位长者，今日明因位从发心以上极至金刚，治五百由旬崄恶道，故言位长也。用高者，今日所感明因所感之果，果出于五百由旬上，能感之因用何容不高也。因正以感果为用，所感已高，能招事成不下今日。果备三义者：一者体广、二者用长、三者位高。所以言体广者，此有二义：一者功德圆，昔日不导一切众生成佛，则慈悲功德不满，今日明悉趣佛果故，所以称广也。五乘诸善相与成佛，果上更有五乘习果之义，故称广也。智慧亦广，今日更有照一乘因果之智，故称广也。二用长者，果以何为用？正以化物为其用。所以住世至无量劫者，据欲神通益物，所以用长也。位高者，今此佛果位在五百由旬之上，故称位高也。回换之意，谛思可得。[①]

因之三义，言“体广”者，今日将五乘诸善行皆包罗在内，故就“因体”而论，得言“广”。言“位长”者，今日明因位是由初发心至金刚心菩萨[②]，治五百由旬[③]险恶道，方得至佛地。故就“因位”而论，得言“长”。言“用高”者，因以感果为其用，今日由因所感之果出于五百由旬之上，所感之果已高，故就“因用”而论，得言“高”。

果之三义，言“体广”者，乃就两方面言之：一、就“功德”而论，昔日不能引导一切众生成佛，则慈悲功德并不圆满，今日五乘诸善皆可

---

① [南梁]法云:《法华义记》,《大正藏》第33册，第573页下。

② “金刚心菩萨”亦名“等觉菩萨”，为菩萨之极位，意为此觉已与佛几乎相等，若瞻望佛地，尚差一点。

③ “五百由旬”出自《法华经·化城喻品》，经言越过五百由旬之险难恶道，即至宝处。关于“五百由旬”，异说甚多。天台智顗谓，凡圣同居土（指六道凡夫及三乘圣者共同杂居之国土）为三界之果报，故以之为三百由旬；方便有馀土（指断除见思烦恼而出离三界生死者之生处）为四百由旬；实报无障碍土（指已证一分中道之理者之果报土）为五百由旬。超越实报无障碍土，即为诸佛如来之居处。据《妙法莲华经文句》卷第七下载:“此经明五百由旬即菩萨道，若过五百即入佛道。……今依此经判之，三界果报处为三百，有馀国处为四百，实报国处为五百。”参见[隋]智顗:《妙法莲华经文句》,《大正藏》第34册，第100页下—101页下。

相与成佛，故称广；二、就“智慧”而论，今日有照一佛乘因果之智，故称广。因此，就“果体”而论，得言“广”。言“用长”者，果以化物为用，佛陀住世无量劫，即是欲以神通力广益众生。故就“果用”而论，得言“长”。言“位高”者，今日佛果位于五百由旬之上，故就“果位”而论，得言“高”。今亦列表陈之：

		今之殊胜
成佛之因	体广	收罗五乘诸善为因体
	位长	因位从发心以上极至金刚，治五百由旬崄恶道，得至佛地
	用高	由因所感之果出于五百由旬上，故能感之因用高
成佛之果	体广	功德：五乘诸善悉趣佛果，功德圆
		智慧：有照一乘因果之智
	用长	果以化物为用，住世至无量劫以神通益物
	位高	佛果位在五百由旬之上

无论是今昔相较以显今胜，还是直接宣扬今日言教之殊胜，无不彰显了法云对《法华》“一乘”教的推崇。而法云在诠释“一乘因果”时，对于“果体”“果用”的阐述，亦与其所持“佛寿长远”“神通益物”之佛寿观相呼应。

法云以“因果六义”释《妙法莲华经》之“妙”的诠释方式，被智顗继承下来。智顗在诠释“五重玄义”时，先对前人观点进行了一番总结批判，并将法云视为靶心，秉着擒贼先擒王的原则，对其展开了最激烈的批判。[①]针对法云“因果六义”，智顗提出了四点质疑。[②]

值得注意的是，智顗虽然对法云“因果六义”展开批判，但在《法华玄义》卷二上为经题释名时，亦明显可见其援用法云“因果六义”诠释方式的痕迹：

因具三义者，一法界具九法界名体广。九法界即佛法界名位高。十法界即空、即假、即中名用长。即一而论三，即三而

① ［隋］智顗：《妙法莲华经玄义》，《大正藏》第 33 册，第 691 页中—692 页下。

② 日本学者菅野博史先生对此已有论述，今不赘引。参见其 “A Comparison of Zhiyi’s and Jizang’s Views of the *Lotus Sutra*: Did Zhiyi, after all, Advocate a ‘Lotus Absolutism’?” *Annual Report of the International Research Institute for Advanced Buddhology at Soka University for the Academic Year 1999*, no. 3 (2000), pp. 140-143.

论一。非各异，亦非横，亦非一，故称妙也。果体[①]具三义者，体遍一切处，名体广。久已成佛，久远久远，名位高。从本垂迹，过、现、未来，三世益物，名用长。是为因果六义，异于余经，是故称妙。[②]

智顗一方面沿用法云“因果六义”之“体广”“位高”“用长”的建构方式，另一方面根据自己的“十界互具”等理论将“因果六义”之具体内容加以转化。在因具三义方面，以一法界具九法界来诠释因体之广；以九法界即佛法界来诠释因位之高；以十法界之中观来诠释因用之长；又提出此三方面是即一而三、即三而一、非一非异，故称为妙。在果具三义方面，以佛之法身遍满一切来诠释果体之广；以佛久远实成来诠释果位之高；以佛一直垂迹万方、神通益物来诠释果用之长。正是因为《法华经》具有独特的因果六义，所以与三乘诸经相比，方得称为“妙”。

由此可见，智顗对于“因果六义”的诠释，基本沿用了法云的理论架构，并以自身理论为基础，对“因果六义”之具体内容进行了创造性置换。

第二节　法云的权实观

一、一乘真实与三乘方便

（一）两晋南北朝时期诸家之“会归”观

前文已述，《法华经》的主旨为宣扬三乘方便与一乘真实，即提出佛陀对众生说有三乘法，只是为了方便接引众生的权宜之策，实际上只有一佛乘是真实不虚的。关于此经所宣扬的“三乘方便”与“一乘真实”的权实关系，两晋南北朝时期的佛学界意见比较统一，但在如何看待三乘权教的问题上，法云与其他诸师出现了“开权”与“废权”的分歧。

在法云之前或同时，慧观、道生、僧肇、刘虬、梁武帝等皆曾就三乘权教与一乘实教之“会归”问题发表过各自见解。

慧观之“会归”思想主要体现在《法华宗要序》中。其文曰：

① 疑此“体”字衍。

② [隋]智顗：《妙法莲华经玄义》，《大正藏》第33册，第693页中。

是以从初得佛，暨于此经，始应物开津。故三乘别流，别流非真，则终期有会，会必同源，故其乘唯一。唯一无上，故谓之妙法。……其为经也，明发蒙不可以语极，释权应之所由。御终不可以秘深，则开实以显宗。权应既彰则扃心自废，宗致既显则真悟自生。故能令万流合注，三乘同往。同往之三，会而为一乘之始也。①

慧观在《法华宗要序》中提出，佛陀成道以来，应机而分设三乘之教，直至讲《法华经》之时，方为众生开示渡河津而至彼岸之真实教法。昔日三乘分别之说教只是别流，最终须会入“一乘”之源，而此“一乘”唯一无上，当称为妙法。今日讲《法华》之时，既已说真实之法，则彰显昔日皆为权应之说，三乘分别之心自然消除，故得以最终会入一乘。

道生在《法华经疏》卷一中，亦就“会归”问题作出阐述：

所以殊经异唱者，理岂然乎！寔由苍生机感不一，启悟万端，是以大圣示有分流之疏，显以参差之教。始于道树，终于泥曰。凡说四种法轮：一者善净法轮……二者方便法轮……三者真实法轮。谓破三之伪，成一之美，谓之真实。四者无馀法轮。斯则会归之谈，乃说常住妙旨，谓无馀也。……所以此经偏言妙者，以昔权三之说非实，今云无三，斯则言当理惬，无昔虚伪，谓之妙耳。……

莲花者，嗟兹经也。然器象之妙，莫逾莲华，莲华之美，荣在始敷，始敷之盛，则子盈于内，色香味足，谓之分陀利。无三之唱，事同之也。虚谈既亡，真言存焉；诚言既播，归一之实显乎其中矣。②

道生认为，众经虽殊，理则唯一，佛陀从树下悟道至涅槃期间，应众生参差不同之根性而有分别说法，其类有四：善净法轮、方便法轮、真实法轮、无馀法轮。道生虽未明言《法华经》于此四法轮的归属，但笔者认为，其似乎既可归入第三真实法轮，亦可归入第四无馀法轮。（说见本书第三章）由“破三之伪，成一之美”“以昔权三之说非实，今云无

① ［刘宋］慧观：《法华宗要序》，载［南梁］僧祐：《出三藏记集》，《大正藏》第 55 册，第 57 页上。

② ［东晋］道生：《法华经疏》，《卍续藏》第 150 册，第 800 页中—801 页上。

三，斯则言当理惬，无昔虚伪，谓之妙耳”“虚谈既亡，真言存焉；诚言既播，归一之实显乎其中”等语推断，道生强调的是昔日三乘之说皆是虚妄，故今日此三乘教皆应“破”，应“无”，应“亡”，以成显唯一之实教。

僧肇关于“会归”之论述，见于《涅槃无名论》[①]。其文曰：

> 然究竟之道，理无差也。《法华经》云：第一大道无有两正，吾以方便为怠慢者，于一乘道分别说三。三车出火宅，即其事也。以俱出生死，故同称无为。所乘不一，故有三名，统其会归，一而已矣。[②]

僧肇认为，《法华经》宣说大道唯有一条，佛陀为了方便接引根机尚未达到晓知一乘实理之众生，而分别为其说三乘之法。三车譬即喻指此事。因三乘人各自修行法门不同，故以“三”名之，然三乘最终须会归于唯一大道，故唯有一乘而已。僧肇在这里仅是指出三乘与一乘之“会归”关系，虽未明言三乘是否应废，然从其强调大道唯一来看，其所重亦在“一”而不在“三”。

刘虬《无量义经序》曰：“《法华》接唱显一除三，顺彼求实之心，去此施权之名六也。”[③] 此外，梁武帝《注解大品序》亦曰：“《法华》会三以归一，则三遣而一存。”[④] 二人一言“显一除三”，一言“三遣而一存”，皆持“废权”之说。

除僧肇语意较为模糊外，慧观、道生、刘虬、梁武帝等均明确主张“废权”，而与他们截然不同的是，法云主张权教乃依众生根机而设，自有其不可废之价值，故当“开权显实”（“开三显一”），而非“废权

① 《涅槃无名论》是否为僧肇之作，学界颇有争议。汤用彤先生及其弟子石峻先生认为，此论并非僧肇之作。任继愈先生认为，此论当为僧肇作。吕澂、侯外庐、方立天等诸位先生均对汤先生的部分证据提出异议，认为此论是否为僧肇作尚须研究考证。汤用彤先生弟子许抗生先生在《僧肇评传》中辟专节讨论此事，认为是论虽为僧肇原作，然已经过后人之篡改与增补。徐文明先生则认为，是论当为僧肇原作，且基本保持了原貌。参见徐文明《〈涅槃无名论〉真伪辨》，《圆光佛学学报》第7期，2002，第29—48页。

② ［东晋］僧肇：《肇论》，《大正藏》第45册，第159页下。

③ ［南齐］刘虬：《无量义经序》，载［萧齐］昙摩伽陀耶舍译：《无量义经》，《大正藏》第9册，第383页中。

④ ［南梁］僧祐：《出三藏记集》，《大正藏》第55册，第53页下。

显实”。[①]

（二）法云“开权显实”（“开三显一”）之观点

法云在《法华义记》中疏解《方便品》时，先是对权教与实教进行了划分：“今日此经正显昔日三乘教是方便……既说今日一乘实相之理，此则形显昔三乘是方便。”[②] 在这里，法云明确提出昔日经教皆是方便之教，今日《法华》经教方显实相之理。

然后，法云又分别阐释了“方便”与“实相”的内涵：

> 方便义者，是善巧之能。此如来方便智所说教，名教为门[③]。实相者，则是如来实智所说之理。因理为实相，为未说今日真实之理，方便门则有闭义，既说今日实相之理，则有开昔日方便门义。此品则有两义，一则明今真实，二则显昔是方便。[④]

法云在疏解《方便品》时正式提出“方便智”与“实智”这两个概念。在他看来，三乘即佛方便智所说之教（权教），一乘才是佛实智所说之教（实教）。将教门名为“方便”，乃就昔今权实相对的意义而言。

针对法云的这一观点，当时就有人反驳道，若《法华》已开“会三归一”的一乘真实义，则今日应是闭方便门之时。对此，法云以“开门见金像”为喻，来阐述自己的权实观：

> 就外譬显义故，如有此板门，于时板门闭而不开，人但知有此板门，竟自不知此门内有好金像。若使此人用手开此门，门既开时，人皆见真金之像，是则开门之手则有两能，一能开

① 范姜冠闳先生认为，慧观持“会三归一”，道生持“无三归一”，皆将重点放在“归一”，唯有法云因果兼说，以“开三显一”彰显权、实之间的并存关系。此论甚为允当。详见范姜冠闳：《光宅法云〈法华经义记〉研究》，硕士学位论文，台湾政治大学，2014，第 63—73 页。

② ［南梁］法云：《法华义记》，《大正藏》第 33 册，第 592 页上。

③ 智顗对法云“取二乘方便为今经智慧门”的观点反驳道：“光宅之解于二观中秖是一观，于十二门秖是一门。”即法云于事、理二观中只看到了一边，于藏、通、别三教的各各四门（智顗判立藏、通、别、圆四教，每一教各配以四门，即：有门、空门、亦有亦空门、非有非空门，称为四教四门，为天台宗所说进入佛教真理之门户。此处只有三教，不包括圆教）中也只看到了一门，故法云此说并不“丰富开阔”。参见［隋］智顗：《妙法莲华经文句》，《大正藏》第 34 册，第 41 页上。

④ ［南梁］法云：《法华义记》，《大正藏》第 33 册，第 592 页上。

门，二能示人真像。今此《法华》经教如手有二能：一则说昔日三乘教是方便，故下经文言“佛以方便力示以三乘教”，如手能开门；二则说今日长远之理，故下经文言“世尊法久后要当说真实”，明同归之理寿命长远，此则如手指示金像。门者，是通人出入为能，昔日三乘教远通行人，得今日一乘之解则是从门入义，只由有昔日教是方便，得显出今日是真实，此则是从门出义。①

法云认为，当门闭之时，人但见板门，未见门内之金像；使人用手开此门，方得见金像。《法华经》犹如开门之手而有两能：一则说昔日三乘教是方便，如佛以方便力示以三乘教，如手能开门；二则说佛寿长远教以同归之理，如手指示金像。门者，“以通人出入为能”，只有开门，方能见门内金像（真实之理）。由法云对权实的诠释可知，其主张的是“开权（方便门）显实（真实相）”。法云的这一主张与上节所述“因果六义”可谓相互辉映。

法云在论述“因果六义”时，分别从体、义、用三个方面将《法华经》与往昔诸经相较，并由此得出《法华》在宣说成佛之因、果上，皆胜于往昔诸经的结论。用法云自己的话说就是：“今言妙法者，是因果相待之名，对昔为论，昔日因果俱粗，今日因果俱妙也。”② 可见，昔、今乃相对相待之依存关系，若无今日一乘真实之说，则昔日三乘方便之说终不得究竟；若无昔日三乘说法之粗，亦难彰显今日一乘说法之妙。由是之故，“权”虽终需归入“实”，然“权”亦不可废。

法云在《法华义记》中亦有三处言及“废权”，分别是“于时（王舍城说一乘之时）且废权于往日，谈实于当今，明因则收罗万善以为一因，语果则复倍上数以为极果”；③ “复言诸佛双结二智、释迦单结实智者，欲明兴废义故，谈诸佛二智兴时，故双结二智。今日释迦正废权显实之时，即为废权义故，故不结权智为显实义故，故单结实智也”；④ “若取要言者而论之，实智于今日是要。何以知之？今日是显实废权之时也”。⑤ 但需要指出的是，这三处“废权”之语，并非意在阐明权教当废，而只是就

① ［南梁］法云：《法华义记》，《大正藏》第 33 册，第 592 页上、中。
② ［南梁］法云：《法华义记》，《大正藏》第 33 册，第 573 页上。
③ ［南梁］法云：《法华义记》，《大正藏》第 33 册，第 572 页下。
④ ［南梁］法云：《法华义记》，《大正藏》第 33 册，第 596 页上。
⑤ ［南梁］法云：《法华义记》，《大正藏》第 33 册，第 596 页中。

今昔"涉用化物"不同，相对而言权教与实教皆有兴有废，但就本质而论，权教乃佛陀依众生根机而设，自有其不可废除之价值。

法云曾借佛陀之"权实二智"，阐发了自己的权实观。在法云看来，权实二智皆出于佛陀根据众生根机而随宜说法，皆有兴有废，权智则昔兴今废，而实智则今兴昔废。之所以说二智皆有"兴废"，乃是就应机化物之用而言。除此之外，二智并无"兴废"之说。同理，权教与实教也只是就"涉用化物"而论有兴有废，就整体而言，二教并无兴废。故法云主张"开权"而非"废权。"

《法华义记》中有两处直言"开权显实"，卷六《药草喻品第五》曰："'迦叶当知'此下三行半，颂长行末第三述成今日之解。上述已解开权，略不述解显一，既述开权，显实自彰也。"[①] 卷七《化城喻品第七》曰："'如来尔时'此下即合上第五灭化城将至宝所譬，具合开权显实句，先合显实，'但是如来方便'下合开权也。"[②] 而"开三显一"一词在《法华义记》中出现了106次，每卷皆见。《法华义记》开篇就指出："今此《法花》则以因果为宗，自《安乐》之前开三显一以明因义，自《踊出》之后开近显远以明果义。"[③] 法云将"开三显一"视作《法华经》之宗旨。

其实，"开三显一"与"开权显实"是异名同质的关系，一是就三乘与一乘之名称而言，一是就三乘教与一乘教之性质而言，所指皆是一意。据现存资料来看，法云是首倡"开权显实"（"开三显一"）之人。法云此论不仅在诸家皆倡"废权"的背景下独树一帜，亦对后世佛学产生了深远影响。

（三）智顗、吉藏对法云"开三显一"观点之吸纳与重视

作为法华学集大成之人物，智顗为了弥合"废权"与"开权"之间的分歧，就"三一"之权实关系构建了一个更为包纳与兼容的体系——"迹门十用"理论。

"迹门十用"理论见载于《法华玄义》卷九。智顗在明《法华经》"以断疑生信为胜用"[④] 下分列五点，第三点"明历别"下又分释"迹门"与"本门"。其中，释"迹门"为十：

---

① [南梁]法云:《法华义记》,《大正藏》第33册，第651页中。
② [南梁]法云:《法华义记》,《大正藏》第33册，第655页中。
③ [南梁]法云:《法华义记》,《大正藏》第33册，第574页中。
④ [隋]智顗:《妙法莲华经玄义》,《大正藏》第33册，第796页下。

释迹门为十：

一、破三显一。　　二、废三显一。

三、开三显一。　　四、会三显一。

五、住一显一。　　六、住三显一。

七、住非三非一显一。八、覆三显一。

九、住三用一。　　十、住一用三。

此意通历十妙，一一妙中皆具十意，义推可解（云云）。

今就别说者，破三显一，正破三情而显一智。何者？昔若初赞佛乘，众生没在苦，既不堪闻大，寻念过去佛所行方便力，亦应说三乘。说三乘已，齐教封三情，不更愿好者。今破三执显于佛智，故言“诸佛法久后，要当说真实”也。

废三显一者，此正废教。虽破其情，若不废教，树想还生，执教生惑，是故废教。“正直舍方便，但说无上道”，“十方佛土中，唯有一乘法，无二亦无三”。

开三显一者，正就于理，傍得约教。约教者，昔教明三人入真，今教明三人得佛也。正约理者，秖是二乘真空，自有实相。昔方便不深，不能妙见。今开此空即是实相，故言“决了声闻法，是诸经之王”，“开方便门，示真实相”。《大经》云：“为诸声闻开发慧眼。”

会三显一者，正就于行。《大品》会宗云：“四念处四禅等，皆是摩诃衍。”但会其法，未会其人。此经人法行俱会，故云“汝等所行，是菩萨道，渐渐修学，悉当成佛”，低头举手皆成佛道（云云）。

住一显一者，此就佛本意，本以实智化物，佛平等说如一味雨，佛自住大乘，如其所得法，定慧力庄严，以此度众生。若以小乘化，我则堕悭贪，是事为不可。故知从得道夜，常说中道，常说大乘；而众生罪故，故使如来以毒涂乳，著弊垢衣，方便婆和，引令向大。故言虽说种种道，其实为一乘（云云）。

住三显一者，此就佛权智，方便化物。寻念过去佛所行方便力，我今亦如是，即趣波罗柰，以方便力故，为五比丘说。过去诸佛，亦住三乘而显一乘，今佛亦尔，故言“更以异方便，助显第一义”。又昔于菩萨前毁呰声闻，然佛实以大乘而得度脱。

住非三非一显一者，或约理，或约事。约理者，“是法住法位，世间相常住”，“是法不可示”，“知法常无性，佛种从缘起”。

无性即非三非一，从缘起即是三缘显一，令会非三非一。约事者，即是人天乘，此乘非三，亦复非一。常以此乘引入于大，低头举手，皆成佛道，若我遇众生，尽教以佛道。

覆三显一者，此就权巧多端，前权前度，但除其病，不除其法，法不除故，拟化后缘，若破此法，后何所用？机息则覆，机兴则用，何但佛尔，入实菩萨亦然。若有不信此法，于余深法中，示教利喜（云云）。

住三用一者，此就法身妙应眷属，前住三显一是师门，今住三用一是弟子门。如富楼那等，实是法身，现作声闻，示住于三而常显一，饶益同梵行者。

住一用三者，此就本誓，如华光作佛，愿说三乘，而非恶世。今佛亦于宝藏佛所，愿于恶世说此三乘（云云）。但权实大用包括法界，岂止十意而已，为显十妙之用，故略言十耳。[①]

"迹门十用"理论既兼容了诸家"破三显一""废三显一"之"废权"主张和法云"开三显一"之"开权"主张，又融入了智顗自己的"住一显一""住三显一"等新说，并将"迹门十用"配以"迹门十妙"[②]，谓"破三显一是用智妙，废三显一是用说法妙，开三显一是用境妙，会三显一是用行妙，住一显一是用乘妙，住三显一是用感应妙，住非三非一显一是用神通妙，覆三显一是用位妙，住三用一是用眷属妙，住一用三是用利益妙"。[③] 由此构建了兼容并包、气势恢宏的"三一"体系。

继智顗之后，吉藏亦于"三一开会"立有"十门"，并将"开三显一"列于"十门"之首。吉藏《法华游意》卷一曰：

论三一义。此经始末论三一开会，凡有十门：一者，开三显一；二者，会三归一；三者，废三立一；四者，破三明一；

---

① [隋]智顗:《妙法莲华经玄义》,《大正藏》第33册，第797页中—798页上。智顗于"迹门十用"后阐述了"本门十用"，即："一、破迹显本。二、废迹显本。三、开迹显本。四、会迹显本。五、住本显本。六、住迹显本。七、住非迹非本显本。八、覆迹显本。九、住迹用本。十、住本用迹。"参见[隋]智顗:《妙法莲华经玄义》,《大正藏》第33册，第798页中。

② 智顗提出,《妙法莲华经》之"妙"字包含十义，分别说迹门十妙、本门十妙、观心十妙。其中，迹中十妙为："一、境妙。二、智妙。三、行妙。四、位妙。五、三法妙。六、感应妙。七、神通妙。八、说法妙。九、眷属妙。十、功德利益妙。"参见[隋]智顗:《妙法莲华经玄义》,《大正藏》第33册，第697页下。

③ [隋]智顗:《妙法莲华经玄义》,《大正藏》第33册，第798页上。

五者，覆三明一；六者，三前辨一；七者，三中明一；八者，三后辨一；九者，绝三明一；十者，无三辨一也。

开三显一者，开昔三乘是方便，示今一乘是真实，故云开三显一也。会三归一者，会彼三行归一佛乘，故云“汝等所行是菩萨道”也。废三立一者，废昔三教，立今一乘教，故云“于诸菩萨前，正直舍方便，但说无上道”也。破三明一者，破其执三异实之情，以明一乘之道也，故[经]文云“唯有一乘法，无[二亦无]三”也。覆三明一者，如来赴三一两缘，常有三一之教，昔则以三覆一，今则以一覆三。三前明一者，未趣鹿苑之说三前，寂灭道场已明一实之教，谓三前[明]一也。三中明一者，从趣鹿苑说于三乘：佛乘第一，缘觉第二，声闻第三，谓三中明一也。三后明一者，三乘之后《法花》教门，以会彼三乘同归一道，谓三后明一也。绝三明一者，如无言世界，外则无言无示，内则无虑无识，故不论一三而已，即以此为佛事，故则复是一，故云绝[三明]一也。无三辨一者，如香积菩萨云“彼土无有二乘名字”，谓无三（辨一）也，“但有清净大菩萨众”，谓有一也。前之五种就义论一也，后五种约时处（前文）不同、教门差别，故开五也。①

吉藏“十门”之中，前五项“开”“会”“废”“破”“覆”与智顗所论略同，“三前明一”“三中明一”“三后明一”乃吉藏之新说。智顗与吉藏皆就“三一”之关系分列十项，既包含了“废权”，亦兼顾了“开权”，试图通过建构一个更为广博的体系来弥合“废权”与“开权”的分歧。

表面上看，二人对“开”“废”皆是同等的吸纳与重塑，实则不然。只要检视二人的著作便可发现，“开三显一”虽仅为十中之一，使用频率却是最高的。在二人关于《法华经》之注疏中，“开三显一”一词于智顗《法华玄义》中出现 11 次，《法华文句》中出现 37 次；于吉藏《法华玄论》中出现 29 次，《法华义疏》中出现 20 次，《法华游意》中出现 3 次。而与之相对应的“开权显实”一词，于智顗《法华玄义》中出现 23 次，《法华文句》中出现 34 次；于吉藏《法华玄论》中出现 14 次，《法华义疏》中出现 10 次。

① [隋]吉藏:《法华游意》,《大正藏》第 34 册，第 646 页下—647 页上。吉藏《大乘玄论》卷三亦载有此论，文字大同小异。参见[隋]吉藏:《大乘玄论》,《大正藏》第 45 册，第 43 页上、中。

“开三显一”的使用频率甚至比后世称谈的“会三归一”的使用频率还要高。“会三归一”一词于智顗《法华玄义》中出现10次，《法华文句》中出现7次；于吉藏《法华玄论》中出现19次，《法华义疏》中出现14次，《法华游意》中出现6次。其余诸项，则大都仅出现于智顗“迹门十用”与吉藏“十门”该处文字，他处未见。[①]

“开三显一”“开权显实”不仅在智顗与吉藏关于《法华经》之注疏中频频出现，亦是二人对《法华》宗旨的总结。《妙法莲华经文句》卷一中记载了智顗关于《法华经》之科分主张。其文曰：

> 天台智者分文为三：初品为序；《方便品》讫《分别功德》十九行偈，凡十五品半，名正；从偈后尽经，凡十一品半，名流通。又一时分为二：从《序》至《安乐行》十四品，约迹开权显实；从《踊出》讫经十四品，约本开权显实。本迹各序、正、流通。初品为序，《方便》讫《授学无学人记品》为正，《法师》讫《安乐行》为流通。《踊出》讫“弥勒已问斯事佛今答之”半品，名序；从“佛告阿逸多”下，讫《分别功德品》偈，名为正；此后尽经为流通。今记从前三段消文也。[②]

智顗对《法华经》作了两种科分：第一种是分文为三；第二种是分文为二。在第二种科分中，智顗将《法华经》前十四品经文判为迹门开权显实；将后十四品经文判为本门开权显实。[③]

吉藏在论述《法华》宗旨时指出：“此经以实相正法为宗，明因辨果、开权显实皆是无名相中假名相，说为其用也。”[④]可见，在吉藏看来，《法华经》以实相正法为宗，因为实相正法不可宣示，不可言说，故需借助明因辨果、开权显实来宣扬经意。

智顗以迹、本二门之“开权显实”来总括《法华经》全经，吉藏以“开权显实”为《法华经》宗旨之用，这既可见“开权显实”在二人法华学说中的重要地位，亦可见法云“开权显实”思想对二人影响之深！智顗与吉藏虽然对“废权”“开权”之说一并承纳，然二人对法云“开权显实”思想的重视程度，远非“废权”之说可比。甚至可以说，法云的

① 需要指出的是，“破三显一”于《法华玄义》中出现8次。

② [隋]智顗：《妙法莲华经文句》，《大正藏》第34册，第2页上。

③ 智顗对《法华经》之科分情况，详见本书第三章第一节。

④ [隋]吉藏：《法华玄论》，《大正藏》第34册，第381页下。

“开权显实”思想经由二人之奉抬，最终成为后世法华学者之共识。

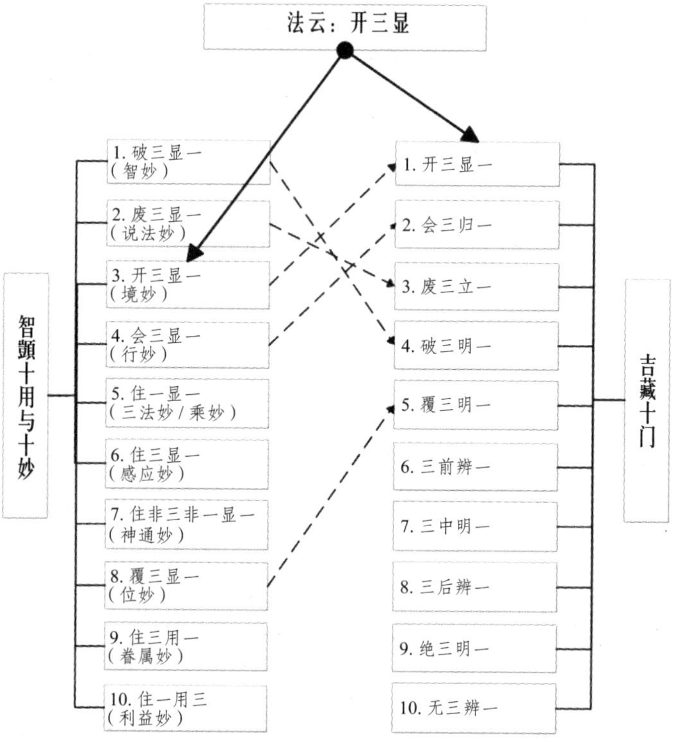

附图八　法云、智顗、吉藏“三一”思想关系图

二、权实二智

法云以“开权显实”（“开三显一”）思想为核心，借由佛陀之“权实二智”阐发了自己的“权实观”，并从解释名义、覆明体相、名有通别、用有兴废、五时经所明二智不同五个方面，详细论述了权实二智的区别与联系。①

（一）解释名义

法云首先给权实二智定名：“二智名义者，实智、方便智也。然实智

① 日本学者菅野博史先生、早川贵司先生均曾撰文阐述法云的“权实二智”说。详见［日］菅野博史:「法雲『法華義記』における一乗思想の解釈について」,「創価大學人文論集」1992 年第 4 卷，第 6—10 页;「光宅寺法雲の法華経観」,『東アジア仏教學術論集』2014 年第 2 号，第 73—76 页。［日］早川贵司:「法雲の「法華義記」における一乗解釈」,『龍谷大學佛教學研究室年報』2001 年第 11 号，第 8—11 页;「光宅寺法雲の権実二智論」,『印度學佛教學研究』第 59 卷第 1 号，2010，第 198—202 页。

有二名：一言实智；二言智慧。方便智亦有二名：一言方便智；二言权智。”[①] 其中，“方便智”又名“权智”，“实智”又名“智慧”。

法云接着分述二智。论述方便智（权智）时，其解释“方便”曰：“方便者是善巧之能也，此明圣人智有善巧之用，故言方便也。”[②] 法云以“善巧”诠释“方便”，认为佛陀的智慧有善巧之用，故名“方便智”。其又解释“权”曰：“权者是权假暂时之谓，非是久长之义。”[③] 在法云看来，“权智”之用并非久长，故取其“权假暂时”之义。

虽然“方便智”与“权智”乃一智而异名，但二者的侧重点有所不同：“今言方便智者，此是当体受名，则明圣人智有善巧之能也。权智者，此从境得名。”[④] 在法云看来，此二名一是依此智本身性体，当体受名；一是依此智所照之境，从境得名。“方便智”与“权智”虽然名目不同，其实质却是相同的，是相互依成之关系。故法云曰：

> 又此方便智及权智义势之中互得相成。若举权境即得显圣有善巧之能，若举善巧之智即显成权假之境也。然只是一智，但经论所出，遂有两名也。[⑤]

法云对“智慧”与“实智”的阐释是：

> 智慧者，心用鉴照之称；实智者，是无有虚假之名也。又智慧与实智亦受名不同。智慧者此即当体受名也；实智者此则从境得名。所言智慧当体得名者，则原此心用根本性是鉴照，且又因果通有。……会三归一乘，故云实也。如来智慧照此实境，今举境目智仍呼为实智，故知实智从境受名也。
>
> 又此智慧及实智二名亦得相成。何以知之？若举实智即得显智慧之名，正由境是真实，即得显智慧是鉴照之名也。若举智慧之名又得显实智之名，只由我能鉴照故得显真实之境，故知此二名互得相成也。[⑥]

① ［南梁］法云：《法华义记》，《大正藏》第 33 册，第 592 页中。
② ［南梁］法云：《法华义记》，《大正藏》第 33 册，第 592 页中。
③ ［南梁］法云：《法华义记》，《大正藏》第 33 册，第 592 页中。
④ ［南梁］法云：《法华义记》，《大正藏》第 33 册，第 592 页中。
⑤ ［南梁］法云：《法华义记》，《大正藏》第 33 册，第 592 页中、下。
⑥ ［南梁］法云：《法华义记》，《大正藏》第 33 册，第 592 页下。

在法云看来，“智慧”与“实智”亦是一智而异名。智慧是心之用的显明，是“当体受名”；实智是显发无虚假的真理，是“从境得名”。“智慧”与“实智”也是异名同实、相互依成之关系。

法云认为，方便智是当体受名，智慧亦是当体受名；权智从境受名，实智亦是从境受名。方便智、权智相互得成，智慧与实智亦相互得成。名虽有四，但论其实质，只有二智而已。

（二）覆明体相

关于二智体相，法云提出：“若欲知体相，但用境检取二智体。”[①]在这里，法云用“三三之境”和“四一之境”这两个重要概念，来阐述二智所照之境，并用此二境反过来检验二智。

法云先述“方便智体”，其文曰：

> 方便智所照之境凡有三三之境。一者三教；二者是三机；三者三人。照此三三之境，当知此智是权智体，昔日有三人，人有三人，人有三机，三机感三。是故如来之权智既照此三三之境，即说三教，应三机，化三人。是故将此三三之境检取此智，当知照此三三之境是方便智体也。[②]

由引文可知，方便智所照之境即三三之境，“三三”指三教、三机、三人。昔日众生有三种根性，此三种根性之人各有机缘，故佛陀应此三种机缘分立三种教法以行教化，即昔日分别之三乘。若用三三之境来检验，与之相合的，就是权智。

法云次述“实智体”，其文曰：

> 又实智体亦用前境检也。实智所照之境凡有四种：一者是教一；二者是理一；三者是机一；四者是人一。明如来之智照此四一之境，此即是实智。所言教一理一者。今日唱明因无异趣，果无别从，然真实之义其理莫二。然所诠之理既一，能诠之教何容是二也？复言机一者，《法华》座席时众者有感一果之机一也。人一者，明昔日声闻缘觉等人今日皆改心成菩萨。下经文言但化诸菩萨无声闻弟子，亦言一人有一机，感一教一理。如来用一教说一理，应一机化一人也。是故如来智慧照此四一

① ［南梁］法云：《法华义记》，《大正藏》第33册，第592页下。

② ［南梁］法云：《法华义记》，《大正藏》第33册，第592页下—593页上。

之境即是实智体也。[①]

由引文可知，实智所照之境即四一之境，“四一”指教一、理一、机一、人一。今日宣讲《法华经》，明一因一果之真实法理，故言“教一”“理一”；众人皆感一乘佛果，故言“机一”；声闻、缘觉等皆改心成菩萨，以最终同归佛乘，故言“人一”。若用此四一之境来检验，与之相合的，就是实智。

昔是“三三”，言教、机、人；今是“四一”，言教、理、机、人，“四一”比“三三”多了一个名目——“理”。这也是法云此论在当时引起争议的焦点。针对诸家对于此论的两个问难，法云予以有力回应。

第一个问难为：“实智所照之境乃有四一，则长有理一，说权智所照之境便应有四三，今者何故无有三理，只有三三也？”[②]意谓既然实智所照之境有四一，长有理一，那么，权智所照之境便应有四三，即三教、三机、三人、三理，何故只言有三三（三教、三机、三人），而无三理呢？

法云回应道：“昔日若有三理者，便应是实有三。何谓于一佛乘方便说三，故知昔日教下无有三理。”[③]法云认为，理即是实，既然昔日是方便说三，而非实说三，那么，就不应该实有三理。

第二个问难为：“三教本诠于理，若三教下无有三理者，此教竟何所诠？”[④]意谓三种教法本为诠理，若无三理，三教又是为何而设呢？

法云回应道：“应众生实有三机，故昔日实有三教，实无三理，但昔三教为诠一理。昔日既未得说一实之理，是故假三乘言教远诠今日一实之理。”[⑤]在法云看来，昔日应三乘众生之三种机缘而有三教，此皆实有，但三理则实无，因三教皆是为诠一理，昔日既未说一实之理，则只能说是三教，而不能说是三理，昔日三教是为了引至今日一实之理。

法云于《法华义记》卷三又提出与实智所照“四一”不同的另一个“四一”之说——“广明四一”。所谓“广明四一”，概言之，即“先明果一；二明人一；三明因一；四明教一”。[⑥]详言之，即：

① ［南梁］法云：《法华义记》，《大正藏》第33册，第593页上。
② ［南梁］法云：《法华义记》，《大正藏》第33册，第593页上。
③ ［南梁］法云：《法华义记》，《大正藏》第33册，第593页上。
④ ［南梁］法云：《法华义记》，《大正藏》第33册，第593页上。
⑤ ［南梁］法云：《法华义记》，《大正藏》第33册，第593页上。
⑥ ［南梁］法云：《法华义记》，《大正藏》第33册，第603页上。

明果一者，即会昔日三果终成今日一果。明人一者，即会昔日三人成今日一菩萨人。明教一者，即会昔日三乘别教成今日一教。明因一者，即会昔日三乘人所行之行只是一因以对一佛果。①

此外，法云还明确指出，广明四一与实智所照四一有同有异：

实智所照境有机一，此中无机一。所以有四者，就理一中开为二种：因一、果一也。……但今日教一、人一名字与实智所照教一、人一名字同，明义意异也。此中明因一、果一与实智所照理一义同，而名字异也。②

在法云看来，实智所照四一中有机一，而广明四一中无机一，是将理一分为因一、果一两种，才凑成四一之数。且实智所照四一与广明四一中的教一、人一名同而义异，而实智所照四一中的因一、果一与广明四一中的理一名异而义同。③

“三三”“四一”是法云提出的两个重要概念。法云“以三三为权指于昔教，以四一为实指于《法华》”。④继法云之后，智顗、湛然皆就“三三”“四一”阐发了各自的见解。

智顗《法华玄义》卷七曰：

第五结成权实者，光宅云：“照三三之境为权，照四一之境为实。”今不用此解。既以大乘果为大理，何不用小乘果为小理？彼救云：小果非真，故不以其果为理。若尔，权教及权行、人，何尝是实？既立权教、行、人，何不立权理？又权若无理，俗不应称谛，既言俗谛，权不应止三也，实有四者。夫因、果是二法，云何以二法为理一耶？经云：“观一切法如实相，不行

① ［南梁］法云：《法华义记》，《大正藏》第33册，第603页上。

② ［南梁］法云：《法华义记》，《大正藏》第33册，第603页上、中。

③ 法云阐述了两个“四一”有同有异的原因。因与此节关系不大，故不赘述。详见［南梁］法云：《法华义记》，《大正藏》第33册，第603页。此外，吉藏《法华玄论》卷四亦专门论及法云除实智所照“四一之境”外所提出的这个“四一”，并在法云“四一”的基础上，另提出数个“无量一”，并将诸一按顺序排列为：“机一”→“教一”→“人一”→“因一”→“果一”。详见［隋］吉藏：《法华玄论》，《大正藏》第34册，第393页下。

④ ［唐］湛然：《止观辅行传弘决》，《大正藏》第46册，第224页上。

不分别。”云何分别因、果为理一？若尔，便无实相，则魔所说，故不用彼释。

今明照十粗之境为权，照十妙之境为实。十粗者，即前九法界、三因缘等，诸粗谛智，乃至粗利益，皆称权也。照十妙者，即是理妙，乃至利益妙，妙故为实。……[①]

智顗在创立自身之权实观之前，曾从两个方面对法云所提权实二智所照的三三之境与四一之境提出问难。第一，就法云所言三三之境中并无“理三”设难，问既以大乘果为大理，何不用小乘果为小理？

关于三三之境中为何无“理三”，《法华义记》中已载有法云的解释。（前文已述，此不赘述。）智顗此处针对法云小乘果非真故不以之为理的解释，加以问难：若昔日“理”非是实，则教、行、人这三项亦非是实，既然立有权之教、行、人，何故不立权理？智顗在此基础上进一步提出，说权之时若无理，则俗不应称“谛”（真理）；既然有“俗谛”之称，则说权之时亦应有理，故不应只有教三、行三、人三这三者，而应当有四（教三、行三、人三、理三）。

第二，因、果是二法，何故要以二法为理一？智顗引《妙法莲华经·安乐行品》“又复于法无所行，而观诸法如实相，亦不行不分别，是名菩萨摩诃萨行处”[②]之语，认为法云分别因、果，便非实相，故以因、果为理一是“魔说”。

由智顗所谓“光宅云‘照三三之境为权，照四一之境为实’。今不用 此解”之语来看，智顗应是分别针对法云所提权实二智所照的三三之境与四一之境进行问难。智顗所提两个问难，一就“三三”而论；一就“四一”而论。其所破“三三”之说，固是法云所提权智所照三三之境，但其所破“四一”之说，却并非实智所照四一之境，而是法云另提的“广明四一”之说。此处要么是智顗混淆了两个“四一”之说；要么是法云所提“四一之境”之说破无可破，智顗只得以另一个“四一”之说代而破之。

在破法云之解后，智顗便以照十粗之境为权，照十妙之境为实，创立了自身之权实观。“十粗”者，为前九法界等；“十妙”极有可能指“迹门十妙”（见前注）。

继智顗之后，湛然于《法华文句记》卷二中“亦以光宅义而破光宅”，

① ［隋］智顗：《妙法莲华经玄义》，《大正藏》第 33 册，第 763 页下。

② 《妙法莲华经》，《大正藏》第 9 册，第 37 页上。

借用法云“四一”的概念而另立己说，其文曰：

> 一心三谛理一也，一心三观行一也，作是观者人一也，能诠观境教一也。又常观三德能所皆四，法身理也，般若教也，解脱行也。和合三法成假名人，即观行如来也。约六即位位位四一，于念念中念念四一，一色一香无非四一，如此观行真法华之三昧也；心境互发即因缘观之四一也；不同三教即约教观之四一也；久远已得即本地观之四一也。向因破光宅以立四一耳。[①]

湛然此论只是承继了法云理一、行一、人一、教一的四一名目，具体内容则不用光宅之义，而是化用了天台宗理论。具体而言，“一心三谛理一也，一心三观行一也，作是观者人一也，能诠观境教一也”，是化用天台宗“一心三观”理论；[②]“又常观三德能所皆四”以下，是结合涅槃三德[③]之内容而论；“约六即位位位四一，于念念中念念四一”以下，则是化用“天台四释”理论[④]。

（三）名有通别

法云提出，权实二智相通，即所谓“方便智即有智慧义，此方便智即实智义，实智即有方便智义”[⑤]，并分别加以阐释：

> 智慧本以鉴照为义，然方便智若不洞鉴三乘人根性者，云何得说法化物？故知方便智举体是鉴照，即是智慧之义。此方便智亦即是实智义者，实智本以无虚审谛之义，我此方便智亦

① ［唐］湛然：《法华文句记》，《大正藏》第34册，第189页中。

② “一心三观”为天台宗基本教义之一，又称“圆融三观”“不可思议三观”“不次第三观”。“一心”即能观之心；“三观”即空、假、中三谛。天台宗主张宇宙万有都具有空、假、中三谛，而这三谛又互具互融，空即假、中；假即空、中；中即空、假。一心之中如此作观，即为一心三观。

③ “涅槃三德”指涅槃所具之三种德相，即法身、般若、解脱三者。

④ “天台四释”为智𫖮解释《法华经》所用之四种方法，又作“天台四大释例”“四大释例”“四种消释”“四种消文”。《妙法莲华经文句》卷一《序品》曰：“列数者：一因缘、二约教、三本迹、四观心。”（［隋］智𫖮：《妙法莲华经文句》，《大正藏》第34册，第2页上。）即（一）因缘释，又称“感应释”。就佛与众生之关系因缘而作解释。（二）约教释，就藏、通、别、圆四教之义，由浅至深解释经文。（三）本迹释，示本迹之别，依本地与垂迹二门而解法义。（四）观心释，以如来所说之法义为观心之对境，由观己心之深广而入实相之妙理。

⑤ ［南梁］法云：《法华义记》，《大正藏》第33册，第593页中。

即是实有，既是实有，方便智即是实义。

复言实智即是方便智者，然方便者以善巧为义，此实智说一因一果之理，言天下深妙幽微难知之理。……然深广难知之理，而实智能照此，即是善巧之义，即方便。①

法云认为，方便智之所以有智慧义及实智义，是因为智慧以鉴照为义，方便智有鉴照之用，故也有智慧义；实智以真实为义，方便智也是实有，故也有实智义。实智之所以有方便智义，是因为方便智以善巧为义，而实智能言天下深广难知之理，亦是善巧，故也有方便智义。

如此一来，就容易陷入二智浑然不分的境地。当时就有人针对此点向法云提出问难，法云对此“取别于通”，从“各有显隐”入手对二智进行了区分：

问：“若尔者，虽有二智，即今使浑然无分耶？”

解释者言：“今逐强立名、取别于通，且明方便与智慧别者，夫正理易知、曲义难照，故如巧匠之师运斤斧于一木，若使此木圆直易作，运斤斧绳墨得成一器，未觉此人巧术之能；若使一木卷曲难作，而此人遂能成妙器，于时方觉此人有巧术之能。今方便智亦如是，前境权曲，非天下真正道理，而此方便智能曲照物机，巧说三教应彼曲情，始见此智善巧之能，此善巧义彰、智慧义隐也。又实智义强、权智义弱者，今一教、一理、一机、一人，此四一之境既真实之理，如来智称此实理而照，无有曲从之义，此则实智义显、善巧义隐。又且实智所照理实、教亦是实，然权智所照只有三乘教、无有三乘理，是则权智所照唯有一实，实智义不彰也。然实智所照有教实，又有理实，是故实智义显。此皆互没一所短、互出一所长也。”②

法云在回应问难时，首先以巧匠运斤斧于曲木比之运斤斧于直木更显巧术之能为喻，说明方便智应三乘人不同根机，巧妙地以三教化之，彰显出佛智的善巧之能，故方便智以善巧义为显，而以智慧义和实智义为隐。与此相对，今日佛陀应一机以真实之一理教化众生，令同归入一佛乘，此智无权曲之义，故实智以实智义为显，而以善巧义为隐。法

① ［南梁］法云：《法华义记》，《大正藏》第 33 册，第 593 页中。

② ［南梁］法云：《法华义记》，《大正藏》第 33 册，第 593 页中、下。

云由此得出结论：权实二智相通是“互没一所短”，相别则是“互出一所长”。

法云“权实二智相通”的观点对后世影响很大。智顗《法华文句》以“权实”列作四句，谓“一切法皆权，一切法皆实，一切法亦权亦实，一切法非权非实”。[①] 其中，“一切法亦权亦实”，据经文“诸法如实相”[②] 而双明一切亦权亦实，即实智中有权，权智中有实。此论便是承续了法云“权实二智相通”的观点。

吉藏《法华玄论》卷四在论述“权实二智”时，分别从依名释、相资释、显道释、无方释四个方面来规定权实的名义。其中，第二“相资释”曰：“权是实权，实是权实。实不碍权，权不碍实。虽实而权，虽权而实。故权得以实为义，实得以权为义也。”[③] 吉藏提出的权智亦以实为义，实智亦以权为义，亦是承续了法云“权实二智相通”的观点。

智顗、吉藏于法云之“权实观”既有所承继，亦有所突破。智顗在“一切法亦权亦实”之后，紧接着提出“一切法非权非实”。吉藏又在“显道释”中提出：“权以不权为义，实以不实为义。故云：一切有无法了达非有无,亦一切权实法了达非权实。”[④] 这就直接以非空非有的中道实相观来破除种种权实分别，比法云更深了一层。

（四）用有兴废

关于权实二智的兴废问题，光宅法云认为二智皆是出于佛陀依众生根机不同而随宜说法，故皆有兴有废，权智则昔兴今废，而实智则今兴昔废。法云曰：

> 权智昔兴今废，实智今兴昔废。何以知之？昔日鹿苑说三乘别教，于时唯是权智用事，实智则废。今日王城之说明一因一果实相之理，此则实智兴于今日，权智废今日。然则互有废兴，此是涉用化物，有此兴废也。[⑤]

法云认为，昔日佛陀于鹿野苑说三乘别教时，是用“权智”而废“实智”；在王舍城说一乘之理时，则是用“实智”而废“权智”。权实二

① ［隋］智顗：《妙法莲华经文句》，《大正藏》第34册，第37页上。
② 《妙法莲华经》，《大正藏》第9册，第37页上。
③ ［隋］吉藏：《法华玄论》，《大正藏》第34册，第394页上。
④ ［隋］吉藏：《法华玄论》，《大正藏》第34册，第394页上。
⑤ ［南梁］法云：《法华义记》，《大正藏》第33册，第593页下。

智是随机应用的，只是因为"涉用化物"不同，所以有此兴废。

当时就有人对法云此说提出问难："如来种觉万德常湛，今言二智有兴有废者，非唯种觉不明，亦阙常湛之照。"[①]意谓权智有兴废尚可通，但如来种觉常存，故实智也应常兴，而不应该有废。

对此，法云辩驳道：

> 万德常湛有如来谈，而今言有兴废者，此据涉用化物为论。众生昔日小心狭劣，不堪闻实相之唱，于时权智说彼三教应彼三机，实智当乎尔时无有施化之功，即义称为废；今日时众即堪闻实相之理，实智说此一理称彼一机，然权智于今日无施化之功，义称为废也。
>
> 若就如来三达之智，即天眼照未来有大乘机，此即是实智之用。又宿命智照过去世有三乘之机，此即是权智之用。若尔有何兴废也？又就如来分身十方说法度人，若使王城实智说法化物，亦可十方权智度人；亦可此间权智度人，十方实智说法，是纵论三达、横语十方，权实二智即无兴废。今据一应始终为义，有兴废也。[②]

法云认为，说二智有"兴废"，只是就应机化物之用而论，因众生昔日根机未熟，不堪闻实相之理，故用权智说三教来应彼三机，实智在当时并没有施化之功，所以称为废；而今日众生已堪闻实相之理，故用实智说一理以称一机，权智于今日反而没有施化之功，所以称为废。除"涉用化物"以外，二智并无"兴废"之说。

法云举了两个例子来申发此论。其一，譬如就如来之智而言，照未来大乘即实，照过去三乘即权，并无兴废。其二，就如来分身十方说法度人而言，佛陀于王城实智说法，十方权智度人，亦可；王城权智度人，十方实智说法，亦可，并无固定规定，也就无"兴废"之别。

前文已述，法云以门内金像之喻，说《法华经》犹如开门之手而有两能：一则说昔日三乘教是方便，即佛以方便力，示以三乘教，如手能开门；二则说佛寿长远教以同归之理，如手指示金像。由此可见，法云

---

① [南梁]法云:《法华义记》,《大正藏》第33册，第593页下。
② [南梁]法云:《法华义记》,《大正藏》第33册，第593页下。

乃是主张“开权显实”（“开三显一”）而非“废权显实”。其言权实二智除“涉用化物”外并无“兴废”，可谓重申此意。

在二智有无兴废问题上，光宅法云既用“涉用化物”来具体说明二智用有“兴废”，又明确表示除此之外，二智并无“兴废”，并通过将这一特殊的“点”（二智在“涉用化物”上有兴废）与整个“面”（二智无兴废）有机结合在一起，构建出一个颇为周全的理论。

（五）五时经教所明二智不同

法云认为，佛陀的所有教法皆体现着权实相待相成之关系，故其论述“权实二智”的最后一个层面，是列举五时经教[①]中权实二智的不同。法云曰：

> 次明众经所明二智不同第五。众经不同，凡有五种：一者十二年前有相教所明二智。若照生老病死分段无常境者名为权智；若照刹那无常名为实智也。二者《大品经》所明二智。若照因缘假有即是权智也；照此假有即空是实智也。三者即是《维摩经》所明二智者。若知病识药静照物机，此则是实智；若便能应病与药令得服行，此则是方便智。四者是《涅槃经》所明二智者。若照金刚已还生死无常苦空之法，此则是方便智也；若照涅槃常乐我净真实之法，此即是实智也。五者就此《法华》所明二智。若照三三之境即方便；若照四一之境即实智也。
>
> 是则十二年前有相二智，据亲疏为论；《大品经》所明二智，横照二谛以为二智；《涅槃》中二智，此据纵为论也；《维摩》明智，此据本末为二智，知病识药是本，应病与药是末；今《法华经》所明二智，此据始终为义，始则权智说三，终则实智说一也。[②]

法云对五时经教中权实二智之分的概述是：

一者，佛陀成道后的十二年间所说的“有相教”（小乘教），以能照生老病死的无常境为权智；而能照刹那生灭的无常为实智。此是“据亲

① 法云并未明言“五时”，然这一分类大体是依据佛陀说法的“五时”所划分的阶类，基本代表了法云对“五时教”的看法。参见本书第四章第二节。

② [南梁]法云：《法华义记》，《大正藏》第33册，第593页下—594页上。

疏为论”，己身所历之生老病死无常为亲；刹那生灭无常为疏。

二者，《大品般若经》，以能照因缘和合之假有为权智；而能照此假有即空为实智。此是据“二谛”为论，假有为俗谛；假有即空为真谛。

三者，《维摩经》，能应病与药为方便智；知病识药为实智。此是据“本末”为论，知病识药是本；应病与药是末。

四者，《涅槃经》，以能照金刚喻定[①]以前（包括金刚喻定）的生死无常苦空之法为方便智；能照涅槃常乐我净的真实法为实智。此是“据纵为论”，根据修行之层次来进行划分，判金刚喻定以前为权，涅槃解脱境界为实。

五者，《法华经》，以应机度化三乘人，能照三三之境为权智；而应一乘机，说一乘教，化一乘人，能照四一之境为实智。此是“据始终为义”，昔日说三为始，今日说一为终。

五时经教中权实二智之分，参见下表：

五时经教	划分依据	权智	实智
有相教	亲疏	照分段生死无常	照刹那生灭无常
《大品般若经》	二谛	照因缘和合之假有	照假有即空
《维摩经》	本末	应病与药令得服行	知病识药静照物机
《涅槃经》	纵	照金刚喻定以还生死无常苦空之法	照涅槃常乐我净真实之法
《法华经》	始终	照三三之境	照四一之境

后世佛学者对法云“五时权实二智说”多有评破，智𫖮和吉藏就是其中的代表。智𫖮《法华文句》在注释《方便品》时，分为“略释”和“广释”两层。于“略释方便”内，将“方便”分为“法用”“能通”“秘

① “金刚喻定”又名“金刚定”“金刚三昧”。菩萨于最后位，断最极微细烦恼之禅定名也。其智用坚利，譬如金刚。慧严等译《大般涅槃经》卷二十二《光明遍照高贵德王菩萨品》曰：“善男子！云何菩萨修大涅槃微妙经典具足成就第六功德？菩萨摩诃萨修大涅槃得金刚三昧，安住是中悉能破散一切诸法，见一切法皆是无常、皆是动相、恐怖因缘、病苦劫盗，念念灭坏，无有真实，一切皆是魔之境界，无可见相。菩萨摩诃萨住是三昧，虽施众生，乃至不见一众生实。为众生故，精勤修习尸波罗蜜，乃至修习般若波罗蜜亦复如是。菩萨若见有一众生，不能毕竟具足成就檀波罗蜜乃至具足般若波罗蜜。善男子！譬如金刚，所拟之处无不碎坏，而是金刚无有折损。金刚三昧亦复如是，所拟之法无不碎坏，而是三昧无有折损。……”参见［刘宋］慧严等译：《大般涅槃经》，《大正藏》第12册，第753页上、中。

妙”三种。其中，唯有第三“秘妙”之释方是“方便品”所取之意。[①]因此，智顗在“广释”一段中，即从“秘妙方便”的角度对旧解进行了批判，而其最先批判的就是五时权实。

“五时权实二智说”的提出者正是法云，而智顗所述旧解之内容，也与法云的观点一致。智顗随即对法云此说逐条进行批判：

> 广释者，先出旧解五时权实。十二年前，照无常事为权，照无常理为实，指阿毗昙，今谓《释论》破无常是对治法，皆属三悉檀，云何有实耶？非今所用。十二年后《般若》照假有为权，照假有即空为实，《释论》亦破此义，“念想观已除，言语法皆灭”，照假有即空者，犹是观想耳，非今所用。次《净名》《思益》，内诤鉴空有二境为实智，外变动应用为权智。今谓内鉴外用为二，非入不二门，非今所用。次《法华》照三三为权，照四一为实。今谓三权一向不会实，一实不关三权，非今所用。次《涅槃》金刚前无常为权，金刚后常为实。今谓道前真如亦是常，道后如量智亦是权。此五时权实非今所用……[②]

第一，对于法云“五时权实二智说”中的十二年前小乘有相教“照无常事为权；照无常理为实”的说法，智顗用《释论》(《大智度论》) 四悉檀的观点破斥道：不光照无常事属于三悉檀，[③] 照无常理也属于三悉檀中的对治法，都不是最后的第一义悉檀，因此，照无常理也不能说是实。

---

① 《妙法莲华经文句》卷三《释方便品》曰：“举偏法释‘方便’，盖随众生欲，非佛本怀，如经令离诸着，出三界苦，是故如来殷勤称叹方便。此义可释他经，非今品意。又‘方便’者，门也，门名能通，通于所通。方便权略皆是呩引，为真实作门，真实得显，功由方便，从能显得名，故以门释‘方便’，如经‘开方便门示真实相’。此义可释他经，非今品意。又‘方’者秘也，‘便’者妙也，妙达于方即是真秘。点内衣里无价之珠，与王顶上唯有一珠，无二无别；指客作人是长者子亦无二无别，如斯之言，是秘、是妙，如经：‘唯我知是相，十方佛亦然。’‘止止不须说，我法妙难思。’故以秘释‘方’，以妙释‘便’，正是今品之意，故言《方便品》也。”参见 [隋] 智顗：《妙法莲华经文句》，《大正藏》第 34 册，第 36 页中。

② [隋] 智顗：《妙法莲华经文句》，《大正藏》第 34 册，第 36 页下。

③ “悉檀”意译作成就、宗、理等。据《大智度论》卷一记载，佛之教法有种种差别，若总其教说，则有四悉檀之别。(一) 世界悉檀，即以世间一般之思想、语言、观念等，说明缘起之真理，又称“乐欲悉檀”。(二) 各各为人悉檀，即应众生各别之根机与能力，而说各种出世法，令众生生起善根，故又称“生善悉檀”。(三) 对治悉檀，即针对众生之贪、嗔、痴等烦恼，应病而予法药。此系灭除众生烦恼与恶业，故又称“断恶悉檀”。(四) 第一义悉檀，即破除一切论议语言，直接以第一义诠明诸法实相之理，令众生真正契入教法，故又称“入理悉檀”。

第二，对于五时权实中《般若》经教“照假有为权；照假有即空为实”的说法，智顗用《释论》“般若波罗蜜，实法不颠倒，念想观已除，言语法亦灭”[①]的观点破斥道：照假有即空也是一种观想，仍不能算作“念想观已除”的实法。

第三，对于五时权实中《维摩》等经教“内净鉴空有二境为实智；外变动应用为权智”的说法破斥道：内鉴与外用是二，不能入不二法门，也不能说是实。

第四，对于五时权实中《法华》经教“照三三为权；照四一为实”的说法破斥道：三权从来不与实相会，一实也并非由三权而来。因此，始则三三是权、终则四一是实的见解并不正确。

第五，对于五时权实中《涅槃》经教“金刚前无常为权；金刚后常为实”的说法破斥道：《涅槃经》是说法身常住，然而未契实道以前，以如理智照第一义谛真理时仍是常；证悟实道以后，以如量智照俗谛森罗差别时仍是权。因此，道前为无常、道后为常住的说法是不成立的。

智顗由此得出结论，此“五时权实二智说”并不足取。[②]

吉藏亦对法云“五时权实二智说”进行了评破，其《法华玄论》在评破前人的四种权实二智观时，虽未明言前人为谁，然其所论与法云“五时权实二智说”中除“有相教所明二智”外的其余四时权实二智的内容基本一致。其文曰：

> 有人言：照空为实；鉴有为权，此《波若》教二智也。……内静鉴为实；外动用为权，《净名》教二智也。照一为实；照三为权，谓《法华》二智也。照常住为实；鉴无常为权，谓《涅槃》二智也。[③]

上述四种二智观中，其一，“照空为实；鉴有为权”对应法云所述《大品经》所明二智“若照因缘假有即是权智也，照此假有即空是实智”。其二，“内静鉴为实；外动用为权”对应法云所述《维摩经》(《净名经》)所明二智“若知病识药静照物机，此则是实智。若便能应病与药令得服

---

① [东晋]鸠摩罗什译:《大智度论》,《大正藏》第25册，第190页中。

② 值得注意的是，智顗此处将《法华》列于第四、《涅槃》列于第五，与法云将《涅槃》列于第四、《法华》列于第五之顺序不同。法云在“五时教”中将《法华经》置于《涅槃经》之后，极有可能是为了提升《法华经》的地位。

③ [隋]吉藏:《法华玄论》,《大正藏》第34册，第394页下。

行，此则是方便智”。其三，“照一为实；照三为权”对应法云所述《法华经》所明二智“若照三三之境即方便，若照四一之境即实智”。其四，“照常住为实；鉴无常为权”对应法云所述《涅槃经》所明二智“若照金刚已还生死无常苦空之法，此则是方便智也；若照涅槃常乐我净真实之法，此即是实智”。

除了“照常住为实；鉴无常为权，谓《涅槃》二智”之说外，吉藏对其他三说皆加以评破：

其一，“照空为实；鉴有为权，盖是契中道之妙观，离断常之要术，法身之父母菩萨之本行。从《波若》(《般若》) 已上《涅槃》已还，乃至《华严》诸方等教皆通用之，不得偏属《大品》。”[①] 吉藏认为，“照空为实；鉴有为权”的二智义，不过是契合中道的妙观，共通于《般若》以上乃至《涅槃》《华严》等大乘经典，并非专属《大品般若》经教。

其二，“一切方等教辨菩萨行，皆以内静鉴为实，外动用为权。贯通众经，亦非属《净名》也。”[②] 即一切大乘经教皆宣扬菩萨行，菩萨自行化他，以内静照为实是自行，以外动用为权是化他。因此，“内静鉴为实，外动用为权”通于诸经，亦并非专属《净名经》。

其三，“照三为权；鉴一为实，此偏约《法华》。是亦不然。《波若》后分已明，与《法华》齐。若尔则《大品》亦有此义。不应偏系《法华》也。”[③] 针对《法华》二智为“照三为权；鉴一为实”之说，吉藏认为，此说在《大品般若经》的后分亦有论及，也不偏属《法华》经教。

最后，吉藏在摈弃前人《法华经》二智“照三乘为权；照一乘为实”（法云是典型代表）以及“照近为权；照远为实”等观点之后，提出《法华》一经即具四种二智：三一二智、空有二智、动静二慧、常无常二智。

---

① [隋] 吉藏:《法华玄论》,《大正藏》第 34 册，第 394 页下。
② [隋] 吉藏:《法华玄论》,《大正藏》第 34 册，第 394 页下。
③ [隋] 吉藏:《法华玄论》,《大正藏》第 34 册，第 394 页下。

既然《法华》一经即具此四种二智，那么，五时权实二智说自破。[①]

吉藏虽对法云有所批判，然其法华四种二智中仍能看到法云“五时权实二智说”的影子。如“三一二智”乃化用法云“五时权实二智说”中的“《法华》所明二智”；“空有二智”乃化用“《大品经》所明二智”；“动静二慧”乃化用“《维摩经》所明二智”；“常无常二智”乃化用“《涅槃经》所明二智”。除法云所论“有相教所明二智”未用外，吉藏所提四智皆继承自法云，所不同者，只是法云以此四智分属四经，而吉藏以此四智归于《法华》一经而已。

由智顗、吉藏在简述旧说时，专门拈出法云“五时二智权实说”进行评破，以及吉藏“法华四种二智”对法云此说的承续来看，法云此说在当时及后世皆颇具影响，在佛学史上应占有一席之地。

（六）法云“权实二智说”对后世的影响

法云借佛陀之“权实二智”来阐发自己的“权实观”，并从解释名义、覆明体相、名有通别、用有兴废、五时经所明二智不同五个方面，对权实二智进行了阐述。

针对法云的“五时权实二智说”，智顗与吉藏或破之而立，或承袭而立。此外，净影寺慧远亦有“权实二智观”。只是其《法华经疏》失传已久，我们无缘得睹慧远此论的全貌，幸好《大乘义章》卷十九下录有“二智义”之阐释，我们还能一窥此论之大概：

> 其二智者，一是实智；二方便智。言实智者，泛解有二。一、于诸法如实了知，名为实智，非是不知妄称知故。故《地持》(《菩萨地持经》) 云：“离增上慢智，名为如实智。”此如实智与彼慢心妄智相对，不对方便。于此门中，佛一切智悉名实

① 《法华玄论》卷四曰：“次释法华四种二智义。有人言法华但有二种二智：一者，照三乘为权；照一乘为实。二者，照近为权；照寿量佛复倍上数为实。今明此经要具四种二智：一者，初段中有三种二智，后开近显远中复有一种二智，故成四种。初段明三种二智者：初，三一二智。二乘人欲入菩萨法，要先须识三乘是权一乘为实，以破彼迷权实无明。此二智是反三之始，归一之初，故先须辨之。二者，空有二智，既改三信一，则须学菩萨空有二慧，观空不证离二乘地，涉有无著出凡夫境，故生在佛家，种姓尊贵。又空有二慧是法身父母，欲求大觉者岂不学之？三者，即此空有二慧是菩萨自行耳，复应化度众生，故以内静为实，外动用为权，故有第三动静二慧也。……次就此经后段明一种二智者，此经后段辨本迹常无常二智。识本是无生灭无始终为实智；识始终生灭等用谓权智。故初段具三种二智，第二段常无常二智，故此经具四种二智也。晚见论分明广说法身是常化身无常，则四种二智便成五时权实皆坏矣。”参见［隋］吉藏：《法华玄论》，《大正藏》第34册，第395页下—396页上。

智，不简方便。

二、知实法名为实智。于中分别曲有五义：一、对妄明实。知如来藏真实之法名为实智；知于妄想情所起法名为（实）[妄]智。如知苦谛名为苦智，如是一切。于此门中，实智与彼妄智相对，不对方便。二、对假明实。知第一义真谛之法名为实智；知于世谛假名之法名为假智。于此门中，实智与彼假智相对，不对方便。三、对相明实。知一实谛实性之法名为实智；知于一谛有无法相名为相智。知于世谛假名之法名为假智。于此门中，实智与彼相智相对，亦得说言与第一义世智相对，不对方便。四、对教明实。证实法性名为实智；寻言始学名为教智。于此门中，实智与彼教智相对，不对方便。若名教智以为方便，亦得无伤。五、对权明实。知于一乘真实之法名为实智；了知三乘权化之法名方便智。于此门中，实智与彼方便智对。今论实智，据后言耳。

方便智者，泛解有四：一、进趣方便。如见道前七方便等，进趣向果，与果为由故曰方便。此一方便与果相对，不对实智。若名果德以之为实，义亦无伤。二、施造方便。如十波罗蜜中方便波罗蜜，于所修行善巧为之，故曰方便。此方便中曲有三种：一、教行方便，事中善巧。如《地持》说"十二巧便"，是其事也。二、证行方便，观空不著。如《地经》(亦指《菩萨地持经》) 说"十方便慧"，是其义也。三、不住方便，于世、出世善巧双游。如《地论》(《十地经论》) 说"于世、出世方便不染，善巧住故"，是其义也。此三皆是施造方便。此一方便与无方便愚拙相对，不对实智。三、集成方便。诸法同体，巧相集成，故曰方便。云何巧成？一真心中，旷备法界恒沙佛法，是诸佛法，以同体故，用慧为门，余法助成。用定为门，余义助成。如是一切，以同体法，巧相集成，故曰方便。故《地论》言："此法善巧成，是故名方便。"又《地经》中说："一切行，总相别相；同相异相；成相坏相，而为方便。"此亦是其集成方便。此一方便与彼一切阴界入等事法相对，不对实智。故《地论》中辨六相门说言除事，事者所谓阴界入等。四、权巧方便。实无此事，权巧施之，故曰方便。于中分别曲有三种：一是身巧，谓佛猕猴鹿马等化；二是口巧，实无三乘，随化说之；三是意巧，谓方便慧，起前身口二种巧化。如《法花经》"寻念过去佛，所行方便力，我今所得道，亦应说三乘”如是等也。今说意巧为方便智。此方便智，得与向前实智相对。二智如是。[1]

慧远在阐释二智之义的过程中，将二智敷展而论。实智以二义言之：一为如实了知诸法之实智，又称“如实智”，与慢心妄智相对；二为知真实法之实智，此实智下又分列五义：一、对妄明实——知如来藏真实之法，与妄智相对。二、对假明实——知第一义真谛之法，与假智相对。三、对相明实——知一实谛实性之法，与相智或世智相对。四、对教明实——证实法性，与教智相对。五、对权明实——知于一乘真实之法，与了知三乘权化之法的方便智相对。五种实智之中，唯第五种与方便智相对。

慧远对方便智，亦有四解：一、进趣方便，如进趣阿罗汉果前的七方便（四向三果），此与果相对。二、施造方便，如十波罗蜜中方便波罗蜜，其下又分为教行、证行、不住三方便，与无方便愚拙相对。三、集成方便，取其“诸法同体，巧相集成”之义，与一切阴界入等事法相对。四、权巧方便，取“实无此事，权巧施之”之义，于中又分为身、口、意三巧，其中之意巧，便名为方便智，能起身、口二种巧化。四种方便之中，唯第四种“权巧方便”义之方便智（“意巧”）与实智相对。

又，窥基在《法华玄赞》卷三释《方便品》时，亦对二智进行了阐述。窥基曰：

佛智有二：一真实智、二方便智。真实智有二：一者实法、二者实智。实法亦二：一、体实，谓有为无为；二、真实，谓真如妙理。实智亦尔：一、如体实智，即观体实无漏真智，对凡妄智不知名实智，根本、后得二智俱是。二、证真实智，唯正体智，此有五对：一对知妄名实智，二对知事名实智，三对知相名实智，四对知诠名实智，此之四种实智皆是唯观第四真智，余四所对如次皆是四世俗智。五对知权智名实智，谓一乘理、智，对知二权智，此依证智以第四真智对后三俗智；若依趣入智，以第三真智对第三俗智。

方便智有三或四：一、进趣方便、谓见道前七方便智，进趣向果名为方便，所学有则曰方，随位修顺宜曰便。二、施为

① ［隋］慧远：《大乘义章》，《大正藏》第 44 册，第 846 页上、下。

方便，谓方便善巧波罗蜜多，后智妙用能行二利故名方便。此曲有三：一教行方便，言音可则曰方，禀教获安名便；二证行方便，空理正直曰方，智顺正理名便；三不住方便，莅真入俗曰方，自他俱利名便。上三皆是第二施为。三、集成方便，诸法同体，巧相集成，故名方便。且真如中，具恒沙佛法，以智为门、以识为门皆摄一切故。《菩萨地》云："此法善巧成，是故名方便"。《十地》云："总、同、成、别、异、坏，以总对别之方便也。"苞总有则曰方，以少含多名便。四、权巧方便，实无此事，应物权现，故言方便，谓以三业方便化也。此对实智名为方便，利物有则曰方，随时而济名便。此体即于施为中出，更无别义，故体唯三。①

窥基首先将佛智开为二：一真实智；二方便智。其次，又将"真实智"开为二：一实法，有体实、真实两种；二实智，有如体实智、证真实智两种。最后，又将"证真实智"开为五：一对知妄名实智，二对知事名实智，三对知相名实智，四对知诠名实智，五对知权智名实智。并将"方便智"开为四：一进趣方便；二施为方便，其下又分教行、证行、不住三方便；三集成方便；四权巧方便。

从中可见，窥基之二智论的架构，基本上承袭了慧远的观点，只是名目略有差异。慧远和窥基均以第五种"知一乘真实"之实智与第四种"权巧方便"义之方便智相对，将实智付之一乘真实，将方便智付之三乘权化。此种解法与法云关于权实二智之诠解可谓一脉相承，法云的"五时权实二智说"对后世佛学者的影响之深亦可见一斑。

① [唐]窥基:《妙法莲华经玄赞》,《大正藏》第34册，第695页上、中。

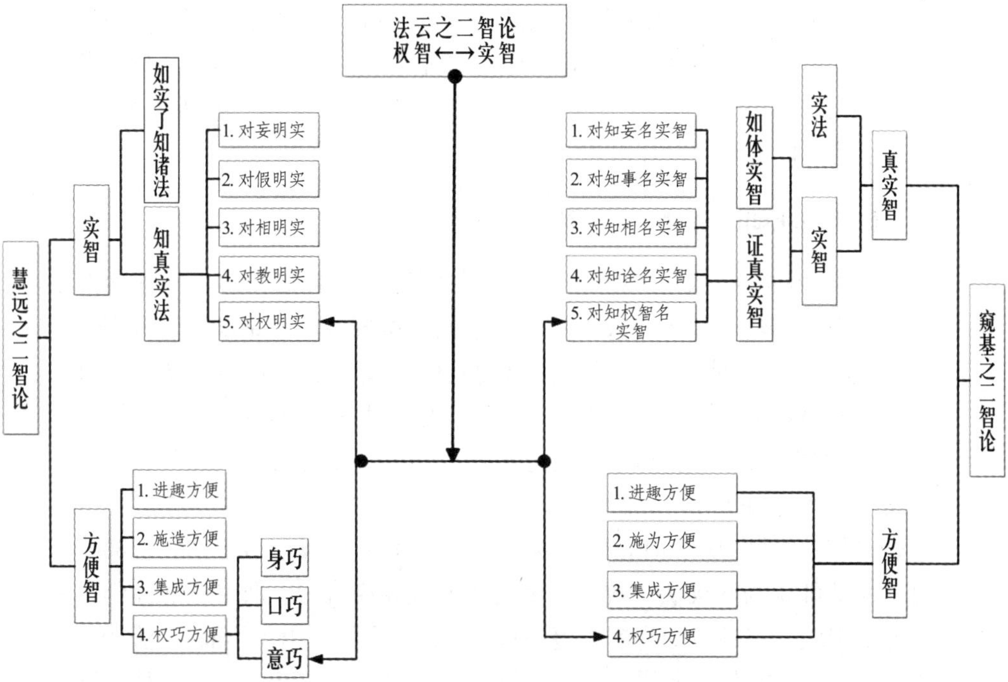

附图九　法云、慧远、窥基“权实二智”体系图

第三节　法云对“十如是”理论的发展

“十如是”一词来源于《妙法莲华经》。该经《方便品》记如来对舍利弗之言曰：

> 止！舍利弗。不须复说。所以者何？佛所成就第一希有难解之法，唯佛与佛乃能究尽诸法实相。所谓诸法如是相、如是性、如是体、如是力、如是作、如是因、如是缘、如是果、如是报、如是本末究竟等。[①]

“十如是”即指经文中所言“如是相”“如是性”“如是体”“如是力”“如是作”“如是因”“如是缘”“如是果”“如是报”“如是本末究竟等”十项。西晋竺法护所译《正法华经》中并没有“十如是”之名目，只称：“如来皆了，诸法所由，从何处来，诸法自然，分别法貌，众相根

① 《妙法莲华经》,《大正藏》第9册，第5页下。

本，知法自然。”① “十如是”之名目，为鸠摩罗什译《妙法莲华经》时所加。究其原因，可能在于《正法华经》之原本系“梵文本”，而《妙法莲华经》之原本系“龟兹本”，竺法护和鸠摩罗什翻译时采用的原本不同，故二人所译内容难免存在出入。②

一、魏晋南北朝诸师对“十如是”的阐释

在《妙法莲华经》中，仅列出“十如是”之名相，并未作任何解说，从而给讲经者留下了极大的发挥空间。据现有文献记载，魏晋南北朝时期对“十如是”一段经文作出阐释的高僧，有竺道生、法瑶、玄畅（416—484）、法云、慧思等。此外，也有北地师提出自己的见解。智顗《法华玄义》卷二曰：“北地师以前五为权，后五为实。”其《法华文句》卷三上则曰：“北地师云：三乘法皆有相、性、果、报、本末也。”“相”“性”属于前五如；“果”“报”“本末”属于后五如。智顗一时称北地师认为三乘法（权法）横贯了前五和后五，一时又称北地师以前五如为权，以后五如为实，可谓自相矛盾。③ 笔者由此推断，《法华玄义》与《法华文句》所说的“北地师”，可能不是同一人。究竟北地师观点如何，还有待进一步研究。

据现有文献记载，竺道生是最早对《法华经》“十如是”这段经文作出阐释的高僧。竺道生在《法华经疏》中称，此段经文用十一项分言佛说的一切善法，最后以“究竟”作为总结。其文曰：

> 如是相性此十一事缘语万善也。如烟是火相，能烧是性。相据于外；性主于内。体，性相之通称。力、作，有能未用，谓之力；造用事施，谓之作。因、缘，能生为因；扶疏为缘。果、报，情期克遂，谓之果；历数所钟，谓之报。本、末，万善之始为本；佛慧之终为末。唯佛晓了此诸义，晓其源极，故

---

① ［西晋］竺法护译：《正法华经》，《大正藏》第9册，第68页。

② 黄国清先生在比较了《妙法莲华经》与《正法华经》、勒那摩提及菩提流支译《法华经论》、现存尼泊尔梵本、中亚出土梵本断片以及藏译本等文献的异同后提出，从义理的角度而言，罗什在翻译“十如是”一段经文时，根据《大智度论》的文义另立己说。详见黄国清：《再论〈妙法莲华经〉之“十如是”译文》，《中华佛学学报》第13期，2000，第137—154页。

③ 湛然《法华文句记》卷四载：“北瑶二师虽具立十而不分判，但在三乘又无一实。”（《大正藏》第34册，第222页。）“北瑶二师”很可能指北地师和法瑶。从湛然之言来看，北地师并没有分判权实，而只言三乘权法，与《法华文句》所载相符。但，《法华文句记》乃阐释《法华文句》之作，并不足以作为旁证。

总结云究竟等。①

道生释"十一事"曰：说法的表象是"相"，如火呈现烟状；说法的本质是"性"，如火的本质是燃烧；合表象和本质为"体"；一切法所含有的功能是"力"；有所作为是"作"；能生他法为"因"；有辅助作用为"缘"；能有结果为"果"；穷尽它的历数为"报"；善法之始为"本"；终至佛慧为"末"。唯有佛能晓了上述诸项之义，故以"究竟"作结。道生释"十一事"时，只是逐项解释"相""性""体"等，并未注意到这十一项前所共有之"如是"的重要意义。

智顗《法华文句》卷三载有法瑶对"十如是"的解释。其文曰：

> 瑶师云：如是相性，此释智慧照用。三乘萌异为相；必尔成三为性；发心为体；随心所堪为力；力有所造为作；作行招果为因；因者语其已分，所由为缘；缘者语其外力，遂克为果；酬因为报；相为本；报为末；终同一致为究竟等也。如是者，其事不差也。②

法瑶以三乘的智慧照用，来解释"十如是"的含义。其解释偏于三乘权法，故未能遍及一乘实法。湛然在《法华文句记》卷四中对此评道，法瑶对"十如是"的解释"虽具立十而不分判，但在三乘又无一实"。③

智顗《法华文句》卷三上亦载有玄畅（416—484）对"十如是"的解释。其文曰：

> 畅师但约佛上作。相者，十力各有相貌也。性者，从根各有所习，所习不改谓之为性，是性力境也。体者，根性不同，所欲亦异，言其心用缚着，故以体为名，此欲力境也。力者，定别名也。神通变动非定不运，镇心静乱非定不寂，故力为禅定境也。作者是业，即业力境也。因者，道为因能至涅槃，即至处道力境也。缘者，缘宿命力境也。果者，据今因所召果在未来，是天眼力境也。报者，今报以望往因据，即漏尽力境也，故语报是漏尽也。本者是相，末是报。总而望之都是处非处力

① [东晋]道生：《法华经疏》，《卍续藏》第150册，第806页中。
② [隋]智顗：《妙法莲华经文句》，《大正藏》第34册，第42页中。
③ [唐]湛然：《法华文句记》，《大正藏》第34册，第222页中。

境也。[①]

玄畅以如来所具有的十种力用（根力、性力、欲力、定力、业力、至处道力、宿命力、天眼力、漏尽力、是处非处力），来解释“十如是”的含义，从而将诸法限于佛之智慧。湛然《法华文句记》卷四评论道：“畅师但约佛上，唯立一实，而无三权，对十力者，非无此理，望今四释，佛乘一释，尚未自周，以无究竟空假中等故也。”[②]因此，在湛然看来，法瑶是有权无实，玄畅则是有实无权。

天台宗第二代祖师慧思[③]，则将阐释的重点放在了“如是”二字上。据智顗《妙法莲华经玄义》记载：

> 今经用十法摄一切法，所谓诸法如是相、如是性、如是体、如是力、如是作、如是因、如是缘、如是果、如是报、如是本末究竟等，南岳师读此文，皆云如，故呼为十如也。[④]

引文中提到的“南岳师”，为智顗对其师慧思（世称“南岳尊者”）的尊称。慧思认为，“如是”表明了“相”“性”等的实在性，而以“十”数计以涵摄一切法。遗憾的是，慧思虽注意到“如是”二字的重要意义，对“相”“性”“体”等十项却未作进一步的解释。

二、法云对“十如是”阐释的突破

法云在《法华义记》中，对于“诸法实相”和“十如是”作出了详尽而深刻的诠释。法云认为，“诸法实相”的诸法，乃是权智之所照，权智所照之境，即为三三之境（三乘教、三乘机与三乘人）。单就三乘教而言，因三乘的言教非一，故称诸法，是为权。又，实相是实智之所照，实智所照之境，即为四一之境（一乘的教、行、人、理）。“四一”之中，以“理一”为本，一理非虚，故是实。其文曰：

> “诸法”此两字即是方便智所照境章门也；“实相”此两字即是实智所照章门。但权智所照境凡有三三之境，今唯取照三

① ［隋］智顗：《妙法莲华经文句》，《大正藏》第 34 册，第 42 页中、下。

② ［唐］湛然：《法华文句记》，《大正藏》第 34 册，第 222 页中。

③ 若以龙树菩萨为初祖，则慧思尊者为三祖。

④ ［隋］智顗：《妙法莲华经玄义》，《大正藏》第 33 册，第 693 页中。

教也；实智所照境有四一之境，今唯取照一理……三乘教不一故言“诸法”也。“实相”者，四一之中是理一。等是四一、理一最要，是故的照也。[1]

关于“十如是”，法云认为，其中的初五如是为权智境，“如是相”说的是三乘言教教相有别；“如是性”说的是三乘教性分不可移易；“如是体”说的是三乘言教内容各异；“如是力”说的是三乘教修习之力各异；“如是作”说的是三乘教之行作各异。其文曰：

“所谓诸法”此下是第二双释上两章门。凡有九句，初有五句释上诸法章门，次“如是因、如是缘”下有四句释上实相章门。“如是相”者表异为义。览观三乘教皆有异相，声闻乘教异，缘觉乘教异，菩萨乘教异，故言“如是相”也。“如是性”，性是不改为义也。但昔日声闻教不可改作缘觉教，缘觉教不可改作菩萨教，故言“如是性”。“如是体”，体，体别为义。声闻行自以四谛声教为体，即是遭苦生厌老病死义；缘觉之人即是十二因缘教为体；菩萨即以六度经教为体，故言“如是体”。“如是力”，声闻教作缘断正使力；缘觉教作缘侵断习气之力；菩萨教作缘断习气尽成佛之力，故言“如是力”也。“如是作”者，论主言起作是行相，故知作只是行义也。明此三乘教有行义，声闻之行有所为作，乃至菩萨行行有所为作。此五句都是释上诸法章门，名为权智境也。[2]

法云以次四如是为实智境，并引《妙法莲华经》偈颂中“如是大果报”之言为证。其中，“如是因”是说万善之行种下了得果的因子；“如是缘”是说最终助成得果；“如是果”是与“因”相对而言；“如是报”是说行“万善因”所得的回报。其文曰：

“如是因”此下有四句释上实相章门，名为实智所照之境。所以知是实智所照之境者，下偈颂言“如是大果报”故也。“如是因”者，以感果为义。“如是缘”，缘者，由义万善能感果即因义，此果由万善得即是缘义。“如是果”，果

① ［南梁］法云：《法华义记》，《大正藏》第33册，第596页中、下。
② ［南梁］法云：《法华义记》，《大正藏》第33册，第596页下。

以对因为义。报以酬答为义。只是一果宜对因名为果，此果有酬因力义即成报义。此四句正是释上实相章门也。[①]

法云将最后一如是判为权智境及实智境的总结。“如是本末”结权智境，“本”即举最初的“如是相”，“末”即举最后的“如是作”。“究竟等”结实智境，即归结“因”“缘”“果”“报”。其文曰：

“如是本末”此下是第三双结两章门。今言“如是本末”，此结权智境章门。本则举最初“如是相”；末则举最后“如是作”也。“究竟等”者，一因一果。“究竟等”者，此结实智境章门。”[②]

法云之前，诸师解释“十如是”时或偏于权，只言三乘；或偏于实，只言佛乘；或重在阐释“相”“性”等十项而忽略“如是”二字；或只重视“如是”二字却对“相”“性”等十项置之不言。法云的解释不但兼顾“如是”二字与“相”“性”等十项，更为重要的是，还从“诸法实相”入手，突破性地提出了权实兼备的观点。相较于同时代的其他解经者，法云对“十如是”的阐释更显细致和周全。

其后，智顗从天台宗之圆融观出发，认为“诸法”不只是三乘法，而“实相”也不专属于佛，是以法云解释前五如唯三乘独有，就全无真实；次四如唯佛独有，也全无权便。因此，法云此说仍未尽善尽美。其文曰：

文不允者，经云“诸法”，何法不收，岂止三乘耶？理不通者，经云“实相”，何所不在，而但在因果体？若实独在于佛，佛则不权；权独在三乘，三乘则永无实。若三乘但为五，则权法不足，复全无实。若四句但在佛，佛全无权，实亦不足。[③]

智顗进一步指出，法云以“如是大果报”来证明己说，并不妥当：

光宅以前五如是为权属凡夫，次四如是为实属圣人，后一

① [南梁]法云：《法华义记》，《大正藏》第33册，第596页下。
② [南梁]法云：《法华义记》，《大正藏》第33册，第597页上。
③ [隋]智顗：《妙法莲华经文句》，《大正藏》第34册，第42页下。

如是总结权实。引偈证云“如是大果报”。“大”故知是实，“种种性相”故知是权。今恐不尔。“大”义有三：大、多、胜。若取大为实者，亦应取多、取胜。“种种”之名岂非多义？若言权属凡夫，凡夫何意无实？若实属圣人，圣人何意无权？如此抑没，义不可依。①

智顗并不赞同法云判前五如是只为权、次四如是只为实，而是主张前五如是中也有实，次四如是中也有权。智顗之所以将批判的矛头直指法云，不过是因为法云对《法华经》的阐释在当时影响颇大，破其义而自立，乃是“擒贼先擒王”之举。实际上，智顗关于“十如是”的阐释，正是在批判中继承了法云“权实相兼”的特点。

三、天台智顗对法云的批判继承

智顗对“十如是”的阐释，主要见载于《法华玄义》和《法华文句》。智顗在《法华玄义》卷二中释“十如是”曰：

通解者，相以据外，览而可别，名为相；性以据内，自分不改，名为性；主质名为体；功能为力；构造为作；习因为因；助因为缘；习果为因；报果为报；初相为本，后报为末，所归趣处为究竟等。②

智顗又在《法华文句》中，分别从十界释、佛界释、离合释、约位释四个方面对“十如”问题进行了阐述。其中，“十界释”提出“十如”

① ［隋］智顗：《妙法莲华经玄义》，《大正藏》第 33 册，第 693 页中。
② ［隋］智顗：《妙法莲华经玄义》，《大正藏》第 33 册，第 694 页上。

是十法界一切诸法的共通范畴，[1]“当知一一界，皆有九界十如。若照自位九界，十如皆名为权；照其自位佛界，十如名之为实。一中具无量。无量中具一。所以名不可思议”。[2]在这里，智顗将九界十如定为权，将佛界十如定为实。一即指实，无量即指权，一中具无量，无量中具一，则为权实相兼。

“佛界释”提出，佛界的“十如”超越思议分别。佛界非相非不相，名之为相。性、体、力、作、因、缘、果、报、本末究竟等，亦复如是。智顗对佛界“十如”之“自行权实”的界定是：

> 佛果非本非末而言本末。本即佛相，末即佛报，是自行权也。佛界非等非不等而言究竟等，指于实相，故标章云实相也，是自行之实也。即实而权故言本末，即权而实故言为等。此是如来自行权实，最为无上。[3]

智顗认为，“本末”概括了从“相”至“报”的九如，这九如皆指自行之权，“究竟等”指自行之实。这就是佛界的自行权实。

智顗在“离合释”中，进一步以“十如”说明自行、化他之权实关系：

> 若佛心中所观，十界十如皆无上相，乃至无上果报，唯是一佛法界，如海总万流，若千车共一辙，此即自行权实。若随他意，则有九法界十如相性等，即是化他权实。化他虽复有实，皆束为权。自行虽复有权，皆束为实，此即自行化他权实。随

① 四种解释之中，“十界释”在智顗佛学理论中最为重要。其文曰：“约十法界者，谓六道四圣是为十法也。法虽无量，数不出十，一一界中虽复多派，不出十如。如地狱界，当地自具相、性、本末，亦具畜生界相、性、本末，乃至具佛法界相、性、本末，无有缺减。故《毗昙毗婆沙》第七云：地狱道成就他化天法。即是其例。余九法界亦如是。当知一一界，皆有九界十如。”（《妙法莲华经文句》，第42下—43页上。）此释提出“十如”是十法界（六道界、三乘界、佛界）一切诸法的共通范畴，且十界互具。如地狱界，不独具地狱界的十如，也具其他九界的十如。也就是一界即具百如，十界互具即是“百界千如”，层层发散，将“三世间”（国土世间、众生世间、五阴世间）与“百界千如”相配，即成“三千世间”。且“此三千在一念心，若无心而已，介尔有心，即具三千”。（《摩诃止观》，《大正藏》第46册，第54页上。）换言之，众生在其刹那生起的一念中，即具三千世界一切诸法性相。天台宗的核心观点“一念三千”，即由此而来。

② [隋]智顗：《妙法莲华经文句》，《大正藏》第34册，第43页上。

③ [隋]智顗：《妙法莲华经文句》，《大正藏》第34册，第43页中。

> 他则开，随自则合，横竖周照，开合自在。虽开无量，无量而一；虽合为一，一而无量。虽无量一，而非一非无量；虽非一非无量，而一而无量。唯佛与佛乃能究尽。①

若随佛而观，“十如”皆是自行权实；若随他而观，则除佛界外，其余九界的“十如”皆是化他权实。化他中虽然有实，但仍以权收束；自行中虽然有权，但仍以实收束。唯有二者结合，方构成自行化他权实的全观。化他则是开，开则无量，自行则是合，合则为一。无量而一，一而无量，即一即无量，可谓精微至极。

十界释、佛界释、离合释三释的一个重要共通点，是即权即实，权实兼备。智顗唯有在“约位释”中以“十如”分别凡圣诸位，且显示“三德”始终常住不变。

“十如是”理论自产生以来，便备受天台宗学者的重视。天台宗第九祖荆溪湛然称“十如是”为“法华之理本，诸教之端首，释教之关键，众生之依止”。② 智顗分别从十界释、佛界释、离合释、约位释四个方面对“十如是”理论进行了阐述。四释中，前三释都权实兼备。智顗对法云“十如是”思想中“权实相兼”这一特点的继承与发展，由此可见一斑。

第四节　《法华》“一乘”思想的宣扬策略：三根说法

一、法云“法、譬、宿世因缘”三根说法

法云认为，《法华经》是以“声闻授记”的事件贯穿全经，并借由对贬抑大乘经典的声闻乘的授记成佛，来阐释众生法体平等，宣达“一乘”成佛的经旨要义的。③

“声闻授记”之“授记”，系指对个别对象的成佛预告。④ 法云在疏解

① [隋]智顗：《妙法莲华经文句》，《大正藏》第34册，第43页中。

② [唐]湛然：《法华文句记》，《大正藏》第34册，第222页上。

③ 日本学者菅野博史先生认为，《法华经》最重要的主张，是一切众生皆能平等成佛。为了消除部派教团的对立意识，《法华经》用大量篇幅记载了舍利弗、迦叶等声闻弟子授记之事。详见[日]菅野博史：《〈法华经〉的中心思想——以一佛乘思想为中心》，《世界宗教研究》1996年第3期，第71—72页。

④ “授记”一词内涵丰富，关于其词义的演变，参见李幸玲：《〈大乘大义章〉授记思想探究》，《中国学术年刊》第25期，2011，第105—128页。

《法华经》时，并未探讨“授记”的本质，而是从语义的角度对“授记”与“受记”详加区分：

若谈“受记”则义在菩萨，若语“授记”则义关如来；是则“受”是取义，“授”是与义也。但“记”有二种：一者“能记”，二者“所记”。“能记”即是如来言教正是记体；“所记”即是菩萨未来佛果及国土名号，亦名为记，此是从他得名也。①

法云先是提出，“受记”与“授记”有取、与之别；又进一步将“记”分为两种：如来言教之记体为“能记”，菩萨所受未来佛果之国土及名号为“所记”。这种将“授”“受”先区别再分释的做法，遵循的是中国式字义的解法，而非依照梵语原义作解。

《法华经》中论及人物授记的篇章，有《譬喻品》《授记品》《五百弟子授记品》《授学无学人记品》《提婆达多品》《劝持品》及《妙庄严王本事品》七品。这七品的授记对象及次第可简述为：其一，《譬喻品》中，释迦佛为上根声闻舍利弗授记；其二，《授记品》中，佛分别为中根声闻之摩诃迦叶、须菩提、迦旃延、目犍连四大声闻授记；其三，《五百弟子授记品》《授学无学人记品》中，佛分别为下根声闻之富楼那、憍陈如、阿难、罗睺罗等有学无学授记；其四，《提婆达多品》中，佛分别为龙女及恶人提婆达多授记；其五，《劝持品》中，佛分别为其姨母摩诃波阇波提、妻子耶输陀罗等比丘尼授记；其六，《妙庄严王本事品》中，佛宣说过去世妙庄严王曾为外道，因其妻及二子劝持《法华》而得授记，成为华德菩萨。

法云在疏解《法华经·方便品》时提出，释迦为劝小向大，是以次第为上、中、下三种根器众生授记，开三显一，说明三乘众生原为法体平等无差别的一佛乘。其文曰：

今此叹第三疑中有三重者，即化三根人为三段。第一，从“汝已殷勤三请”以下入第二卷中“言我所有福业，今世若过世，及见佛功德尽，回向佛道”以还，此名为法说开三显一，化上根人舍利弗等也。第二，从“尔时舍利弗白佛言：世尊我今无复疑悔，亲于佛前得受三菩提记”尽《受记品》以还四品经，

① ［南梁］法云：《法华义记》，《大正藏》第33册，第615页中。

名为譬说开三显一，化中根人迦叶须菩提等四大弟子也。第三，从《化城品》竟《授学无学人记品》以还三品经，名为宿世因缘说开三显一同归之理，化下根人富楼那等也。是则上根人闻法说三一之义同归之理便解，中根人再闻三一之义，可悟同归之理，下根人三过闻说，方解同归无三差别。[1]

法云提出，佛陀为宣扬“一乘”之义，开三显一，为三根人说法授记，并依三根人之根机不同而有“法说”“譬说”“宿世因缘说”等说法方式。此三说分判之经文内容如下：[2]

法说：所判经文内容为《方便品》中“尔时世尊告舍利弗：汝已殷勤三请，岂得不说”以下，至《譬喻品》中偈颂“及见佛功德，尽回向佛道”。乃佛为上根人，就法体而直说诸法实相、十如之理，开三乘之权，使其了悟一乘之实。舍利弗闻法即悟得实相妙义，释迦佛为其授记。

譬说：所判经文内容为《譬喻品》中“尔时舍利弗白佛”以下，竟《授记品》。乃佛对法说不悟之中根者，宣讲火宅“三车”之譬，以明三乘是权，一乘是实，令其回小向大。摩诃迦叶、摩诃迦旃延、摩诃目犍连、须菩提四大声闻弟子闻譬得悟，释迦佛为其授记。

宿世因缘说：所判经文内容为《化城喻品》至《授学无学人记品》三品。乃佛为不能了解上述二说之下根者，说其宿世为大通智胜佛下之一乘机种，使彼等了悟宿世久远之机缘而得悟。富楼那、憍陈如、阿难、罗睺罗等闻宿世因缘得悟，释迦佛为其授记。

法云在阐述完三根说法之后，接着说：

但法说中亦有譬说义，譬如优昙华也。亦有宿世因缘说义，即言“我昔曾于二百亿佛所常教化汝也”。虽有譬说，根本大意为叹法希有故来不可示名；虽有宿世因缘说，此乃是述成上根人得悟，说此往古因缘根本大意非正是因缘也。第二譬说中亦有法说义，亦有宿世因缘义，故下言“是诸所说教化菩萨故”，此则是法说义。但文句少不足，可以发悟中根之人，从结父子

① [南梁] 法云：《法华义记》，《大正藏》第33册，第601页上。

② 日本学者山田实亦曾论及《法华义记》“法说”“譬说”“宿世因缘说”三说下的分科情况。详见[日]山田实：「妙法蓮華經の法説と譬説」，『印度學佛教學研究』第22卷2册，1974，第857—861页；「光宅・『法華義記』の述成釈」，『印度學佛教學研究』第23卷2册，1975，第655—656页。

因缘之中昔日波若座席已言示其金银等，此则是宿世因缘说义，但此意非是正譬中有，时众已于正譬得悟，如穷子领解中方有此语，非是正宿世因缘说中。宿世因缘说中亦有法说义，即《化城品》初明先佛之时神通感动之相，十方诸梵请转法轮，此则是法说也。又言“譬如五百由旬”此是譬说，虽有此唱，原其根本，只为明宿世因缘之义。何以得知？又四大弟子授记品末言“我及汝等宿世因缘，吾今当说汝等善听”，即复为下根人说往古之时已曾大乘化汝。下又言“我在十六数曾互为汝说，以此本因缘今说《法华经》”，大意闻此宿世因缘说方得解，故宿世因缘说也。[①]

法云认为，“法说”“譬说”“宿世因缘说”虽名目不同，各有侧重，相互之间却是相通的。法说中含有譬说、宿世因缘之义；譬说中含有法说、宿世因缘之义；宿世因缘说中亦有法说、譬说之义。

法云对三根说法又进一步加以细分，每说皆各分正说、领解、述成、授记四阶（唯宿世因缘说大同小异，无“述成”，且将“领解”归入“授记”之中，只分“正说”“授记”两阶）。分述如下：

“法说”者，《法华义记》卷三《方便品第二》曰：

就第一法说化上根人中自有四段：第一从“汝已殷勤三请”尽此卷末以来，名为正法说化上根人。第二从第二卷初长行及偈，明上根人舍利弗等示同领解也。第三从“尔时佛告舍利弗”以下，明如来述成上根人得解之相也。第四从“汝于未来劫”以下，为上根人授记也。[②]

“譬说”者，《法华义记》卷四《譬喻品第三》曰：

但明因中有四段：第一略明开三显一动执生疑，第二怀疑致请，第三广明开三显一断疑生信，第四别流通因也。今者故是第三广说开三显一断疑生信。段本有三，即化三根人为三段，法说开三显一化上根人已讫，自此下竟《四大弟子受记品》是

① ［南梁］法云：《法华义记》，《大正藏》第33册，第601页上、中。

② ［南梁］法云：《法华义记》，《大正藏》第33册，第602页上。

第二段，譬说开三显一化中根人。就此譬说化中根人自有四段，即是四品为四段：第一此《譬喻品》一品，正明如来为中根人譬说开三显一同归之理，正化中根人也。第二《信解品》明中根人领解也。第三《药草喻品》明如来述成中根人得解之相。第四《受记品》明如来为中根人受记也。①

“宿世因缘说”者，《法华义记》卷七《化城喻品第七》曰：

明因中第三广说开三显一中自有三段，即化三根人为三段。自此下竟《[授]学无学人记品》有三品经，是第三明宿世因缘说开三显一之理化下根人。但上根人、中根人中各自有四段，今此化下根人若准上例应有四段，以义相从只有三义，正有宿世因缘说，有授记，有领解，无有述成。虽有三义，只有二段。何以知之？领解入授记中，文句既浑，直分为二段，第一此《化城品》正明宿世因缘说化下根人；第二余二品为下根人授记。②

正说（佛说）、领解（弟子之解悟）、述成（佛对弟子之领解认可）、授记（佛对弟子成佛作预言）四阶正好对应了三根说法的顺序：由有对不同层次之佛理的正说，故三根人各自有所领解；由有三根人之领解，故三根人各得成就；由三根人各有成就，故分别为其授记。这四阶脉络分明、环环相扣，循此以度化上、中、下三根，可谓周备完足。

综上所述，法云认为，《法华经》以上、中、下三根授记为基本架构来阐述“一乘”思想。法云赋予这三种由深而浅的说法方式以不同的名义：对上根人采“法说”，对中根人采“譬说”，对下根人采“宿世因缘说”。每说又皆各分正说、领解、述成、授记四阶（宿世因缘说只分“正说”“授记”两阶）。法云这一诠释方式，亦为智𫖮所承袭，并增益为“三周说法”理论。

二、智𫖮的“三周说法”

“三周说法”又称“法华三周”，意谓佛说《法华经》，因声闻之人根有利钝，遂就上、中、下三根之机而反复说法，故有三周之不同。《法华玄义》卷七曰：“故有三周说法，逗上、中、下根。约上根是法名，约

① [南梁]法云：《法华义记》，《大正藏》第33册，第613页中。

② [南梁]法云：《法华义记》，《大正藏》第33册，第651页下。

中、下是譬名。”[①] 在这里，智顗正式提出“三周说法”之名。

《法华文句》卷四曰：“从‘尔时世尊告舍利弗：汝已殷勤三请，岂得不说’下，广明开三显一。凡七品半文为三：一为上根人法说，二为中根人譬说，三为下根人宿世因缘说，亦名理事行。”[②] 依智顗之说，从《方便品》“尔时世尊告舍利弗：汝已殷勤三请，岂得不说”以下，竟《授学无学人记品》，这七品半经文可分为三个部分：初周为上根人法说；中周为中根人譬说；下周为下根人宿世因缘说。就其基本架构来看，智顗“三周说法”乃承袭自法云“法、譬、宿世因缘”三说的诠释架构。

智顗“三周说法”的具体内容为：

> 初周法说，文为五：一、从“殷勤三请岂得不说”下讫卷，正是法说；二、从第二卷初讫偈颂，是身子领解；三、从“吾今于天人”下，讫“佛所护念”，是佛述成；四、从“汝于来世”，讫“宜应自欣庆”，是与授记；五、从“四众”讫“尽回向佛道”，是四众欢喜。[③]

> 从“尔时舍利弗白佛”下，第二大段，为中根譬说。文有四品：此一品正是譬喻开三显一，《信解》明中根得解，《药草》如来述成，《授记》与决，此四番皆约譬说。……又例法说，应有中根四众欢喜，而今无者，一谓经家存略，二例前后可知，后文在《法师品》中（云云）。[④]

> 权假施设故言“化城”，“喻”如前说。此是因缘释也。……
>
> 问：“此品说因缘事，下根得悟，应名宿世品。”
>
> 答：“品初广说因缘，末则结譬化城，若从前应称宿世，经从末故言化城。又上根疑薄，但取道树三七思惟，以明机缘；中根疑浓加以譬喻，探取二万亿佛所教无上道，以为机缘；下根疑复厚，则明宿世久远机缘。若从宿世之始，明久远因缘，语其中间言其化城，明其究竟言其宝所，经家处中标品，收得初后，从此义便，故言《化城品》。”

---

① ［隋］智顗：《妙法莲华经玄义》，《大正藏》第 33 册，第 772 页上。
② ［隋］智顗：《妙法莲华经文句》，《大正藏》第 34 册，第 45 页下。
③ ［隋］智顗：《妙法莲华经文句》，《大正藏》第 34 册，第 48 页下。
④ ［隋］智顗：《妙法莲华经文句》，《大正藏》第 34 册，第 65 页下。

…………

此段三品经文，例前应四，但领解、述成皆在授记段中。何者？若不领解，安得授记、述成，故兼得二意。又领解、述成、得记，或前后不定，领解或默念、发言不同，其文少，不足分品，但入他段中。此品正说因缘，后两品授记。①

由引文可以看出，智顗对《方便品》以下竟《授学无学人记品》七品半经文的判分与法云“三根说法”的判分完全一致；其于“三周”之下又细分为正说、领解、述成、授记四阶之名目，亦与法云相同。

又，《妙法莲华经文句》卷四《释方便品》曰：

明通别者，初周别名法说，通则具三，“如优昙花时一现耳”，即譬说；“若我遇众生，尽教以佛道”，即因缘说也。中周别名譬说，通则亦三，“我先不言，皆为化菩萨故”，又合譬“于一佛乘分别说三”，即是法说；“于二万亿佛所常教化汝”，即因缘说，若谓此文属法说者，可取长者闻已惊入火宅方宜救济，即因缘说。下周别名宿世因缘，通亦具三，“涅槃时到众又清净令入佛慧”，是法说；“有一导师”是譬说。而作三周者，从多从正，从略从傍，欲令名字不滥，各据一意耳。

问：“三周为三根人，一周通有三说者，一说应具三根？”

答：“法说非止逗上中之上，又有中下，从正略傍，故言逗上根人耳，余二周亦如是。”②

智顗所谓的“三周说法”之间有通有别，与法云主张的“法说中含有譬说、宿世因缘之义；譬说中含有法说、宿世因缘之义；宿世因缘说中亦含有法说、譬说之义”，③ 简直如出一辙。只不过智顗进一步提出“正”与“傍”④ 两个概念，对“三周说法”的主次之别作出解释。

智顗的“三周说法”为天台宗的重要理论之一，而无论是“三周”“四阶”的基本架构，还是“三周通别”的通透解说，皆承袭自法云

① [隋]智顗:《妙法莲华经文句》,《大正藏》第34册，第98页上、中。

② [隋]智顗:《妙法莲华经文句》,《大正藏》第34册，第45页下—46页上。

③ [南梁]法云:《法华义记》,《大正藏》第33册，第601页上、中。

④ 初周则法说为正，譬说、宿世因缘说为傍；中周则譬说为正，法说、宿世因缘说为傍；下周则宿世因缘说为正，法说、譬说为傍。

的思想。这无疑是法云思想对天台宗理论产生深远影响的又一力证。

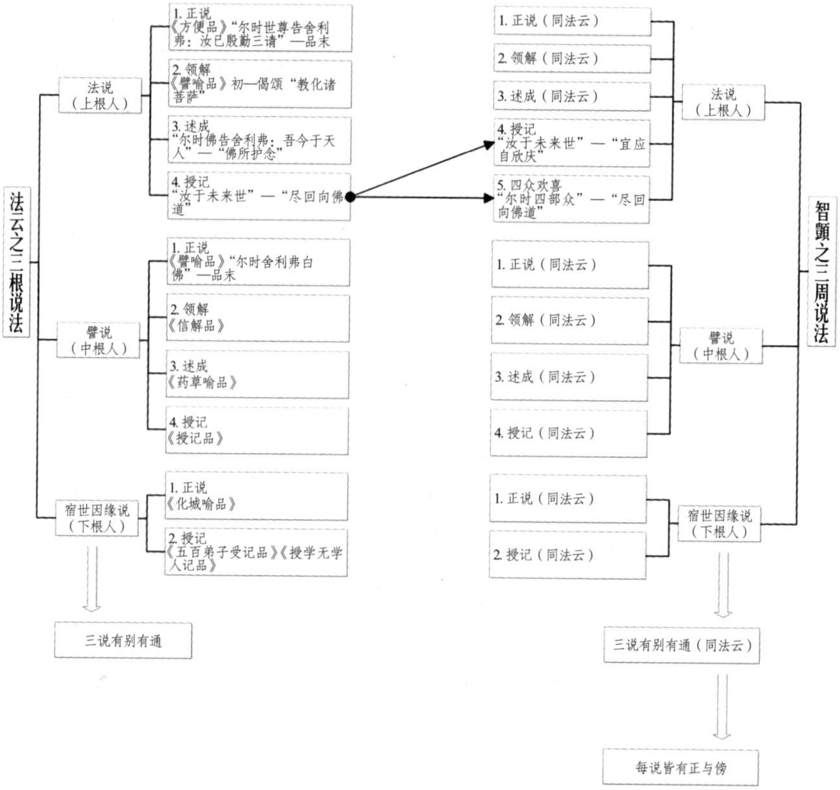

附图十　法云"三根说法"与智顗"三周说法"关系图

第六章　光宅法云的阶位次第论

纵观法云的权实观可知，法云试图通过建立一个由权入实的修行途径，来融摄小乘和大乘教法。这条修行途径，自凡夫受身开始，历经三乘分别，渐去五浊之障，三乘同发心向佛道，最终会归于一佛乘。那么，从凡夫起到最终修得佛果，其间修行的次第为何？三乘之间有何异同？法云对佛寿、佛身、佛性等问题的理解与诠释有何特殊之处？后世对法云的阶位次第论作何评价？这些都是本章将要探讨的问题。

第一节　法云对声闻乘的判分

一、有学人、无学人之别

法云在判分声闻乘的阶次时，首先将阿罗汉与其他声闻众加以区别。《法华义记》卷四《譬喻品第三》曰："三种宝车即是羊、鹿、牛车，即譬昔日阿罗汉、辟支佛、大力菩萨三[无]学人究竟果，珍宝大车平等种，无三种差别，即譬今日《法华经》中为众生受记同得佛果。"[①] 在这里，法云将火宅譬中的"三车"譬为"阿罗汉、辟支佛、大力菩萨"三无学人果，而非传统的"声闻、缘觉、菩萨"三乘。这两种说法的本质区别是：一言"阿罗汉"，一言"声闻"乘，二者的范围有大小之别。法云为何单列"阿罗汉"，而不言及其他声闻众呢？

小乘佛教声闻修道的阶位有四向四果，由低到高依次为：须陀洹向、须陀洹果、斯陀含向、斯陀含果、阿那含向、阿那含果、阿罗汉向、阿罗汉果。其中，四果阿罗汉，汉译为"无生"，意即修到此果位者，便可了尽生死。阿罗汉为声闻乘的最高果位，已入"无学人"之列，与"有

---

① [南梁]法云:《法华义记》,《大正藏》第33册，第619页上。

学人”有优劣之分。因此，法云在火宅譬中单列“阿罗汉”，而未及其余四向三果。《法华义记》卷四《譬喻品第三》曰：

> “是时长者见诸子等安稳得出”此下竟“无复障碍”，是第五明长者见子出火难譬，譬上《方便品》中第五“舍利弗当知 我见佛子等 志求佛道者 无量千万亿”，明如来见诸众生大乘机发。此中亦应具通学人、无学人大乘机发。今此文中略明无学人，所以尔者，为欲喻扬无学。学人正使未尽，是故贬之为劣；阿罗汉、辟支佛、大力菩萨断正使已尽，是故褒之为胜。[①]

法云认为，“是时长者见诸子等安稳得出”此段，与《方便品》中“舍利弗当知 我见佛子等 志求佛道者 无量千万亿”一偈相应，意在阐明如来感应到众生大乘机发。此“大乘机发”兼指“有学人”与“无学人”，此处只略明“无学人”，是为了褒扬“无学人”。在法云看来，“有学人”断正使[②]未尽，故被贬为较劣者；而阿罗汉、辟支佛、大力菩萨三无学人皆已断尽正使，故被褒为较胜者。

由此可见，法云判分阿罗汉、辟支佛、大力菩萨三无学人与有学人的标准是，是否断尽正使，得以出三界之外。正是因为阿罗汉、辟支佛、大力菩萨三无学人“褒之为胜”，有学人“贬为较劣”，法云才将“三车”判与三无学人。

二、七种有学人

法云在《法华义记》卷四《譬喻品第三》中，就众生如何修行成为“有学人”这一问题作出阐述：

> 第三言“竞共驰走”一句，即譬众生闻说三乘教，修行得无漏，入无相行，成七种学人。各修无漏断烦恼，即是“竞”也。同观无相之理，即是“共”也。兴心求进，即是“驰走”也。第四言“争出火宅”一句，即譬七种学人修行，遂证罗汉果，出三界外，得尽[智]、无生智，彼此各异证，譬如“争”

① [南梁]法云:《法华义记》,《大正藏》第33册，第618页中。

② 正使，对于“习气”之称。正现起之烦恼正体曰“正使”，其烦恼之余习则称“习气”。阿罗汉即断尽正使而习气尚存者。

也。[①]

法云认为，“火宅譬”中“竞共驰走”一句，是譬说过去众生依三乘教修行，得“无漏法”，了知“无相”之空理，成为七种有学人。各自修行，断除烦恼，即为“竞”。同观无相之空理，即为“共”。发心求进取，即为“驰走”。“争出火宅”一句是譬说七种有学人经过修行，将证极果阿罗汉，能出三界外，得尽智、无生智，但彼此各有异证，故譬说为“争”。法云此处明确指出有学人是“七种”，结合其“小乘之中自有四果，阿难是初果须陀洹位”等语，[②]可推知法云所言“有学人”的乘位，即依据“四向四果”理论，将阿罗汉以外的四向三果判为“七种（有）学人”。这一乘位架构，基本符合小乘阿毗达摩一系论典对于声闻乘的判分。

由此可见，法云将声闻乘判分为两阶：一是自“须陀洹向”起，至“阿罗汉向”之七种有学人；一是阿罗汉无学人。此两阶之判分主要以“有学”“无学”作为标准。既然“无学人”与“有学人”有优劣之分，那么，前者是否一定会比后者更先得大乘佛果？针对这一问题，法云与问难者进行了一番辩论：

问者言：“若尔者，无学人必应在前大乘机发，七种学人必应在后大乘机发，解亦应尔。”

解释者言：“本不定判无学人必应在前大乘机发，学人必应在后。问者所论据人有胜劣，学人为劣、无学人为胜也。”[③]

在法云看来，无论是“无学人”还是“有学人”，今日都具有大乘机发的可能，没有绝对的先后顺序。问难者所论的先后顺序，是基于“学人为劣、无学人为胜”的立场，但即使是断正使已尽的“无学人”三乘，已先具备出三界外索车的能力，但习气仍在，大乘机仍被五浊所蔽，亦不得真正的解脱。反之，如果“有学人”在当下即闻法信受，亦有可能大乘机发，早于“无学人”得究竟解脱果。换言之，“有学人”与“无学人”只在修行的深浅程度上存在优劣之分，就大乘机发的可能性而言，二者是相同的。此论反映出法云想要破除不同修行阶次教众之间的界限

① ［南梁］法云：《法华义记》，《大正藏》第33册，第618页中。
② ［南梁］法云：《法华义记》，《大正藏》第33册，第577页上。
③ ［南梁］法云：《法华义记》，《大正藏》第33册，第618页中、下。

的意图。

三、无学人——以尽智、无生智为车体[①]

如前所述，法云曾曰："七种学人修行，遂证罗汉果，出三界外，得尽[智]、无生智。"即唯有阿罗汉以上之"无学人"，才能得尽智、无生智。在这一前提下，法云按照"十智"理论，将尽智、无生智判为车体，阐发其"有学人非索车者，无学人为索车者"的观点。法云曰：

> 功德之用无运载故，唯取智慧以为车体，智慧众多复非一条。今据境捡求，不出十智。十智者：一苦智、二集智、三灭智、四道智、五名字智、六法智、七比智、八他心智、九尽智、十无生智。虽有十智，今核论车体，唯取尽智、无生智以当车体，其余八智非正车体。虽非正体，得为校具。所以言四谛智非正车体者，本言车在门外，若言四谛智是车体者，七种学人已具四谛智，故不当车体也。复言名字智非正车体者，知法名字是名字智，非唯七学人已有名字智，凡夫有名字智，故知名字智非车体也。法智者知现在法名为法智，凡夫及七种学人皆知现在法，故知法智复非车体也。本言比知过去未来法名为比智，凡夫及七种学人皆能比知过去未来法，故知比智复非车体也。所以言他心智非车体者，外道五通亦得他心智，故知他心智复非车体也。唯有尽智、无生智正是车体。[②]

法云此处所言"十智"之名目与《成实论》相同，但其对"十智"的诠释内容与《成实论》并不一致。[③]法云认为，"十智"中的前八智或为外道所知，或为凡夫所知，或为七种学人所知，唯有尽智、无生智，是"无学人"以上才具有。因此，法云在判别火宅譬中的"车"所指为何时，论断"十智"之中，唯有尽智和无生智可作为车体，即无学人（出三界外）才具有的智慧，其余八智都只可作为车的校具（装饰物）。法云论断的依据是，火宅譬说的是"车"在门（三界）外。

---

① 所谓"无学人"，除声闻乘之阿罗汉外，尚有缘觉、菩萨二乘之修行者。今列于"声闻乘之判分"中，以便与声闻乘之"有学人"相对。

② [南梁]法云：《法华义记》，《大正藏》第33册，第619页上、下。

③ "十智"之名目及内容，参见[东晋]鸠摩罗什译：《成实论》，《大正藏》第32册，第371页下—372页下。

当时的佛学者针对法云此说先后提出九番问难。限于篇幅，这里仅举一例。问难者提出：若将尽智、无生智视为“车体”，那么，三种“无学人”只有此二智，而无其余八智；七种“有学人”只有八智，而无尽智、无生智。换言之，“有学人”与“无学人”拥有不同的智慧。法云回应道：

> 无学人罗汉自具十智，但于十种智中，唯取尽智、无生智以当车体，其余八智非正车体。若论七种学人，亦有尽、无生智，但有法不同故。如须陀洹照三途因尽，即是尽智，照三途果亡，即是无生智。今七种学人犹有三界生，云何有此尽智、无生智？且自三车本在门外，若便呼七种学人尽智、无生智为车体者，则是三车便在门内也。①

按照法云的说法，“无学人”自然是具备“十智”的，不过“十智”之中，只取尽智、无生智作为车体，其余八智都只可作为车的校具。同理，七种“学人”亦有尽智、无生智，但其尽智、无生智与“无学人”之尽智、无生智在程度上有所不同。如须陀洹照“三途”（三恶道）因尽亦可谓得“尽智”，“三途”果亡亦可谓得“无生智”，但这也仅是不复轮回于三恶道，而犹将生于六道中之其余三道，未能跳出三界，又怎可谓具有“无学人”的尽智、无生智呢？如果把七种“学人”的尽智、无生智当作“车体”，那么，车就只能在门内，而非在门外（三界外）了。

关于尽智与无生智，《成实论》卷十六《十智品》云：“故知一切相尽，名为尽智。知诸相不生，名无生智。学人断相尽已更生，无学相尽更不复生。若能令诸相尽灭，更不复生，尔时名无生智。问曰：‘学人亦知有尽智、无生智。如念我三结尽，更不复生，何故不说十分成就？’答曰：‘学人不能断一切相，故不说有尽智、无生智。如人处处系缚，虽一处解，不名得脱。’”②《成实论》明言“学人”未能断一切相，故不能说有尽智、无生智。法云“七种学人亦有尽、无生智”的主张，与《成实论》截然不同，故当属其个人创见。法云提出此论的意图，很可能是为了打破不同阶位之间的森然壁垒，以便完成最终的会归。

---

① ［南梁］法云：《法华义记》，《大正藏》第33册，第619页下。

② ［东晋］鸠摩罗什译：《成实论》，《大正藏》第32册，第372页下。

第二节　法云对大乘菩萨阶位系统的构建

一、“增道损生”系统

法云亦构建了一个完整的大乘菩萨阶位系统。据《法华义记》卷八《分别功德品第十六》记载：

> “于时世尊”此下是第二正受记。就正受记中自有三种受记：第一举增道授因地记；第二举损生授果地记；第三授外凡夫发心记也。但授因地记中凡有六种记，即是授六地记也：一、“得无生法忍”，此明住前菩萨闻说《法华经》佛命长远之相，进得登初地。始出凡界冥会无生，以初得故受无生之名，是故《十地经》(此指《十住经》)叹初地菩萨言“生在佛家，种性无可机（讥）嫌”，即结言“以不动法故”。二、“得闻持陀罗尼门”者，此明初地菩萨闻说寿量得登二地。陀罗尼者，外国之音，此间言总持。三、“得乐说无碍辨才”者，此明二地菩萨闻说寿量得登三地。四、“无量旋陀罗尼”，此明三地菩萨闻说寿量得登四地。旋陀罗尼者，是周遍总持。五、“能转不退法轮”者，此明四地菩萨闻说寿量得登五地。五明不退。六、“能转清净法轮”者，此明五地菩萨闻说寿量得登六地。六地菩萨有般若波罗蜜光明现在前。如此法门颁类不同者，此为复依估，各举一种法门配六地也。
>
> “复小千国土”下，此是第二寄损生授果地记。所言果地记者，此中皆举果以明损生，此是。但人解此损生不同，今且就一家所习，从七地至金刚心，凡有九品作损生之义，但烦恼是生因，七地以上果报无有期限难可得判，只就断烦恼品数百千万种，今就一种作义。从七地以上至金刚心断烦恼凡作九品，上上、上中、上下也；中上、中中、中下也；下上、下中、下下也。何者？七地所断者作二品：上品、上中品；八地所断者作二品：上下品、中上品；九地所断者作二品：中中品、中下品；十地所断作二品；下上品、下中品；金刚心所断者作一品：下下品。此九品烦恼皆得生，故言九生也。若依《十地》解忍

者，地地之中各有三[1]忍，今欲消此经文，故七地以上各有三[2]忍，六地菩萨闻寿量之说得登七地下忍，即断一品烦恼，所余八品为八生作因，故言八生当得菩提。七地下忍菩萨闻说寿量得登七地上忍，于时即断一品烦恼，即损二品生，即七生当得菩提。七地上忍菩萨闻说寿量进登八地下忍，于时即断一品烦恼，已损三品生，余有六品烦恼，即是六生当得菩提。八地下忍菩萨闻说寿量进登八地上忍，于时即断一品，已损四品生，余有五品，即是五生当得菩提。八地上忍菩萨闻说寿量进登九地下忍，于时即断一品烦恼，已损五品生，余有四品，即是四生当得菩提。九地下忍菩萨闻说寿量进登九地上忍，于时即断一品，已损六品生，余有三品烦恼，即是三生当得菩提。九地上忍菩萨闻说寿量进登十地下忍，于时即断一品，已损七品生，余有二品烦恼，即是二生当得菩提。十地下忍菩萨闻说寿量进登十地上忍，于时即断一品烦恼，已损八品生，余有金刚心所断一品烦恼，即是一生当得菩提。但文句略，故从八生仍超至四生也。

“复有八世界”此下是正授记中第三，授外凡夫等记摄退堕人也。[3]

法云此处所疏释的对象，为《妙法莲华经》卷五《分别功德品第十七》下经文：

于时世尊告弥勒菩萨摩诃萨：“阿逸多！我说是如来寿命长远时，六百八十万亿那由他恒河沙众生，得无生法忍；复有千倍菩萨摩诃萨，得闻持陀罗尼门；复有一世界微尘数菩萨摩诃萨，得乐说无碍辩才；复有一世界微尘数菩萨摩诃萨，得百千万亿无量旋陀罗尼；复有三千大千世界微尘数菩萨摩诃萨，能转不退法轮；复有二千中国土微尘数菩萨摩诃萨，能转清净法轮；复有小千国土微尘数菩萨摩诃萨，八生当得阿耨多罗三藐三菩提；复有四四天下微尘数菩萨摩诃萨，四生当得阿耨多罗三藐三菩提；复有三四天下微尘数菩萨摩诃萨，三生当得阿耨

① 从下文每地皆有“下忍”“上忍”两个忍位来看，此处之“三”，疑作“二”。
② 此处之“三”，疑作“二”。
③ [南梁] 法云：《法华义记》，《大正藏》第33册，第672页上、下。

多罗三藐三菩提；复有二四天下微尘数菩萨摩诃萨，二生当得阿耨多罗三藐三菩提；复有一四天下微尘数菩萨摩诃萨，一生当得阿耨多罗三藐三菩提；复有八世界微尘数众生，皆发阿耨多罗三藐三菩提心。"①

法云认为，此段经文是对因地记、果地记以及发心记三种授记的详尽阐述。这三种授记之修行阶次，由浅至深依次为：外凡夫闻经发心；从初地②至六地，乃以"增道"明"因地"；从七地至金刚心，乃以"损生"明"果地"。关于"外凡夫"，法云仅言其所摄者乃"退堕人"，若是结合智顗《法华文句》卷十记法云观点时所称"以外凡闻经发心住三十心"来看，"外凡夫发心"应指外凡夫闻经发心始住地前之三贤位（十住、十行、十回向），亦即外凡夫当为三贤位以前十信位③菩萨中有可能"位退"之菩萨。④

所谓"增道损生"者，"增道"之"道"，指中道之智；"损生"之"生"，指变易生死。"增道损生"即指中道之智渐次增进，而变易生死随之渐次损减。法云所构建的"增道"系统，其框架结构大致为：自初地至六地，菩萨每增一中道之智，即晋一地：住前菩萨闻说《法华经》佛寿长远，得无生法忍，登入初地；初地菩萨闻经得闻持陀罗尼，登入二地；二地菩萨闻经得乐说无碍辨才，登入三地；三地菩萨闻经得无量旋陀罗尼，登入四地；四地菩萨闻经能转不退法轮，登入五地；五地菩萨闻经能转清净法轮，登入六地。具体位况如下：

---

① 《妙法莲华经》,《大正藏》第9册，第44页上。

② 此处所谓之"地"，指"十地"，即大乘菩萨道的十个修行阶位。大乘菩萨五十二种阶位（十信、十住、十行、十回向、十地、等觉、妙觉）中，十地即第四十一至第五十之位。在佛典中，不同经论对十地的阐述有所不同，有三乘共通之十地、梵文《大事》之十地、《华严》十地等多种说法，其中最为通用者，乃《华严》十地，即："一者欢喜地，二者离垢地，三者发光地，四者焰慧地，五者难胜地，六者现前地，七者远行地，八者不动地，九者善慧地，十者法云地。"参见 [唐] 实叉难陀译:《大方广佛华严经》,《大正藏》第10册，第179页中。印顺法师关于"十地"的论述，参见其《成佛之道》，中华书局，2010，第267—275页。

③ "十信"为菩萨五十二阶位中，最初十位应修之十种心。此十种心在信位，能助成信行。全称"十信心"，略称"十心"。详见《菩萨璎珞本业经》卷上,《大正藏》第24册，第1011页下。

④ 十信菩萨中有"位退"可能者，为六心以还菩萨。详见下文"退与不退"中关于"位退"之论述。

得无生法忍	初地
得闻持陀罗尼	二地
得乐说无碍辩才	三地
得无量旋陀罗尼	四地
得不退法轮	五地
得清净法轮	六地

法云建构的大乘菩萨阶位判分理论体系中，更具创造性的是“损生”系统。该系统从七地菩萨开始，至等觉金刚心菩萨，有“九品”损生。烦恼是受生之因，七地以上，果报无量难判，仅断烦恼之品级就有百千万种，而法云仅举一种判分之法，将七地以上至金刚心阶位所断之烦恼分为九品：上上、上中、上下；中上、中中、中下；下上、下中、下下。从七地至十地，每一地可断二品烦恼，至金刚心时，可断最后一品——下下品烦恼。每一地的具体判分如下：

各地所断烦恼：

七地	上品、上中品
八地	上下品、中上品
九地	中中品、中下品
十地	下上品、下中品
金刚心	下下品

为了进一步阐发“损生”之义，法云将“忍位”也纳入了整个体系。从七地以上，各有二忍位（“下忍”和“上忍”），每一地的菩萨只要闻佛寿量之说，断一品烦恼，便可晋一个忍位；每晋一个忍位，便可损一生。从六地菩萨得晋七地下忍位开始，到十地上忍位，共损八生；至等觉金刚心，可断最后一品烦恼，得证阿耨多罗三藐三菩提。故从七地起，言“八生”当得阿耨多罗三藐三菩提；至最后十地上忍位时，言“一生”可得阿耨多罗三藐三菩提。具体位况如下：

六地菩萨

↓

七地下忍菩萨　断一品烦恼，损一品生，余八品，八生当得菩提

↓

七地上忍菩萨　断一品烦恼，损二品生，余七品，七生当得菩提

↓

八地下忍菩萨　断一品烦恼，损三品生，余六品，六生当得菩提

↓

八地上忍菩萨　断一品烦恼，损四品生，余五品，五生当得菩提

↓

九地下忍菩萨　断一品烦恼，损五品生，余四品，四生当得菩提

↓

九地上忍菩萨　断一品烦恼，损六品生，余三品，三生当得菩提

↓

十地下忍菩萨　断一品烦恼，损七品生，余二品，二生当得菩提

↓

十地上忍菩萨　断一品烦恼，损八品生，余一品，一生当得菩提

↓

金刚心菩萨　断最后一品烦恼

法云之前的《法华经》注本，今仅存竺道生之注本，但道生并无关于“损生”的分判言论。同期的各类注疏中，也未见有提及此项内容者。笔者由此推断，法云建构的“损生”系统应是现存最早的“损生”系统。

智顗进一步深化了法云的“增道损生”系统，并将其发展为天台学说中的一个重要板块。智顗关于菩萨阶位系统的论述，载于《妙法莲华经文句》卷十《释分别功德品》。智顗在综述前人的观点时，仅提及法云与世亲《法华论》之主张，其引述法云之“增道损生”系统曰：

> 光宅云：“一约功德门，记其行进现在修因；二约智慧门，记其损生未来得果；三明外凡发心。夫授记通因果，此三通是授记耳。下‘八世界’发心，应在初列，以外凡闻经发心住三十心。三十心闻经始出内凡登于初地，得无生忍；初地闻经进入二地，得闻持；二地闻经得入三地，名乐说辩；三地闻经入四地，得无量旋；四地闻经入五地，名不退；五地入六地，名清净轮。‘小千’已去约损生门授记。七地已断无明惑。惑有九品，能为九生作因。从七地已上，果报无有期限，难可得判，但断九品烦恼为言。烦恼品数百千万种，今约一种九品作义。七地所断作下上二品，乃至十地所断，亦作上下二品，金刚心

所断作一品。六地闻经登七地下忍，断一品，所余八品在为八生作因，故云八生当得菩提。七地上忍复断一品，即损二品生。余七品为七生作因，七生当得菩提。诸品例有上下，一品尽，损一生。文略。故从八地乃至四生。余有一生，即金刚心断之法也。”①

根据智顗的概述，法云以外凡夫闻经发心住三十心②为记“发心”；从初地至六地为记“修因”；从七地至等觉金刚心为记“得果”。智顗的概述与法云在《法华义记》中所言基本一致。

智顗在阐述完法云与世亲《法华论》之主张后，接着对二人关于菩萨阶位的判分提出了批判，认为它们皆与经意不符，并提出自己的“增道损生”理论。智顗曰：

今本门增道损生，皆约圆位解释。下八世界发心者，六根清净人，初入十信位也，故《仁王》云“十善菩萨发大心，长别三界苦轮海”，即此义也。得无生忍，入十住位也，故《华严》云“初发心住，一发一切发，得如来一身无量身，清净妙法身，湛然应一切”，即此义也。得闻持陀罗尼，入十行位也。得乐说辩才，入十回向位也。得无量旋陀罗尼，入初地也。得不退，入二地也。得清净，入三地也。八生，入四地也。七生，入五地也。六生，入六地也。五生，入七地也。四生，入八地也。三生，入九地也。二生，入十地也。一生，入等觉金刚心。若论增道损生，不如光宅断因生之生，不如天亲断果报之生，但约智德论增、约断德论损，约法身论生、约无明论灭。③

根据智顗的“增道损生”理论，菩萨之修行阶位自初地以上至等觉金刚心阶位菩萨，其中道之智次第而增，称为增道；由于智增而无明遂断，变易生死乃渐次损减，称为损生。具体位况如下：

① [隋]智顗:《妙法莲华经文句》,《大正藏》第34册，第136页上、中。

② 所谓“三十心”，指十地以前之三贤位（十住、十行、十回向）菩萨。此三阶中，每阶又各有十心之别，合称三十心，分别对治各障。（参见李通玄:《新华严经论》卷十七,《大正藏》第36册，第833页上。）菩萨乘中，十信菩萨称为外凡，此三贤位菩萨称为内凡。

③ [隋]智顗:《妙法莲华经文句》,《大正藏》第34册，第136页下。

六根清净	→	入十信位
得无生忍	→	入十住位
得闻持陀罗尼	→	入十行位
得乐说辩才	→	入十回向位
得无量旋陀罗尼	→	入初地
得不退	→	入二地
得清净	→	入三地
八生	→	入四地
七生	→	入五地
六生	→	入六地
五生	→	入七地
四生	→	入八地
三生	→	入九地
二生	→	入十地
一生	→	入等觉金刚心

智顗坦言，其“增道损生”系统与法云断烦恼因之损生系统不同，只是就智德而言增，就断德而言损；且就法身而言生，就无明而言灭。纵观法云、智顗之说便不难发现，二人之说虽在细节安排上有所不同，但智顗以“增道”即晋位以及凭“损生”之数以定菩萨阶位的思路，实与法云如出一辙。

二、“退”与“不退”

既以“损生”系统排定大乘菩萨阶位，那么是否菩萨一旦登入某一阶位，便永不退转了呢？关于菩萨在各阶位“退”与“不退”的问题，法云于《法华义记》卷一言道：

> “皆于阿耨多罗三藐三菩提不退转”，此是第三谈其阶位。但此中所谈，据八地已上，明此诸菩萨居在不退位中。
>
> 夫退有三种：一者位退、二者行退、三念退。自六心以还轻毛位，信首五根未成，遇恶友时能断善根退入恶流，故称位退也。第二，从七心以上讫六地以还，名为行退，正明入忍之行有退失也。第三，七地一地呼为念退，正明二谛之念不恒，故言念退。

> 然退之中亦有不退之义。何以知之？夫一善染神历劫不朽，是习因之义不亡，招乐之义不失，应非是退；但六心以还，唯有一善染神不退。复有三种退义，即是位退、行退、念退，是故不得受不退之名也。又七心以上六地以还，亦有不退之义，位登信首五根不复流转，乃至初地以上六地以还，心会无相之境、意入二谛之中，是故《维摩经》言："受不退，常寂然"。所以不受不退名者，但位虽不退犹有两退之义：一明入忍之行相似无漏无得而失，二明二谛之念不恒现在前，是故受行退之名也。七地菩萨位登初忍实无退失，入忍诸行兴心即得，但杂相烦恼未尽，犹有出入观异，致令二谛明解不恒现在前，故受念退之名也。
>
> 今明八地以上菩萨永绝下地三种退义，位登法流长不出观，念念皆明，岂有念退？所以尔者，有其二义：一明位登此地不复进退学，二明枝恶未尽唯断根本也。所以言于三菩提不退者，三菩提者正遍知道也，道者即是因也，正明此诸菩萨于无上正遍知因中不复退转也。[①]

此段为诠解《妙法莲华经》卷一《序品第一》中详列听法四众的菩萨众[②]，法云据经文所言"皆于阿耨多罗三藐三菩提不退转"，将听法的诸菩萨判为八地以上，居于"不退位"的菩萨。并接着谈到，菩萨的"退"有三种："位退""行退""念退"。十信菩萨（详见前文注释）中六心以还轻毛位菩萨[③]"信首五根"未成，遇到恶友便易断善根，故称为"位退"；七心以上，到六地晋七地之前，由于尚未入于忍位，仍有可能退失，故称为"行退"；到七地以上，正式入于忍位，但对"二谛"并无恒念，故称为"念退"。

然而，"退"与"不退"之间的判分亦非绝对，法云认为，"退"中含有"不退"之义，因为从一"善"染"神"开始，便已可历劫不朽，不会失却修习善因以招乐果（脱离三界之苦）之本，故有"不退"之义。

之所以言"退"，因为六心以还之菩萨，除一善染神"不退"外，仍

---

① ［南梁］法云：《法华义记》，《大正藏》第33册，第580上、中。

② 《妙法莲华经》，《大正藏》第9册，第2页上。

③ 此处所谓之"轻毛位菩萨"，即为大乘发意不久，信根未成，如轻毛般飘摆不定之十信菩萨。其义详见［东晋］鸠摩罗什译：《摩诃般若波罗蜜经》卷十五，《大正藏》第8册，第329页中；《佛说仁王般若波罗蜜经》卷二，《大正藏》第8册，第831页中；《金刚经纂要刊定记》卷三，《大正藏》第33册，第196页下。

有“位退”“行退”“念退”；七心以上，六地以还，位虽“不退”，仍有“行退”“念退”；七地虽位、行皆已不退，仍有“念退”，是故以上三者，皆不得“不退”之名，但此“退”并非永恒断失。

八地以上，则可永绝三种退，因为八地菩萨已可长观诸法实相，所以连“念退”都无，此处“不退”有二义：一、位登此地便不会再退转；二、断恶习之根本。

法云关于菩萨位退与不退的思考颇具苦心，尤其是“一善染神”便得不退的主体，不单涉及菩萨，亦囊括三乘，是从“当果”的角度，言说三乘修行者“一善染神”，便终得解脱的必然果报。此“一善”，来自于“信”，故“信”被法云视为大乘机发以得解脱的根本，其在《法华义记》卷五即曰：“夫善生必以信心为本，于时虽失大解，由有信心，于五戒十善教中修行，能令大乘智愿善根不断，是故‘我昔教汝志愿佛道。汝今悉忘。我今还欲令汝忆念本愿所行道。’故若言永断者，云何言忆也？”[①]此处，法云明言“善”之所以生，是因为对佛法有信心。所以就算暂时失却“大（乘）解”，因为仍有信心之故，仍可从“五戒十善教”（有相教）的基础修行，得大乘解脱的善根并未断绝。法云提出“一善染神”便得不退的架构，很可能是为了找到一个三乘皆同的基点，以调和三乘差别，方便最终的会归。

第三节　法云的三乘总论

一、外凡夫与内凡夫

除以上声闻、菩萨乘之阶位外，《法华义记》还多次出现“外凡夫”与“内凡夫”之名，要完整地理解法云所建构的修行系统，我们亦有必要对这两种修行人进行界定。

“凡”为“圣”之对称，“凡夫”意译为异生，指凡庸之人。“凡夫”有内、外之分。《大乘义章》卷十七云：“一者外凡，五停心观总别念处，事中安心未观谛理，名之为外，具足死凡鄙之法，故名为凡。二者内凡，暖等四心，学观谛理得圣人性，故名为内，凡法未舍，故称为凡。”[②]由于大小乘在修行上之阶位并不全同，故其对内、外凡的判定也有差别。小

① ［南梁］法云：《法华义记》，《大正藏》第33册，第634页中。

② ［隋］慧远：《大乘义章》，《大正藏》第44册，第792页中、下。

乘以五停心、别相念处、总相念处等小乘三贤位为外凡，以暖、顶、忍、世第一法等四善根位为内凡。大乘则以初地以上为圣者，十住、十行、十回向等大乘三贤位为内凡；十信位为外凡。[①]

法云关于内、外凡夫之观点自成一家之说。《法华义记》卷五《譬喻品第三》曰：

> 今先就声闻乘作四阶正合者，初言“从佛世尊闻法信受”，此则合上第一“心各勇锐”生外凡夫善根也。“殷勤精进”此一句，即合上第二“互相推排”生内凡夫善根也。“欲速出三界自求涅槃”是第三阶，即合上第三“竞共驰走”，声闻乘人闻佛说法进入无相行，见谛思惟治道断结也。“是名声闻乘”，是第四阶，即合上第四阶“诤出火宅”得罗汉果也。“如彼诸子”下，即举外譬帖合也。
>
> “若有众生”此下是第二，就辟支佛乘又作四阶正合之。初言“从佛世尊闻法信受”，此即合第一“心各勇锐”，缘觉乘人闻佛说法生外凡夫善根也。“殷勤精进”此即合第二“互相推排”，生内凡夫善根也。“求自然慧”此下即合上第三“竞共驰走”，明中乘人闻佛说法，进入无相行见谛思惟治道断结也。所以言“自然”者，二谛境是自然，今慧从境受名，呼慧为自然也，是名辟支佛乘，此即合第四“诤出火宅”，证无学果也。“如彼诸子”下，即举外譬帖合之也。
>
> “若有众生”此下是第三菩萨乘人，又作四阶正合之。初言“从佛世尊闻法信受”，此即合第一阶“心各勇锐”，生外凡夫善根也。“殷勤精进”，此是第二，即合“互相推排”，明菩萨闻佛说法，生内凡夫善根也。“求一切智”此下第三，即合上“竞共驰走”，菩萨闻佛说法，进入无相行见谛思惟断结也。“佛智”者，即是三乘中佛果也。“自然智”犹如前释也。“无师智”者，正明断习气尽成无学果，呼无学智为无师智也。“是名大乘”，此是第四，即合上“诤出火宅”证无学果。“如彼诸子”下，即

① 天台宗所立藏、通、别、圆四教之中，其内外凡之分位并不相同。如藏教以小乘三贤位为外凡，四善根位为内凡。通教以十地菩萨中之第一干慧地为外凡，第二性地为内凡。别教以菩萨五十二位中之十信位为外凡，十住、十行、十回向为内凡。圆教以八位之第一五品弟子位为外凡，十信位为内凡。参见［北宋］谛观：《天台四教仪》，《大正藏》第44册，第776页下—779页上。

举外譬帖合也。[1]

从法云此段注疏来看，声闻、缘觉、菩萨三乘各自皆有外凡夫与内凡夫之别。那么每一乘中二者的具体区别在哪里呢？先就声闻乘而言，《法华义记》卷四《譬喻品第三》曰：

> “尔时诸子闻父所说珍玩之物”，此下是第四段明诸子受行，即譬上《方便品》中第四“便有涅槃音及以阿罗汉，法僧差别名”，明三乘人受行遂得圣道。今就此第四中自有四阶：第一竟“心各勇锐”，此明众生闻说三乘教，即生外凡夫善根。第二“互相推排”一句，譬众生闻说三乘教，修行登内凡夫位，虽复推排犹自未得出门。何以内凡夫犹是具缚？修行伏烦恼即是动义，不能断结出生死，即是未动亦有动不动义。第三言“竞共驰走”一句，即譬众生闻说三乘教修行得无漏入无相行，成七种学人，各修无漏断烦恼，即是“竞”也。同观无相之理，即是“共”也。兴心求进，即是“驰走”也。第四言“争出火宅”一句，即譬七种学人修行遂证罗汉果，出三界外得尽无生智，彼此各异证，譬如“争”也。[2]

此段虽言“三乘”，但就整段论述而言，皆是说的声闻乘之事。声闻乘之外凡夫的判断标准比较简单，只要“闻说三乘教”，便已经生出外凡夫善根。而声闻乘之内凡夫的判断标准则稍微复杂，从其“内凡夫犹是具缚”以及“不能断结出生死”等语来看，很明显声闻乘之“内凡夫”仍未能断结生死，脱出三界。再结合《法华义记》卷七《五百弟子授记品第八》的论述，基本可得声闻乘内凡夫之判定范围，其文曰：

> 上受行中自有四阶，今者亦具领四阶，一者言“起已游行”此则领上“是时疲极之众心大欢喜”，明外凡夫修行即是“心各勇锐”闻法信受。二者言“到于他国”此则领上言“我等今者免斯恶道”即是内凡夫修行，信道五根立故言他国。三者“为衣食故勤力”，此则领上于是众人前见谛思惟治道即是“竞共驰走”。四者言“若少有所得便以为足”，此则领上入化城生已度

① [南梁]法云:《法华义记》,《大正藏》第33册，第624页上、中。
② [南梁]法云:《法华义记》,《大正藏》第33册，第618页上、中。

想，明无学果，即“诤出火宅”义也。[①]

从法云此段关于“宝珠譬”之注疏中，对第一，二阶中“外凡夫”与“内凡夫”之描述来看，二者之别，即在于“免斯恶道”（六道中的三恶道），亦即入流（须陀洹向）与否是其划分标准，入须陀洹向，即为“内凡夫”，“信道五根”得以确立。

关于“信道五根”确立之状态，《杂阿含经》卷二十六（六四四经）曰：“尔时，世尊告诸比丘：‘有五根。何等为五？谓信根、精进根、念根、定根、慧根。若比丘于此五根如实善观察，如实善观察者，于三结断知，谓身见、戒取、疑，是名须陀洹，不堕恶趣法，决定正向于正觉，七有天人往生，究竟苦边。’”[②]同卷，其下（六四五经）又曰：“尔时，世尊告诸比丘：‘于此五根如实观察者，不起诸漏，心得离欲解脱，是名阿罗汉，诸漏已尽，所作已作，离诸重担，逮得己利，尽诸有结，正智心善解脱。’”[③]可见，只要如实明见此信道五根，便能得声闻乘初果须陀洹乃至极果阿罗汉。

法云关于“内凡夫”的描述，基本符合《杂阿含经》这一说法。所不同之处，在于法云认为声闻乘之内凡夫仍未断尽生死，故法云判定的声闻乘内凡夫，当为从须陀洹向修行，以至阿罗汉向的七种有学人。

缘觉乘之外、内凡夫在《法华义记》中并无具体阐述。关于菩萨乘之外、内凡夫，《法华义记》卷三《方便品第二》曰：“但外凡中有两种人：自有一种人易可回转，如《大品》所明轻毛之位；自有一种人实欲进行者。”[④]可见，菩萨乘之外凡夫有两种，一种即易退转之轻毛位菩萨，另一种则为信心坚固，一心精进之菩萨。

又，《法华义记》卷六《药草喻品第五》曰：

> 下经又言：“大树小树，但草木自有众多，今唯取堪为药者”，内合众生虽复凡圣众多，止取五乘之人堪修行者为药之用。人乘天乘此二人以譬小药草，声闻缘觉此二人以譬中药草，三乘中菩萨以譬上药草。今大乘中明内凡夫菩萨以譬小树，初地以上菩萨以譬大树。[⑤]

① ［南梁］法云：《法华义记》，《大正藏》第 33 册，第 658 页中。
② 《杂阿含经》，《大正藏》第 2 册，第 182 页中。
③ 《杂阿含经》，《大正藏》第 2 册，第 182 页中。
④ ［南梁］法云：《法华义记》，《大正藏》第 33 册，第 601 页下。
⑤ ［南梁］法云：《法华义记》，《大正藏》第 33 册，第 647 页下。

于中，法云明确言道以内凡夫菩萨譬小树，初地以上菩萨譬大树，意即菩萨乘之内凡夫当指未登“初地”之菩萨。再结合前述法云在“外凡夫发心记”中所言“外凡夫等记摄退堕人”，以及智顗引述法云观点时所言“外凡闻经发心住三十心”，足见法云所判定的菩萨乘之外凡夫，当为三贤位之前，十信位菩萨中仍有“位退”可能的菩萨，亦即十信菩萨中六心以还菩萨；内凡夫则为七心以上及地前三贤位菩萨。

而自凡夫修行，至菩萨阶位，就法云来看，其间是一个因果习续而成的过程。有行善之因，方能成就功德之果。《大般涅槃经疏》卷二十“德王品”下叙述了南朝诸师对于“五行”和“十功德”[①] 的看法，其中提到法云对此的看法，其文曰：

> 光宅云：五行十德体一义异，同是因善，起自外凡，终于穷学。感后集果谓之为行，酬前习因谓之功德，是则行因德果。……光宅云：习因习果乃菩萨之位，不关佛乘。[②]

法云认为，“五行”和“十功德”虽其义不同，但都是一体，都是因善而起。修行从见道之前的凡夫阶位起，至已达佛理之极致，无惑可断，亦无可学之无学人，在这个过程中，造善因以期善果即为“行”，由前之善因而最终有成即为“功德”，“行”“德”皆是习续而成，这就是法云所谓的“行因德果”。法云认为，“行因德果”仍只属于菩萨乘的范畴，而不属于佛乘的范畴。这也从另一个侧面反映出法云于声闻、缘觉、菩萨三乘之外另立一佛乘的四乘观点。

二、三乘之别与同

从上文法云对三乘阶位的不同描述中，可见其一方面认为三乘之间存在着非常明确的分判界线；但另一方面，无论是其提出有学人、无学人都具有大乘机发的可能，没有绝对的先后顺序；还是认为有学人、无学人皆具备尽智、无生智，不过是程度差异；抑或是其对于“一善染神”

---

① “五行”指菩萨所修的五种行法，即圣行、梵行、天行、病行、婴儿行。“十功德”指：“（一）入智功德；（二）起通功德；（三）大无量功德；（四）十利益成就功德；（五）五事报果功德；（六）心自在功德；（七）修习对治功德；（八）对治成就功德；（九）修习正道功德；（十）正道成就功德。”参见［隋］慧远：《大乘义章》，《大正藏》第 44 册，第 753 页中、751 页下。

② ［隋］灌顶撰，［唐］湛然再治：《大般涅槃经疏》，《大正藏》第 38 册，第 153 页中。

便得不退的架构，皆旨在阐发三乘皆同的观点，以调和三乘差别，方便会归。

法云关于三乘有别亦有同的观点，在《法华义记》卷三《方便品第二》中通过对两次问难的回应，有更为清楚的呈现：

> 问者言："三家解脱一等，不应有三车受别也。"
>
> 解释者言："三家解脱所以一等者，同取三界因果尽无为，无为既不殊，是故皆名作一解脱。所以有三车之喻、运因胜负者，此据力用有短有长，声闻[①]断三界正使尽，取譬羊车；缘觉侵少许习气，取譬鹿车；菩萨断习都尽，取譬牛车。"
>
> 问者又言："断惑既有优劣，无为亦应不等也。"
>
> 解释者又言："引昔作义，不言习气受生；虽断习气，不就习尽处制果。然三家同取三界因果尽处，制尽、无生智，若语其解脱，三家一等；论其功用，有广狭之殊、长短之别。取譬三车，故言'佛说一解脱义'，解脱是有馀、无馀涅槃，即是灭谛也。义者即是道谛，举果明因，我昔依佛教修行道谛、证得灭谛果，故言'佛说一解脱义，我等亦得此义到于涅槃'。"[②]

问难者首先提出，既然三家都追求同样的解脱之果，那么就不应有三车的差别。对此，法云回应道，三车之别在于运载之用上有长短之别，即三乘断惑各有阶别：声闻（阿罗汉）已尽断三界正使，然习气犹重，故只得譬之"羊车"；缘觉沾染的习气较少，譬之"鹿车"；菩萨连习气都已断尽，故譬之"牛车"。

针对这一应答，问难者又提出，就"断惑"而言，三乘既有优劣，那所得之无为果亦应有别。对此，法云回应道，三界内因果俱尽，即得尽智、无生智，亦即得无为果，出三界外，故就解脱这一意义而言，三乘无为果等一，只不过是功用有殊别而已。正如三车各有不同，但都是车，都能最终导向终极解脱一样。

也就是说，三乘之别在于断惑各有阶别，如三车之功用各有殊别；然而就得无为果获得解脱（出三界外）这一点而言却是三乘皆同，正如

---

① 值得注意的是，法云此处虽以"三车"譬"声闻""缘觉""菩萨"，而非"阿罗汉""辟支佛""大力菩萨"，但从其"声闻断三界正使尽"之言来看，此处所言之"声闻"实指"阿罗汉"（唯阿罗汉果方断尽正使，脱出三界）。

② [南梁]法云：《法华义记》，《大正藏》第33册，第600页上。

三车虽有不同，但都是车，都具有运载之功。通过这两次回应，三乘之别与同的矛盾在法云的学说体系中得以统一。

三、二乘转为菩萨乘后同归佛乘

三乘修行之道各自有别，虽最终都将会归于一佛乘，然声闻、缘觉二乘在会归之前，比之菩萨乘，尚需多经历一个由小转大的过程。前文已述，法云在论述实智时提出四一之境，其文曰：

> 实智所照之境凡有四种：一者是教一；二者是理一；三者是机一；四者是人一。明如来之智照此四一之境，此即是实智。所言教一理一者。今日唱明因无异趣，果无别从，然真实之义其理莫二。然所诠之理既一，能诠之教何容是二也？复言机一者，《法华》座席时，众者有感一果之机一也。人一者，明昔日声闻、缘觉等人今日皆改心成菩萨。下经文言但化诸菩萨无声闻弟子，亦言一人有一机，感一教一理。如来用一教说一理，应一机化一人也。是故如来智慧照此四一之境即是实智体也。[1]

实智所照之境即是四一之境，“四一”即指教一、理一、机一、人一。四一之中，“人一者，明昔日声闻缘觉等人今日皆改心成菩萨”。从法云关于“人一”的这一阐述可见，其认为佛陀初说三乘方便，待声闻、缘觉二乘受大乘法熏习，根熟皆成菩萨乘后，才能同转为究竟真实的一佛乘。为此法云还举《方便品》中“普告诸大众，但以一乘道，教化诸菩萨，无声闻弟子”[2]一偈以说明在宣讲一乘真实法时，已无声闻、缘觉、菩萨之三乘分别，其时声闻、缘觉二乘皆已转为菩萨乘，一乘道仅为教化菩萨而设。

而在另一处关于“四一”的解释中，法云亦言：

> 广明四一，先明果一、二明人一、三明因一、四明教一也。明果一者，即会昔日三果终成今日一果；明人一者，即会昔日三人成今日一菩萨人；明教一者，即会昔日三乘别教成今日一教；明因一者，即会昔日三乘人所行之行只是一因以对一佛果，

① ［南梁］法云：《法华义记》，《大正藏》第33册，第593页上。
② 《妙法莲华经》，《大正藏》第9册，第10页中。

是故言“汝等所行是菩萨道”。[①]

此“四一”虽与实智所照“四一”之境有同有异（前文已述），然其关于“人一”，其意大体相同，“明人一者，即会昔日三人成今日一菩萨人”，亦旨在说明今日宣说真实之教时，昔日声闻、缘觉皆已转作菩萨，三乘会入菩萨乘，以禀受今日之实教。

又，《法华义记》卷六《信解品第四》曰：

> “临欲终时而命其子”此下是第八付家业譬，此则领火宅中第八长者赐诸子珍宝大车，言“尔时长者各赐诸子等一大车”，譬《方便品》中“于诸菩萨中，正直舍方便，但说无上道”，即是说《法华》明万善同归，明三乘人皆转作菩萨，皆成佛道。[②]

此段中，法云更明确道出“三乘人皆转作菩萨，皆成佛道”，认为声闻、缘觉二乘在修行次第上，皆需先转成菩萨后，再与菩萨乘同成佛道。因此，法云认为“初说有三，后会三归一”，实际上是有两个转折：其一，初说声闻、缘觉、菩萨三乘分别，先令声闻、缘觉回小向大；其二，待二乘皆转为菩萨乘后，再与菩萨乘一起同成佛道。

综上所述，法云构建的三乘修行的总体框架为：三乘各自有外、内凡夫之分，其修行之道，乃是行因、德果习续而成之过程；三乘有别亦有同，三车之别在于运载之用有长短之别，即三乘断惑各有阶别，但就解脱这一点而言，三乘无为果等一，都能最终导向解脱；在三乘会归一佛乘的过程中，声闻、缘觉二乘需先经历由小乘转向大乘，皆发菩提心转为菩萨，再进而与菩萨乘同向佛果。

---

① ［南梁］法云：《法华义记》，《大正藏》第33册，第603页上。

② ［南梁］法云：《法华义记》，《大正藏》第33册，第640页上。

附表二　法云构建之三乘修行阶次表

<table>
<tr><th>乘位</th><th colspan="2">阶位</th><th>增道</th><th>忍位</th><th>断惑</th><th>损生</th><th>内凡与外凡</th><th colspan="2">退与不退</th><th>有学与无学</th></tr>
<tr><td rowspan="3">声闻</td><td colspan="2">闻说三乘教者</td><td></td><td></td><td></td><td></td><td>外凡</td><td rowspan="24">一善染神便得不退</td><td></td><td></td></tr>
<tr><td colspan="2">须陀洹向至阿罗汉向</td><td></td><td></td><td></td><td></td><td>内凡</td><td></td><td>有学</td></tr>
<tr><td colspan="2">阿罗汉</td><td></td><td></td><td></td><td></td><td></td><td></td><td rowspan="22">无学</td></tr>
<tr><td>缘觉</td><td colspan="2"></td><td></td><td></td><td></td><td></td><td></td><td></td></tr>
<tr><td rowspan="20">菩萨</td><td rowspan="2">十信</td><td>一心至六心</td><td></td><td></td><td></td><td></td><td>外凡</td><td>位退行退念退</td></tr>
<tr><td>七心至十心</td><td></td><td></td><td></td><td></td><td rowspan="4">内凡</td><td rowspan="10">行退念退</td></tr>
<tr><td colspan="2">十住</td><td></td><td></td><td></td><td></td></tr>
<tr><td colspan="2">十行</td><td></td><td></td><td></td><td></td></tr>
<tr><td colspan="2">十回向</td><td></td><td></td><td></td><td></td></tr>
<tr><td rowspan="15">十地</td><td>初地</td><td>无生法忍</td><td></td><td></td><td></td><td rowspan="15"></td></tr>
<tr><td>二地</td><td>闻持陀罗尼</td><td></td><td></td><td></td></tr>
<tr><td>三地</td><td>乐说辩才</td><td></td><td></td><td></td></tr>
<tr><td>四地</td><td>无量旋陀罗尼</td><td></td><td></td><td></td></tr>
<tr><td>五地</td><td>不退法轮</td><td></td><td></td><td></td></tr>
<tr><td>六地</td><td>清净法轮</td><td></td><td></td><td></td></tr>
<tr><td rowspan="2">七地</td><td rowspan="2"></td><td>下忍</td><td>上品</td><td>八生（当得菩提）</td><td rowspan="2">念退</td></tr>
<tr><td>上忍</td><td>上中品</td><td>七生</td></tr>
<tr><td rowspan="2">八地</td><td rowspan="2"></td><td>下忍</td><td>上下品</td><td>六生</td><td rowspan="7">不退</td></tr>
<tr><td>上忍</td><td>中上品</td><td>五生</td></tr>
<tr><td rowspan="2">九地</td><td rowspan="2"></td><td>下忍</td><td>中中品</td><td>四生</td></tr>
<tr><td>上忍</td><td>中下品</td><td>三生</td></tr>
<tr><td rowspan="2">十地</td><td rowspan="2"></td><td>下忍</td><td>下上品</td><td>二生</td></tr>
<tr><td>上忍</td><td>下中品</td><td>一生</td></tr>
<tr><td>金刚心</td><td></td><td></td><td>下下品</td><td></td></tr>
</table>

第四节　法云对佛乘的认识

根据《法华经》“会三归一”的主旨，三乘最终需会归于一佛乘。而法云更是创造性地于三乘之外，别立圆融的一佛乘，后世称其论为“光宅四乘”。围绕“佛乘”，除“会归”之义外，法云亦在佛寿、佛身、佛性、佛智等问题上，提出了自己独到的见解。法云对佛“权实二智”的论述，可谓其关于“佛智”最为深刻与系统之理论。下面，拟分别从佛寿、佛身、佛性三方面来论析法云之观点。

一、“佛寿长远”旨在“神通益物”

法云在《法华义记》卷一释《序品》时即言：“正说者，正明一经大意蕴在其中。显同归之因，明长寿之报也。”① 又言：“明同归妙因，辨长寿极果。说法度人，随根授道。”② 可见其认为“会三归一”（开三显一）与“佛寿长远”（开近显远）乃前明因，后辨果，因果双说，是为《法华经》宣扬的主旨。“会三归一”主要凸显“一乘”之旨归，上章已有论述；而“佛寿长远”，则主要凸显“益物”之旨归。

“佛寿”有二义：一是指释尊现世生命之岁寿八十；二是如《法华经·如来寿量品》等经所说，指久远实成之释尊寿命无量。此二义乃就历史释尊（近）与永恒释尊（远）而言。于此二义之中，法云认为《法华经》开近显远，故更为强调后者。

前文已述，法云将《法华经》“正说”部分科判为：自《方便品》以下尽《安乐品》等十二品经，开三显一，以明“同归之因”；而《从地踊出品》《如来寿量品》《分别功德品》半部等二品半经，开近显远，以明“长寿之报”。法云认为，佛寿长远不只是佛长久修行的果报，更是因其悲心广大，为“神通益物”所做的准备，佛寿长远旨在“神通益物”。

法云在注解《从地踊出品》及《如来寿量品》时，都以“神通益物”来诠释《法华经》中佛所示现的种种神变。在疏解《从地踊出品》时，法云曰：

> 次有三句欲显三世神通益物也。“如来今欲显发”者，此明开近，明八十年佛非是实佛。“宣示诸佛智慧”者，明显远义，

① ［南梁］法云：《法华义记》，《大正藏》第 33 册，第 574 页下。

② ［南梁］法云：《法华义记》，《大正藏》第 33 册，第 575 页下。

> 即是复倍上数也。后三句者，“诸佛自在神通之力”，此明如来过去神力益物。“诸佛师子奋迅之力”，此明如来现在益物之力。“诸佛威猛大势之力”，此明如来未来益物之力。此中密明此三种义端，至《寿量》中方显此义。①

在此处，法云提出示现娑婆世寿八十的释迦佛并非实佛，而只是应身。实佛寿命长远，可以自在神通力延长其寿命以至于无量劫；而诸佛以神通力延寿之目的，即在以应机之法，于过去、现在、未来三世广益众生。

以“神通益物”来诠释《法华》“佛寿长远”，在法云对《如来寿量品》的疏解中得到进一步发挥。《如来寿量品》是“开近显远”的重心，正明“开近显远”中的“远”义。因此，要想了解法云对佛寿长远的看法，必须借由法云对《如来寿量品》的诠解。该品注疏开篇云：

> 第一明释迦如来过去世中神通益物，此即是上述劝序中言“诸佛自在神通之力”；第二从“诸善男子如来见诸众生乐于小法”以下，明如来现在[世]中神通益物，此则是上“诸佛师子奋迅之力”；第三应明如来未来世中神通益物，此则是上“诸佛威猛大势之力”，此是法说中所无者，今者玄出应下譬中及偈中有。第四“又善男子诸佛如来法皆如是”下通三世隐显，明益物不虚妄，止物诽谤之心。②

法云将之开为四段：第一，“明释迦如来过去世中神通益物”，其下又分为三部分进行释解：开近、显远、过去世神通益物。③在前两部分中，法云对现世释尊与久远释尊之关系作出说明，认为“开近”即明示佛化为应身而成一现世释尊；“显远”即明示释迦在久远劫以来即已成佛。在开近显远之后，法云又以三重析分“过去世神通益物”，三分之下又各开为二，层层细述。④

第二，“明如来现在世中神通益物”，法云亦分为三点来解释：一、王宫不生而现生；二、明现生之后，应灭之前，释迦神通益物；三、双

---

① [南梁]法云:《法华义记》,《大正藏》第33册，第667页上。
② [南梁]法云:《法华义记》,《大正藏》第33册，第667页下—668页上。
③ [南梁]法云:《法华义记》,《大正藏》第33册，第668页上。
④ [南梁]法云:《法华义记》,《大正藏》第33册，第668页上、中。

树不灭而现灭。[①] 此段旨在说明不生不灭之永恒释迦之所以于娑婆世界中现生现灭，成一历史释迦，是为以“形”“教”利益娑婆众生。

第三，“明如来未来世中神通益物”，《法华经》经文中本无此段，乃法云据经意而推作。

第四，“明益物不虚妄，止物诽谤之心”，则是说明释迦三世显隐“益物不虚妄”。此段以释迦教化同于诸佛，证释迦教法之不虚。

在此四段中，法云阐述了释迦如来如何以诸佛自在神通之力，示现于过去、现在及未来三世，以明“益物不虚妄”。法云认为，《法华经》中不仅呈现出释尊的久远实成与现世应化，而且隐含着诸佛的共同教法。佛陀虽于过去、现在、未来三世以种种形象示现，然其旨归，皆在于“神通益物”，由此进一步深化了“佛寿长远”与“神通益物”间密不可分的关系。

法云对“神通益物”旨归之论述虽然多集中在诠解果门“长寿之报”的几品经文中，然并不仅限于果门。在前部分疏解《序品》时，法云便以“神通益物”诠释佛的应化身以殊形万象，分身十方度人。[②] 前述法云释“一乘”成佛因果六义中，“果体长”一项即在申说佛果寿量长远，而“果用长”一项则言“正以化物为其用”，故“住世至无量劫者，据欲神通益物，所以用长也”，[③] 以此揭示佛寿长远住世，即旨在“神通益物”。由此可见，其对于“神通益物”这一旨归之强调贯彻始终。

李幸玲教授曾指出：“法云认为《法华》云佛寿长远，其佛身既仍有形寿，相较于《涅槃》说法佛常住，《法华》所说寿量长远就是一种从时空上说相对有生灭的长远，自然不及《涅槃》所说不生不灭绝对常住的涅槃。”[④] 纵观《法华义记》全书，法云仅就“涅槃”这一点而言“若使理中为论，既度二种生死，应是常住涅槃，而今此教未明此理，故名复倍上数以为涅槃”，[⑤] 而未发现一处法云明言《法华》不及《涅槃》之言，且这也与法云“独尊《法华》”的判教态度相左。因此，李幸玲教授所提法云仅就佛寿这一点认为《法华》不及《涅槃》，并由此得出“依法云的

---

① [南梁]法云:《法华义记》,《大正藏》第33册，第668页中。

② [南梁]法云:《法华义记》,《大正藏》第33册，第573页下。

③ [南梁]法云:《法华义记》,《大正藏》第33册，第573页下。

④ 李幸玲:《光宅法云〈法华经义记〉的诠释观点》,《台大佛学研究》第16期，2008，第160页。

⑤ [南梁]法云:《法华义记》,《大正藏》第33册，第624页下。结合法云“此经明法身，不同《常住经》所明法身”（第635页下）之言可知,《法华经》所言之“法身”，实是佛陀教化他方的“应身”。“应身”之寿故言“长远”，而与《涅槃经》所言“法身”常住有别。

判教可知，《法华经》不及于《涅槃经》究竟。法云判定优劣的关键，即是在于《法华》言佛寿长远，不如《涅槃》的佛身常住来得究竟圆满”[①]这一结论，似乎有待商榷。

二、法身、应身相望而成

有关佛陀生身之殊胜及其实身之种种考察，称为佛身论。印度部派佛教时代，分别论者与大众部主张佛身无漏之说，此或指佛之肉身（生身）而言。然有部提出异论，主张佛之生身亦为烦恼之果，故仍属有漏；但承认佛之教法尽属无漏，此称为法身（dharma–kāya）。法身者，乃佛之所以为佛之根据，即非肉眼所能见之理佛。如此之法身与生身合称为二身。

大乘佛教兴起后，佛身论随之不断丰富。先是法身内容发生变化，谓法性真如为法身，进而称生身为应身（nirmāṇa–kāya），并在两者之间别立报身（saṃbhoga–kāya），故在《十地经论》[②]《摄大乘论》[③]等经论中成立法、报、应三身说。简言之，法身，即以常住真实普遍平等理体之真如法性为法身，或立如来藏为法身。报身，即酬报因行功德而显现相好庄严之身。此身既非永远的真理之身，亦非无常的人格之身。[④]应身，即佛陀之现身，乃为救济众生，应众生之根机而显现之人格身，如释迦牟尼佛。[⑤]“三身说”也是大乘佛教内最普遍的说法。

关于佛身，法云在《法华义记》中并未明确指出是二身观还是三身观，仅提及法身与应身的关系，也简略地提及报身。[⑥]然该书所言之报身，并非指佛所成就之庄严报身，而是于“火宅譬”中提及的罗汉报身。[⑦]

---

① 李幸玲：《光宅法云〈法华经义记〉的诠释观点》，《台大佛学研究》第 16 期，2008，第 155 页。

② [北魏]菩提流支译：《十地经论》，《大正藏》第 26 册，第 138 页中。

③ [北魏]佛陀扇多译：《摄大乘论》，《大正藏》第 31 册，第 109 页中。

④ 《大智度论》称其为法性身、真身、法性生身，而梁译《摄大乘论》卷上称其为应身。

⑤ 除此种说法外，《金光明经》亦有化身、应身、法身“三身”之说。详见《合部金光明经》卷一《三身分别品第三》，《大正藏》第 16 册，第 362 页下—363 页上。

⑥ 道宣《广弘明集》卷二十一“法义篇”亦载有光宅法云就“法身”咨问昭明太子萧统的往返五番问答。但法云在其中只是提问者，文章体现的是萧统的思想，原文见[唐]道宣：《广弘明集》，《大正藏》第 52 册，第 250 页下—251 页上。

⑦ 《法华义记》卷三《方便品第二》曰：“问者言：‘若言因尽时而果尽者，罗汉何治道断三界因尽之时，报身即应亡。’解释者言：‘此报身是因余势任运而尽故，如用杖转轮。假说此杖即灭，而轮犹转。罗汉三界因尽于是时，报身余势如轮也。’”（《大正藏》第 33 册，第 599 页下—600 页上。）日本学者鹽田義遜先生根据法云关于“罗汉报身”的言论推断，法云将三界外的佛身视为报身。详见[日]鹽田義遜：「光宅寺法雲の佛身觀」，『印度學佛教學研究』第 4 卷第 1 册，1956，第 130—131 页。

因此，法云的佛身观实际上应为二身观——法身与应身。

前文已述，法云科分“开三显一”义为“法说”“譬说”“宿世因缘说”三段。于“法说开三显一”中，法云提出“十法说”，其中第二项云：“从‘舍利弗当知我以佛眼观’有四行偈，此间諂为佛在法身地，见所化众生为五浊所惛，即为火宅中第二长者见火譬作本，火宅中言‘长者见是大火从四面起’下是也。”[①] 在这里，法云已然提及释迦是位于“法身地”视众生，见众生为五浊所蔽，遂兴救度之意。

在为中根人说的“譬说十喻”中，法云对于法身与应身之关系作了更为详细的说明。法云在释解《譬喻品》之“火宅喻”时曰：

> 今第一一行明见众生之处，如来久绝三界之累，故言“已离”也。怕然在法身之地，言“寂然（间）[闲]居”也。林者，无漏法林也。栖神在法身之地，纵任居累碍之表，故言“安处林野”也。然《法华经》所明法身者，不同常住也。解有二种：一云延金刚心久住世者以为法身。又云正明总十方诸佛更互相望。故知无量寿即时在西方教化，未来此间，此间望彼，彼即是法身。然应身本有形有像，法身本无形像，佛既未来此间，于此间即无形无像，即是法身。若来应此间，即于应此间是应身，他方望此间，即持此间作法身也。[②]

此段为疏解“火宅譬”中“如来已离，三界火宅，寂然闲居，安处林野”[③] 之偈言。法云认为，如来早已跳出三界的束缚，寂然栖“神”于无漏法身之地，不受任何碍累。《法华经》此段偈颂即言（神明之体）达到成佛的阶段，便已出离三界之外，得“无漏法身”。此无漏法身相当于净影寺慧远诠解“变易生死”的第二义（见前注），能得神通变化，“故能常应在三界之中、殊形入六道之内”，广益众生。[④]

法云认为，《法华经》此处所言之“法身”，并非“常住法身（恒常存在、永不生灭变易之法身）”，而是有两种诠解：第一种解，是佛陀延金刚心久住于世之“法身”，此无漏法身，有应化之能。第二种解亦是法云佛身观最具特点之处，乃称十方诸佛于彼土、此间相望以言“法身”。

---

① ［南梁］法云：《法华义记》，《大正藏》第 33 册，第 608 页上—609 页上。

② ［南梁］法云：《法华义记》，《大正藏》第 33 册，第 629 页上。

③《妙法莲华经》，《大正藏》第 9 册，第 14 页下。

④ ［南梁］法云：《法华义记》，《大正藏》第 33 册，第 572 页下—573 页上。

于此解中，法云详细论述了“法身”与“应身”的关系。其对二者关系的理解，是建立在“应身本有形有像，法身本无形像”这一基础之上的。换言之，正是基于二者的区别在于有无形像这一点，法云才举无量寿佛为例，认为若无量寿佛在西方世界教化，则在此间世界并无形像，故此间望他方佛身即为“法身”；若无量寿佛应机来此间教化，则在此间有形有像，即为“应身”，而此时他方望此间佛身便相对为“法身”了。

同卷《信解品第四》中，法云在诠释法身、应身时亦有相同的说法：

> 凡夫如居士也。问者言：“既言佛在法身地，云何言有内凡夫等围绕？”解释者言：“此经明法身不同《常住经》[①] 所明法身，今此经言法身者，指他方应身为法身。故如佛在无量寿国，此间众生机感无量寿来应，仍諂无量寿佛为法身也。”[②]

由上述两段注疏可知，法云认为，“法身”与“应身”是此间、他方相望而成的关系：若佛在他方，即此间望他方佛身是“法身”，但于他方而言，该佛身则是“应身”；若佛来此间，即于此间是“应身”，但他方望此佛身则为“法身”。故《法华经》中所言之“法身”，其实是佛陀教化他方的“应身”，与《涅槃经》所言之“常住法身”有别。

又，法云在释解《信解品》中的“穷子喻”时曰：

> 第三从“汝常作时”以下竟“犹在本处”，名为作人就作称可长者意，内合为义，则如来将欲说三乘教，先舍法身受应身，此则是教作缘由义也。既受应身，然后造鹿苑转三乘教化㺃邻等，即是正教作义也。……只就第一教作缘由中自有三段，第一从“又以他日”讫“污秽不净”，明长者见穷子，内合明如来以道眼见众生为五浊所壅。二从“即脱璎珞”以下，即明长者舍贵人服饰，内合明如来舍法身智慧功德相好也。第三从“更著粗弊”以下讫“状有所畏”，即明长者受贱人之服，内合明如

---

① 《大正藏》第十七册中收有《佛说常住经》（失译者），然该经于佛学界影响不大。结合《法华义记》“然《法华经》所明法身者，不同常住也”（第 629 页上）等语可知，此处所言之《常住经》，并非指经名中含“常住”二字，而是指经意明“常住”之旨，故所指并非《佛说常住经》，而是指《涅槃经》。《法华义记》中屡将《涅槃经》与“常住”联言，如“大经（《涅槃经》）五别为常住为序”（第 576 页下），“此（《法华经》）则开《涅槃》前路，作常住之由渐”（第 660 页中），可为佐证。

② ［南梁］法云：《法华义记》，《大正藏》第 33 册，第 635 页下。

来示受应身，同凡夫之体、作太子之形。[①]

法云认为，释迦出世之“教作缘由”，即为教化众生，故舍法身受应身，自鹿野苑始，作三乘教化，待众生大乘机发，再说以一佛乘。因此，从“长者见穷子”到“长者受贱人之服”，正明释迦在法身地，见众生为五浊所蔽，故舍本现迹，舍法身受应身以行教化。此处所谓之“法身”同样并非“常住法身”。法云于其下明确指出，此处所谓之“法身”，即是“他方净土分身诸佛以为法身”[②]，从而将法身与十方诸佛相联。

法云在释解《如来寿量品》中释迦如何以“形”“教”利益娑婆众生时，曾对释迦与诸佛之间的分身关系作出说明：

第一教益有两阶者：第一言“如来所演经典，皆为度脱众生”此总门明教益物，吐言陈教皆是利益于物；第二言“或说己身”此下二句，据别门明教益物。“或说己身”者，说己身为他身；“或说他身”者，即说他身为己身。何者？今言“或说己身”即说己为他，故知我此丈六之体是燃灯如来家之分身，故此身非是我有。“或说他身”者，即说他身为己身，故知《宝塔品》所明十方分身诸佛，皆是我有也。

第二形益中有两阶者：第一“或示己身”等两句明事家之身，即是正报；第二“或示己事”等两句明身家之事，即是依报也。今者第一“或示己身”者，或示自己身为他身，故如此国土人物八部大众然皆释迦所化众生，法主应是释迦，而法座上者遂是无量寿佛，此即示己身为他身。“或示他身”者，即是示他身为己，故如西方国土人物四众皆是无量寿佛所化之众，但法座上应是无量寿佛，而法座上者遂是释迦形容，此则是示他身为己身，皆明变他为己、变己为他也。“或示己事”此下两句，是形益中第二明身家之事。“或示己事”者，此则示己事为他事形，故如西方无量寿佛自应有西方天龙八部听法，而彼佛眷属皆是释迦眷属弟子。“或示他事”者，释迦自应有眷属，而眷属皆是无量寿佛眷属，此则是示他事为己事也。[③]

---

① [南梁]法云:《法华义记》,《大正藏》第33册，第638页中。
② [南梁]法云:《法华义记》,《大正藏》第33册，第638页下。
③ [南梁]法云:《法华义记》,《大正藏》第33册，第668页下—669页上。

法云于“教益”总、别二门之别门中提出，释迦（己身）与十方诸佛（他身）本无二致，互为分身。又将“形益”分为正报、依报二阶。第一就正报明形益，本来释迦为此方世界的法主，且有释迦诸眷属，然为了以形利益众生，可化为无量寿佛。同理，西方世界法主为无量寿佛，为形益众生，亦可化为释迦形容。第二就依报明形益，西方教主自有眷属，为形益众生，可化为释迦眷属。同理，为益众生，释迦之眷属亦可化为无量寿佛眷属。不论是从教益众生而言，还是从形益众生而言，释迦与十方诸佛皆是一体，互为分身。

或许正是在释迦与十方诸佛互为分身的启发下，法云提出“法身”与“应身”是此间、他方相望而成的关系。这一观点，与诸大乘佛典中所说皆不相类，实属法云个人的创造性诠释，也是其佛身观的最大特点。

法云对于《法华经》所明之“法身”提出了两种诠解之道，就第一种解而言，虽未言常住（永不变易），但已确言佛陀有“无漏法身”（仍未脱变易生死），只不过为了救济三界内受苦众生，故神通变化，入三界内教化众生。就第二种解而言，虽然法身、应身是他方、此间相即相望之关系，然佛陀分身十方之目的，亦是以形、教利益众生。

故而，在法云看来，同《涅槃经》所明的“常住法身”相比，《法华经》所言之“法身”，更为强调应化之功。因此，解“火宅譬”时，法云将长者“身手有力”解为佛陀法身有应化之能，而此法身之智慧能拔济众生之苦。[①] 其后，又将长者立于门外，解为如来在三界外的无漏法身地，而准备应机入三界接化众生，便是“欲入门”之意。[②] 故不论是法身还是应身，皆为教化利益众生。这一点亦与其“神通益物”的佛寿观相互呼应。

三、法云的佛性观

佛性，又作如来性、觉性、如来藏等，即佛陀之本性，或指众生成佛之可能性、成佛之因性。佛性之“性”，在印度佛教中原为“界”字。《瑜伽师地论》卷五十六释“界”义曰：“因义、种子义、本性义、种性

---

① 《法华义记》曰：“第一是‘长者作是思惟我身手有力’者，先明长者以身手救济，内合明如来思惟法身有应之功、智慧有济拔之力。”（第 616 页中。）

② 《法华义记》曰：“今者第一言‘是时宅主在门外立’，先出见火之处。然立是欲行之相，如来在法身地将欲应来三界接化众生，犹如长者欲入门也。”（第 627 页上、中。）

（或作‘姓’）义……”[①]可见，“佛性”一词具有多层意蕴。[②]围绕佛性，法云亦就佛因、佛果、一阐提有无佛性等问题发表了独到见解。

（一）厌苦求乐为佛性正因

《法华义记》中，并无关于“佛性”的直接言论，所幸后世佛学者对此论题记载颇丰，于中细心摘寻，仍可管窥法云之佛性观。相关记载中，对南北朝诸师佛性观综述最为全面、评析最为深入者，首推吉藏之作。其《胜鬘宝窟》卷下曰：

> 又《胜鬘》为破小乘等人不知有佛性者。[若无佛性，][③]尚无厌苦求涅槃之因，云何有离生死苦得涅槃之果？是故应当信有佛性也。灵味淳[④]师云：是理知厌苦求乐，故终能反。异于木石，由有佛性故尔。用此厌苦求乐之心為正因佛性，由之得佛。于时犹有光宅师，以厌苦求乐为正因。但厌苦求乐是功德性，极至金刚心得佛时则无。今谓文意悉不尔。但明有佛性，故得厌苦求乐。无佛性，不得厌苦求乐。不用厌乐以为佛性也。[⑤]

由吉藏的记载可知，法云虽以厌苦求乐（未言及“心”）为佛性正因，但亦认为厌苦求乐是功德性，当修至金刚心得佛时则无。这里可以有两种理解：其一，既然众生厌苦求乐修至成佛时即无，则众生与佛于心性上有别。其二，厌苦求乐为心之用，用有兴废，修道时此用则兴；至成佛时此用则废。结合下文吉藏对佛性十一家的综述，应作第二种理解。针对法云此论，吉藏批判道，有佛性方得厌苦求乐，而并非由厌苦求乐以得佛性。

在《大乘玄论》卷三中，吉藏对诸家关于佛性的异解作出总结，其文曰：

---

① [唐]玄奘译：《瑜伽师地论》，《大正藏》第30册，第610页上。

② 赖永海先生认为，佛性理论主要回答如下问题：“何谓佛？佛的本性是什么？众生能否成佛？若能成佛，其根据是什么？众生成佛在今生今世，抑在遥远的未来？成佛的方法是直下顿了，抑须历劫修持？众生成佛是全凭自力，抑须仰仗他力？”参见其《中国佛性论》，江苏人民出版社，2012，第2页。

③ 《大正藏》载宝永元年刊忠校宗教大学藏本以及镰仓时代写宗教大学藏本于“者”后有“若无佛性”四字，依上下文义理，当有。

④ “淳”，宝永元年刊忠校宗教大学藏本作“涼”。此处之“灵味涼师”，疑指“灵味亮师”，即法云之师宝亮。宝亮长住灵味寺，故又称“灵味宝亮”（《涅槃经游意》，第237页中）、“灵味小亮”（《大般涅槃经玄义》，第10页上）。

⑤ [隋]吉藏：《胜鬘宝窟》，《大正藏》第37册，第83页中。

> 古来相传释佛性不同，大有诸师。今正出十一家以为异解。就十一师皆有名字，今不复据列，直出其义耳。第一家云以众生为正因佛性……第二师以六法为正因佛性……第三师以心为正因佛性。故经云：“凡有心者，必定当得无上菩提。”以心识异乎木石无情之物，研习必得成佛。故知心是正因佛性也。第四师以冥传不朽为正因佛性。……第五师以避苦求乐为正因佛性。一切众生，无不有避苦求乐之性。实有此避苦求乐之性，即以此用为正因。然此释复异前以心为正因之说。今只以避苦求乐之用为正因耳。故经云：“若无如来藏者。不得厌苦乐求涅槃。”故知避苦求乐之用为正因佛性也。第六师以真神为正因佛性。……第七师以阿梨耶识自性清净心为正因佛性也。第八师以当果为正因佛性。即是当果之理也。第九师以得佛之理为正因佛性也。第十师以真谛为正因佛性也。第十一师以第一义空为正因佛性。……师心自作，各执异解，悉皆以涅槃所破之义以为正解。岂非是经中所喻解象之殊哉！虽不离象，无有一人得象者也。是故应须破洗。[①]

在这里，吉藏并未列出十一师之名字，而是仅列出各解之义，[②]并认为这十一家皆是盲人摸象，执其一端，却无一人得象之实义，故皆不正确。

结合吉藏对十一家之描述，以及其在《胜鬘宝窟》中称法云“以厌苦求乐为正因”来看，这十一家中的第五师当是法云。且，吉藏明确提出“然此释复异前以心为正因之说。今只以避苦求乐之用为正因耳”，从心之体、用两个方面将第三师与第五师之解区别开来。

吉藏在总结了十一家之异解之后，对诸师所持观点先作一整体归纳：

> 然十一家，大明不出三意。何者？第一家以众生为正因；第二以六法为正因。此之两释，不出假实二义。明众生即是假人，六法即是五阴及假人也。次以心为正因，及冥传不朽、避

① ［隋］吉藏：《大乘玄论》，《大正藏》第45册，第35页中、下。

② 吕澂先生对诸家之说（吉藏此处所批判之十一家，加上其后所举“以中道为佛性”之说者，共有十二家）加以评述，并补出诸师之名。详见其《中国佛学源流略讲》，中华书局，2002，第120—121页。

苦求乐及以真神、阿梨耶识。此之五解。虽复体用真伪不同，并以心识为正因也。次有当果与得佛理及以真谛第一义空，此四之家，并以理为正因也。[①]

由吉藏之归纳可知，十一家之说大致可分为三类：第一类为第一家、第二家，就“人”以谈佛性，不过有假（假人）有实（五蕴），遂分为二。第二类是第三家至第七家，第三师以心为正因佛性，与第四师以冥传不朽、第五师以避苦求乐、第六师以真神、第七师以阿梨耶识为正因佛性这四师之解同源，是体与用的关系，此五家“并以心识为正因”，都是从“心”讲佛性。第三类是第八家以下四家，就“理”讲佛性。吉藏之归纳，可谓相当通透。

在整体归纳之后，吉藏接着对十一家之说予以评判。其评第二类“并以心识为正因”之五家曰，五家之解皆是心家体用，就心之体而言，心是无常，佛性是常，故而心非佛性正因。第三师所持的“以心为正因佛性”，并不正确。既然心之体为正因已被评破，心家诸用冥传不朽、避苦求乐等自然亦“悉皆同坏”了。此外，又依据《胜鬘经》经文所言，因有佛性，故众生方厌苦求乐，不可说厌苦求乐是成佛的正因；以及《大般涅槃经·如来性品》所言佛性本有，非是“当果”（将来应当成佛）方有，来评破第五师“以避苦求乐为正因佛性”之论。[②]

吉藏虽未直言第五师的名字，却明确指出“厌苦求乐是正因佛性”的法师为“光泽法师”。现存的佛教典籍中，“光泽法师”虽不可考，但是鉴于“泽”“宅”在中古为同音字，故吉藏此处说的“光泽法师”，很可能就是“光宅法师”。

除吉藏之记载外，元晓《涅槃宗要》卷一[③]及均正[④]《大乘四论玄义》卷七[⑤]亦对诸家关于“佛性”的异解有所记载。二人之说与吉藏大同小异，因二人皆晚于吉藏，今以吉藏所载为准。

就佛学渊源而言，法云“避苦求乐为佛性正因”之说应源自其师宝亮。宝亮所集《大般涅槃经集解》卷十八《如来性品第十二》曰：

---

① ［隋］吉藏：《大乘玄论》，《大正藏》第45册，第35页下—36页上。

② ［隋］吉藏：《大乘玄论》，《大正藏》第45册，第36页中、下。

③ 详见［唐］元晓：《涅槃宗要》，《大正藏》第38册，第249页上、下。

④ 汤用彤先生采用日僧光太法师《三论真如缘起》之说，称“均正”乃指“慧均僧正”。详见汤用彤：《汉魏两晋南北朝佛教史》，上海人民出版社，2015，第474页。

⑤ 详见［唐］均正：《大乘四论玄义》，《卍续藏经》第74册，第92页中。

> 宝亮曰：佛性有四种，谓正因、缘因、果及果果也。四名所收，旨无不尽。缘正两因，并是神虑之道。夫避苦求安，愚智同尔。但逐要用，义分为二。取始终常解，无（与）[兴]废之用，录为正因。未有一刹那中无此解用，唯至佛则不动也。故知避苦求乐，此之解用，非是善恶因之所感也。以《胜鬘经》云"自性清净心"也。《师子吼品》云"一种之中道"也。而此用者，不乖大理，岂非正耶？……①

宝亮提出，佛性可从正因、缘因、果以及果果四个方面来认识，而避苦求乐作为神明妙体之解用，亦可视为佛性正因。关于这一点，汤用彤先生的论述是：

> 总之亮师之说，本以真俗共成众生真如性理（所谓神明妙体）为正因体。但又尝据《胜鬘》之言，而于体上立避苦求乐之用。其立说本牵强，且文中并有"此用是正"之语，其意虽原未必以之为正因，但极易生此误会。光宅据此立说，或行文更不谨慎，致世人相传，彼曾立避苦求乐为正因体之说。实则二师均主心神之体为正因佛性，与梁武帝之说有相似也。②

汤用彤先生认为，宝亮一方面以真如性理（神明妙体）为佛性正因，另一方面于神明妙体上立避苦求乐之用，这便极易令人产生其以避苦求乐为正因的误解。法云沿用宝亮之说，但或因行文不当，致使世人误以为二人均以避苦求乐为正因，实则宝亮、法云均主心神之体为正因佛性。

汤先生此论拈出宝亮—法云于佛性认识上的承续渊源，对我辈颇有启发，但其"法云主心神之体为正因佛性"之说，却稍显笼统。法云关于佛性正因之论中，似乎更为偏重"厌苦求乐"的一面，这也是其观点的特殊之处。

（二）佛果无记、无色

既然厌苦求乐为佛性正因，那么，至佛地又将如何呢？围绕"佛果"

---

① [南朝]宝亮：《大般涅槃经集解》，《大正藏》第37册，第447页下。

② 汤用彤：《汉魏两晋南北朝佛教史》，上海人民出版社，2015，第491页。

这一论题，梁代的法师们多从善、不善、无记三性[①]进行阐述。吉藏《涅槃经游意》卷一对此有所记载，其文曰：

第二，显三性明体。

三性，善、恶、无记。释此三，亦三例：

善，一向定有；恶，一向定无；无记，复有二解：

第一光宅明佛果有二种无记：一知解无记；二果报无记。知解者如基射驭[②]，阐提亦有故非善，佛地亦有故非恶，故有无记性也。果报者，如生死中苦无常，释既非恶，但是无记；涅槃之地常乐我净亦非是善，并是无记也。

第二，开善、庄严并云是善，非复无记。……[③]

灌顶《大般涅槃经玄义》卷下之记载与吉藏所论大致相同，其文曰：

古来复约三性明涅槃体，言佛地：一向是善性；一向非恶性；无记性亦有亦无（云云）。光宅云：常住佛果，有两种无记：一知解无记；二果报无记。[知解者[④]，]如棋书射御，阐提亦有故非是善，佛地亦有故非是恶，即是无记性也。果报者，如生死苦无常报，既非是恶，只是无记；涅槃地常乐我净亦非是善，直是无记。开善、庄严并言：佛无无记，唯一善性。……夫三性者，若有若无，只是世俗尚不是真，何得用此释涅槃体！此皆数论之极说，安处佛体？如野人暴背献至尊耳。[⑤]

由吉藏与灌顶的记载可知，梁代三大法师对于“佛果”究竟是善是恶还是无记，观点各异。光宅法云认为，无论是从“知解”还是从“果报”方面而言，佛果皆非善非恶，只是无记。开善智藏和庄严僧旻则认

① 佛教认为，一切法可分为善、不善、无记三性。其中，无记即非善非不善者，因其不能记为善或恶，故称无记。或谓无记者因不能招感异熟果（善恶之果报），不能记异熟果，故称为无记。一般采用前一种解释。

② “基射驭”义不可解，疑作“碁书射驭”。“碁”同“棋”。下文所引《大般涅槃经玄义》中有“棋书射御”之语，可证。

③ [隋]吉藏：《涅槃经游意》，《大正藏》第38册，第236页中、下。

④ 原文无“知解者”三字，据上下文义理及吉藏《涅槃经游意》卷一所言“知解者如（基）[碁书]射驭”补。

⑤ [唐]灌顶：《大般涅槃经玄义》，《大正藏》第38册，第8页上。

为，佛果并非无记，而是唯有善性。灌顶在引述前人之说后提出，善、恶、无记三性之说只是世俗谛，而非真谛，不当据此以释涅槃体，并据此批判法云和智藏、僧旻等关于佛地善恶无记的争论并非关于“佛体”的真实知见，如野人暴背献至尊[①]一般，虽一片热诚，然终不得要领。

除“佛果无记”外，法云还持“佛果无色”的观点，吉藏对此亦有记载，其文曰：

> 次江南云、旻、藏等悉云：佛果无色。故《涅槃》云：愿得如来无色主身。《文殊十礼经》[②]云“无色无形相,无根无住处，不生不灭故，敬礼无所观”也。破有色者云：若言佛果有色者，应架芎隆之屋，带楚之裳。难意云：法身既有无碍之色，应处无碍之宅，应著无碍之衣也。……通初家难云：色与心此二非类。粗心可研习为妙心，粗色不可研习为妙色，是故佛果则无色有心。问：若尔，经云何言“舍无常色,[获得常色][③]”？答：盖是妙有炳然，故言色耳。[④]

由吉藏的记载可知，法云、僧旻、智藏等悉持“佛果无色”论。三师还引《涅槃经》《文殊十礼经》经文之言，问难“有色”论者：若法身有色，亦应有宅有衣，此与经文所言“无色无形相，无根无住处”相违。并且反驳“有色”论者，提出色、心有别，粗心可研习为妙心，但粗色不能研习为妙色，故当是“佛果无色”。吉藏依中观之学，认为诸法实相既非色，亦非无色，非但即色非色，亦当色心不二，以此批判“有色”论与“无色”论各执一端，皆是边见。

（三）“一阐提”[⑤]有佛性

自佛教东渐至法显六卷本《佛说大般泥洹经》（亦称“六卷《泥洹》”）译出，围绕众生是否悉有佛性这一问题，阐提无佛性说一直是佛学界的主流见解。打破这一固有看法，首唱阐提成佛之说者为竺道生。其说一

---

① “野人暴背献至尊”之典故，出自嵇康《与山巨源绝交书》。其文曰：“野人有快炙背而美芹子者，欲献之至尊，虽有区区之意，亦已疏矣。”

② 当指《大圣文殊师利菩萨赞佛法身礼》，收入《大正藏》第20册。

③ 原本无“获得常色”四字，《大正藏》载镰仓时代写宗教大学藏本、弘安七年写法隆寺藏本均有此四字。另据吉藏《涅槃经游意》卷一载“一云：佛果乃尽粗色，则有妙色。故经云：‘舍无常色，获得常色’”（第236页上）之语，此处当有此四字。

④ [隋]吉藏：《胜鬘宝窟》，《大正藏》第37册，第15页下—16页上。

⑤ “一阐提”略称“阐提”。或意译为“断善根”或“信不具”。佛教用以称呼不具信心、断了成佛善根的人。

出，便被目为“背经邪说”，道生甚至因此遭到众僧围攻、驱逐。时隔不久，北凉昙无谶译出四十卷《大般涅槃经》（亦称“大本”或“北本”《涅槃经》），经中明言“一切众生悉有佛性”，一阐提人亦可成佛，始证道生所言不谬。自此，阐提成佛之说方成定论。

六卷《泥洹》实为《大本涅槃经》前十卷的同本异译，然两部经在阐提有无佛性这一问题上却大相径庭。六卷《泥洹》卷六在“如灰覆火上”一偈后曰：

> 彼一阐提于如来性所以永绝，斯由诽谤作大恶业，如彼蚕虫绵网自缠而无出处。一阐提辈亦复如是，于如来性不能开发起菩提因，乃至一切极生死际。①

《大本涅槃经》卷九在“如灰覆火上”一偈后则曰：

> 彼一阐提虽有佛性，而为无量罪垢所缠，不能得出，如蚕处茧，以是业缘，不能生于菩提妙因，流转生死无有穷已。②

六卷《泥洹》言一阐提于佛性永绝，而《大本涅槃经》言“一阐提虽有佛性”，实则承认一阐提有佛性。此外，《大本涅槃经》卷二十四曰：“知诸众生皆有佛性，以佛性故，一阐提等舍离本心，悉当得成阿耨多罗三藐三菩提。”③ 卷二十七又曰：“以是义故，我常宣说一切众生悉有佛性，乃至一阐提等亦有佛性。一阐提等无有善法，佛性亦善，以未来有故，一阐提等悉有佛性。何以故？一阐提等定当得成阿耨多罗三藐三菩提故。”④ 由此可见，二经在一阐提有无佛性这一问题上存在根本区别。⑤

关于中国佛教史上围绕一阐提有无佛性的争论，赖永海先生总结道：

> 众生有性，亦即一切众生，悉有佛性，皆能成佛之谓；一

---

① ［东晋］法显译：《佛说大般泥洹经》，《大正藏》第12册，第893页上。

② ［北凉］昙无谶译：《大般涅槃经》，《大正藏》第12册，第419页中。

③ ［北凉］昙无谶译：《大般涅槃经》，《大正藏》第12册，第505页下。

④ ［北凉］昙无谶译：《大般涅槃经》，《大正藏》第12册，第524页下。

⑤ 《大本涅槃经》前十卷中，虽然否认一阐提有佛性，但是一阐提能得三菩提、可成佛的思想在《大本涅槃经》后三十卷中俯拾皆是。这说明《大本涅槃经》前十卷与后三十卷虽在阐提有无佛性问题上前后不一致，然主要思想仍是承认一阐提有佛性。赖永海先生对此有详细论述，详见其《中国佛性论》，江苏人民出版社，2012，第47—52页。

> 分无性，是指有情众生中，有一类众生定无佛性，永不成佛。此是我国佛教宗派之间在佛性学说上的一大分野。主有一类众生定无佛性、永不成佛的，主要以唯识宗为代表；倡众生悉有佛性，都能成佛的，有天台、华严、禅宗等宗派。前者在中土流行的时间短，影响亦小；后者在中国佛学中占有极其重要的地位，是中国佛性学说的主流所在。[①]

由赖先生的总结可见，“一阐提”可谓中国佛教史上的一个重要论题，几大宗派对其皆有论述。

在《法华义记》中，法云亦论及一阐提。需要注意的是，法云对于一阐提的认识，并非来自其所据之《法华》译本。罗什原译本中并无《提婆达多品》，本经各品亦完全未见“一阐提”用语或相关议题的讨论。

法云之所以在《法华义记》中论及一阐提，可能是因为受到梁代涅槃学弘传盛况的影响。此外，法云之师宝亮擅讲《涅槃》，亦对其产生了一定影响。其《法华义记》中便屡见援引《涅槃》为注之文例。

法云对于一阐提的论述，一方面是从《涅槃经》中得到的灵感，另一方面也隐含其自身对《法华经》的理解。法云在没有看到《提婆达多品》及梵本《宝塔品》末提婆达多授记[②]的情况下，将一阐提问题合于《法华经》中讨论，可谓极具前瞻性。

《法华义记》中言及“阐提”者共有三处，卷四《譬喻品第三》曰：

> 第三“而诸子等”下竟“怖”，出所为人。今言“即大惊怖”者，悲意忽至，因之为惊，内合如来昔日已于二万亿佛所曾教化众生，于时已作得度因，自尔已后更复贪着五尘广起烦恼，失昔日之解，悲意之事，故言“惊”也。非唯直失解而已，亦恐众生广起烦恼断绝善根成一阐提，堕三途弥劫受苦，故言“怖”也。[③]

从“非唯直失解而已，亦恐众生广起烦恼断绝善根成一阐提”之语

① 赖永海:《中国佛性论》，上海人民出版社，1988，第 45 页。

② 本书第三章第一节“法云对《法华经》的科分”明确指出，法云所见之《妙法莲华经》尚无《提婆达多品》。又，隋代译者比对梵本、龟兹文本《法华经》后，发现梵本《宝塔品》末原有提婆达多授记之内容，而龟兹本无。详见 [隋] 阇那崛多、[隋] 达摩笈多译:《添品妙法莲华经·序》,《大正藏》第 9 册，第 134 页中、下。

③ [南梁] 法云:《法华义记》,《大正藏》第 33 册，第 616 页上。

来看，法云认为，在火宅譬中言长者见诸子不出“即大惊怖”，即譬喻佛陀对众生两种状况的担忧：一为“失解”（失大乘之解）；一为“断绝善根成一阐提”。

又，卷五《信解品第四》曰：

问者又言：“若言失者，今云何还生耶？”解释者言：“此失非是永断善根成一阐提，只言烦恼五浊既多，于时解心不现前，名之为失。夫善生必以信心为本，于时虽失大解，由有信心，于五戒十善教中修行，能令大乘智愿善根不断。是故我昔教汝志愿佛道，今汝悉忘，我今还欲令汝忆念本愿所行道。故若言永断者，云何言可忆？”①

从“此失非是永断善根成一阐提，只言烦恼五浊既多，于时解心不现前，名之为失”以及“故若言永断者，云何言可忆”等语来看，法云认为，“失解”只是暂时性的，与永绝性的“永断善根成一阐提”存在根本的区别。

在上述两则材料中，法云仅言一阐提“永断善根”，且与一般暂时失却大乘之解的众生有别，并未明言阐提与佛究竟有何关系。在《法华义记》卷一中，法云将阐提与佛相联，其文曰：

夫言体名则善恶通有、凡圣皆然，如来有体，阐提不无，若言佛最善人便有体者，则阐提极恶应无有体，而今佛与阐提皆有体者，故知好恶不在体也。名亦如此，如来妙响流播共闻，阐提恶名天下皆知，故名体通漫凡圣皆有也。②

在这里，法云仅言“体”（体性）与“名”（名称）是阐提与佛皆有，并未明言阐提有无佛性。然从法云佛与阐提法体平等之言论不难推断，其认为阐提亦有佛性。这也与法云佛果非善非恶只是无记的思想相通。

法云此论很可能受到其师宝亮之影响。宝亮与道生、僧亮、法瑶、昙济、僧宗、智秀、法智、法安、昙准、昙爱、慧朗、昙谶、明骏、慧诞等十余师撰有《大般涅槃经集解》七十一卷。该书集录诸家有关《南

---

① ［南梁］法云：《法华义记》，《大正藏》第 33 册，第 633 页下—634 页中。

② ［南梁］法云：《法华义记》，《大正藏》第 33 册，第 580 页中。

本涅槃经》[①]之说，为现存《涅槃经》注疏中之最古者。该书亦载有不少宝亮对于一阐提的认识。如卷五十三《德王品第二十二》载：

> 如我上说若遇善友诸佛菩萨（至）何以故以命尽故。
>
> ……宝亮曰：答第二难。言若阐提有佛性，决定不去，是亦不（善）[然]。佛答意云：我言不能去者，此当阐提心时语耳，不言舍阐提心后亦不能去也。其未舍阐提位时，虽有佛性，而非是善。若舍此心后，非复一阐提，云何不能去耶？
>
> 善男子一阐名信提名不具（至）诸善法故名一阐提。
>
> ……宝亮曰：次答第三难。难言：阐提有佛性，云何名断善根？佛今答言：不具信故名一阐提。明佛性非信，善亦不从具生。众生五阴，是发信心之具。正因佛性既非善，又不从五阴具生，云何可断？若正因佛性从五阴具生，然则众生五阴是发佛性之具，经亦不应言佛性非信，众生非具。以此义推。当知众生五阴依正因性有，非是正因性依五阴有。……但佛性非是缘中所生之善，又非是不善。何以尔？正因之性，既不从方便而得，云何可断？然能得善果，复非不善。阐提乃断缘中所生者，故得一阐提名也。[②]

由宝亮“未舍阐提位时，虽有佛性，而非是善”“正因佛性既非善，又不从五阴具生，云何可断”“阐提乃断缘中所生者”等语来看，宝亮对佛性与阐提有三点认识：其一，正因佛性非善非恶，并不能断。其二，阐提非善，但这并不妨碍其有佛性，因为佛性亦非善。其三，阐提所断者，乃是缘因中所生之善而非正因佛性。[③]关于此点，《大般涅槃经集解》卷五十六载宝亮之言曰：“我言悉有者，谓正因佛性也。断缘中所生善，故名一阐提也。”[④]即是证明。

法云涅槃学师从宝亮一脉，宝亮认为，一阐提人亦未断绝正因佛性。

---

① 《南本涅槃经》亦名《大般涅槃经》。据《高僧传·慧严传》记载，北凉昙无谶所译之四十卷《涅槃经》，因其文粗朴，品目过略，后由南朝刘宋沙门慧严、慧观与谢灵运等，依法显之六卷《泥洹经》增加品目、修改文字，删订为三十六卷二十五品。为区别两译本，将原译本称作北本《涅槃经》、修治本称作南本《涅槃经》。在基本思想上，两本《涅槃经》相差甚微。

② [南朝]宝亮：《大般涅槃经集解》，《大正藏》第37册，第539页中、下。

③ 关于“正因”与“缘因”，详见本节“一、厌苦求乐为佛性正因”部分所引宝亮之言。

④ [南朝]宝亮：《大般涅槃经集解》，《大正藏》第37册，第557页下。

换言之，即阐提亦有佛性。法云在《法华义记》中虽未明言阐提与佛性之关系为何，然从其佛与阐提法体平等之言论不难推断，其持阐提亦有佛性之观点。这也是法云会融《法华》与《涅槃》思想的结果。

第七章　光宅法云的其余佛学思想

第一节　二谛义

一、诸经论中的二谛义

“二谛”即真、俗二谛。“谛”即真实不虚之理。“真谛”又称“第一义谛”“胜义谛”，即出世间之真理；“俗谛”又称“世谛”“世俗谛”，即世间之真理。大小乘诸经论对“二谛”之义的解读并不相同，下面简列几种南北朝时期流行的代表性说法：

（一）般若类佛典中，《摩诃般若波罗蜜经》卷二十五曰：“菩萨摩诃萨住二谛中为众生说法：世谛、第一义谛。”① 点明“二谛”之名目。又，《仁王般若经》卷上《二谛品》曰：

> 无相第一义，无自无他作，因缘本自有，无自无他作。
> 法性本无性，第一义空如，诸有本有法，三假集假有。
> 无无谛实无，寂灭第一空，诸法因缘有，有无义如是。
> 有无本自二，譬若牛二角，照解见无二，二谛常不即。
> 解心见不二，求二不可得，非谓二谛一，非二何可得。
> 于解常自一，于谛常自二，通达此无二，真入第一义。
> 世谛幻化起，譬如虚空华，如影三手无，因缘故诳有。
> 幻化见幻化，众生名幻谛，幻师见幻法，谛实则皆无，
> 名为诸佛观，菩萨观亦然。②

---

① ［东晋］鸠摩罗什译：《摩诃般若波罗蜜经》，《大正藏》第 8 册，第 405 页上。

② ［东晋］鸠摩罗什译：《佛说仁王般若波罗蜜经》，《大正藏》第 8 册，第 829 页上。

《二谛品》进一步提出“二谛相即、真俗不二”之说，即自谛理而言，有真、俗二谛之别；但若以真实智慧观照之，则二谛不二之理昭然自现。

（二）北本《涅槃经》卷十三《圣行品第七》曰：

> 佛言：善男子！有善方便，随顺众生，说有二谛。善男子！若随言说则有二种：一者世法，二者出世法。善男子！如出世人之所知者，名第一义谛；世人知者，名为世谛。善男子！五阴和合，称言某甲，凡夫众生随其所称，是名世谛；解阴无有某甲名字，离阴亦无某甲名字，出世之人如其性相，而能知之，名第一义谛。复次，善男子！或复有法有名有实，或复有法有名无实。善男子！有名无实者即是世谛；有名有实者是第一义谛。善男子！如我、众生、寿命、知见、养育、丈夫、作者、受者、热时之炎、乾闼婆城、龟毛兔角、旋火之轮、诸阴界入，是名世谛；苦集灭道，名第一义谛。①

由上段经文可知，一般世人所能知者为世谛；出世之人所证知者为第一义谛。又，“有名有实”者为第一义谛，“有名无实”者为俗谛。如四谛之理为第一义谛；旋火之轮、乾闼婆城、龟毛兔角等为世俗谛。

（三）《成实论》卷十一《立假名品》曰：

> 又佛说二谛，真谛、俗谛。真谛谓色等法及泥洹；俗谛谓但假名无有自体，如色等因缘成瓶，五阴因缘成人。②

此论认为，色、香、味等法与涅槃俱为真谛。由各种要素因缘和合而成者，如由色（各类物质）和合而成之瓶，由五蕴（色、受、想、行、识）和合而成之人等，仅有假名而无实体，故称俗谛。

（四）《中论》卷四《观四谛品》曰：

> 诸佛依二谛，为众生说法，一以世俗谛，二第一义谛。若人不能知，分别于二谛，则于深佛法，知真实义。

---

① ［北凉］昙无谶译：《大般涅槃经》，《大正藏》第 12 册，第 443 页上。慧严等译《大般涅槃经》之表述与此处相同。

② ［东晋］鸠摩罗什译：《成实论》，《大正藏》第 32 册，第 327 页上。

> 青目之释曰：世俗谛者，一切法性空，而世间颠倒故生虚妄法，于世间是实。诸贤圣真知颠倒性，故知一切法皆空无生，于圣人是第一义谛，名为实。诸佛依是二谛，而为众生说法。若人不能如实分别二谛，则于甚深佛法，不知实义。①

此论认为，一切事物无固定不变之自性，法性为空，了知此等空无之理，是为第一义谛。又一切事物之空性，亦须借假现之事物显现，了知此等假名之法，是为世俗谛。诸佛依此二谛而为众生说法教化。

二、法云之二谛义

从东晋开始，随着《道行经》《放光经》等早期汉译般若经的流传，二谛思想受到佛学者的持续关注。东晋时期的“六家七宗”，便有不少与“二谛”相关的论述。至南朝齐梁之际，在梁昭明太子萧统的组织下，更是出现了“二十三家二谛义”的盛况。

法云作为梁代著名的成实师，也提出了自己独特的“二谛”理论。《法华义记》卷四《譬喻品第三》曰：“真无漏如白牛能断无明黑暗，故言‘白’也。会二谛之理是真实之法，故言‘肤充’也。即体明说净无诸尘染，故言‘色洁’也。又能断除无明巨患，故言‘有大筋力’也。心会二谛之理路，故言‘行步平正’也。”② 这段文字是法云对“火宅譬”中“尔时长者各赐诸子等一大车，其车高广……驾以白牛，肤色充洁，形体姝好，有大筋力，行步平正，其疾如风”③ 一段经文的注疏。法云将白牛之“肤色充洁”，释为“会二谛之理”的“真实之法”；将“行步平正”释为“心会二谛之理路”，从而将“二谛”与《法华经》所言真实之法联系了起来。

法云在《法华义记》中并未留下关于“二谛”的具体阐释，我们只能从后世典籍中寻稽一鳞片爪以管窥其观点。吉藏在《大乘玄论》卷一中，对开善智藏、庄严僧旻、光宅法云这三位成实师的“二谛”观进行了引述与剖析：

> 故常途三师，置辞各异。开善云：“二谛者，法性之旨归，一真不二之极理。”庄严云：“二谛者，盖是祛惑之胜境，入道

① ［东晋］鸠摩罗什译:《中论》,《大正藏》第 30 册，第 32 页下。
② ［南梁］法云:《法华义记》,《大正藏》第 33 册，第 621 页中。
③ 《妙法莲华经》,《大正藏》第 9 册，第 12 页下。

> 之实津。”光宅云：“二谛者，盖是圣教之遥泉，灵智之渊府。”三说虽复不同，或言含智解，或辞兼圣教，同以境理为谛。若依广州大亮法师，定以言教为谛。今不同此等诸师。①

在吉藏看来，智藏持二谛是理，认为二谛是法性的旨归，是一真不二的至理；僧旻持二谛是境，认为二谛是祛惑的胜境，入道的津门；法云认为二谛是圣教的遥泉（理），灵智的渊府（境）。三人皆是从境理的角度，阐述“二谛”之义的。与三人不同，广州大亮法师（道亮）则以言教为谛。

就二谛而言，可以从不同的角度来理解。从“境理”的角度来看，世谛对于凡夫、第一义谛对于圣人，都是真实不虚的，既可指修行境界，也可指呈现在眼中的世界图景，此即所谓的“境理二谛”。从“言教”的角度来看，诸佛菩萨契合凡夫与圣人两种不同的根机，而进行不同的说教，此即所谓的“言教二谛”。吉藏将前者称为“于二谛”、后者称为“教二谛”（详见下文），认为无论是法云等三大法师从境理观二谛（“于二谛”），还是道亮法师从言教观二谛（“教二谛”），皆是只执一边，并非正见。

《大乘玄论》卷一又曰：

> 常途相传，世谛不绝名。引《成论》文②：劫初时物未有名，圣人立名字，如瓶衣等物，故世谛不绝名。真谛与佛果，三师不同：光宅云：“此二皆不绝名，真谛有真如实际之名，佛果有常乐我净之名，但绝粗名不绝细名。”……③

从吉藏的引述可知，法云认为“二谛”中的世谛是无法断绝名相的，真谛也只是断绝了粗鄙的名相，仍有“真如”“实际”等精妙的名相不能断绝。吉藏对法云此说评破道：“本以绝故妙，若不绝即不妙。”④换言之，法云所谓真谛不绝“细名”的认识还不够到位。

---

① [隋]吉藏：《大乘玄论》，《大正藏》第45册，第15页上。

② 《成实论》卷十一曰：“有上古时人欲用物，故万物生时为立名字。所谓瓶等，若直是法，则不可得用，故说世谛。”参见[东晋]鸠摩罗什译：《成实论》，《大正藏》第32册，第327页上、中。

③ [隋]吉藏：《大乘玄论》，《大正藏》第45册，第17页上。

④ [隋]吉藏：《大乘玄论》，《大正藏》第45册，第17页上。

又，吉藏在《中观论疏》中指出：“光宅谓真理亦有浅深，故累隔真谛，故名为异。”[①]这里的“真理亦有浅深”，故异而非一，与前述法云所谓的真谛“但绝粗名不绝细名”之说基本相合。换言之，正是真谛具有不同的层次，才有了绝“粗名”、不绝“细名”这两种断绝名相的程度差异。

此外，慧皎《高僧传》卷十《释保志传》亦载有一则法云同保志和尚关于“风之有无”的问答：

> 后法云于华林寺[②]讲《法华》。至“假使黑风”[③]，志忽问风之有无。答云：“世谛故有，第一义则无也。”志往复三四番。便笑云：“若体是假有，此亦不可解，难可解。”其辞旨隐没，类皆如此。[④]

法云对“风之有无”的回答，充分反映了其对于“二谛”的理解。从世谛观之，风有名有迹，当是有；从第一义谛观之，风并无自性，故当是无。

中观派认为，若就外在的物境而言，万事万物都是由众多因素相依相持而形成的，是假有，此为世谛；而没有独立不变的自性，是性空，此为真谛。若就主观认识而言，说世谛为有，是世俗人的一般见解；说真谛为空，是二乘圣者特有的超世见解。实际上，说有不住有，谈空不落空，空有无碍，才是真俗二谛的正观。从这个意义上来说，法云所谓的“世谛故有，第一义则无”，仅是道出了性空假有这一层，尚未达到“空有无碍”这一更高的层面。

此外，道宣《广弘明集》卷二十一“法义篇”亦载有法云就“二谛”

---

① [隋]吉藏：《中观论疏》，《大正藏》第42册，第26页上。

② 原本作“寺”，据《大正藏》记载，宋、元、明本皆作“殿”。华林寺不详。鉴于法云曾于华林殿讲《涅槃经》，故“华林寺”疑作“华林殿”。

③ 所谓“黑风”，佛教指天晦暴风吹海。《长阿含经》曰：“有大黑风，暴起吹海水。”（《大正藏》第1册，第137页下）。此处指《妙法莲华经·普门品》经文：“若有百千万亿众生，为求金银琉璃砗磲玛瑙珊瑚琥珀真珠等宝，入于大海。假使黑风吹其船舫，飘堕罗刹鬼国。”（《大正藏》第9册，第56页下。）

④ [南梁]慧皎：《高僧传》，《大正藏》第50册，第394页下。

问题，与昭明太子萧统之间的四番问答。[①] 因其体现的是萧统的佛学思想，故不展开论述。

三、后世诸宗之二谛义

继法云之后，诸宗派从各自的思想体系出发，对“二谛”作出了不同的解释。天台智顗将“五时八教”判教理论中的化法四教纳入二谛体系之中，由此创建了“七种二谛”理论。其《法华玄义》卷二曰：“所言七种二谛者，一者，实有为俗；实有灭为真。二者，幻有为俗；即幻有空为真。三者，幻有为俗；即幻有空不空共为真。四者，幻有为俗；幻有即空不空，一切法趣空不空为真。五者，幻有、幻有即空，皆名为俗；不有不空为真。六者，幻有、幻有即空，皆名为俗；不有不空，一切法趣不有不空为真。七者，幻有、幻有即空，皆为俗；一切法趣有、趣空、趣不有不空为真。”[②] “七种二谛”与藏、通、别、圆四教相配，可判分为：藏教二谛、通教二谛、别入通二谛、圆入通二谛、别教二谛、圆入别二谛以及圆教二谛。[③] 智顗在二谛观的基础上，融合中观之说，最终形成了影响深远的“圆融三谛”理论。此外，法相宗窥基亦将《瑜伽师地论》卷六十四、《显扬圣教论》卷六所说之四种世俗谛及《成唯识论》卷九所说之四种胜义谛加以综合，提出世间、道理、证得、胜义四重二谛说。[④]

尤需注意的是，对法云二谛观作过批判的三论宗吉藏之二谛观。吉

---

① 《广弘明集》卷二十一曰：“光宅寺法云咨曰：‘圣人所知之境，此是真谛。未审能知之智，为是真谛，为是俗谛？’令旨答曰：‘能知是智，所知是境，智来冥境得言即真。’又咨：‘有智之人，为是真谛，为是俗谛？’令旨答：‘若呼有智之人即是俗谛。’又咨：‘未审俗谛之人，何得有真谛之智？’令旨答：‘圣人能忘于俗，所以得有真智。’又咨：‘此人既冥无生，亦应不得称人。’令旨答：‘冥于无生不得言人，寄名相说常自有人。’”参见［唐］道宣：《广弘明集》，《大正藏》第 52 册，第 249 页下。

② ［隋］智顗：《妙法莲华经玄义》，《大正藏》第 33 册，第 702 页下。

③ 详见［隋］智顗：《妙法莲华经玄义》，《大正藏》第 33 册，第 702 页下—703 页中。

④ 《大乘法苑义林章》卷二曰：“故于二谛各有四重，亦名名事二谛、事理二谛、浅深二谛、诠旨二谛。世俗谛四名者：一世间世俗谛，亦名有名无实谛；二道理世俗谛，亦名随事差别谛；三证得世俗谛，亦名方便安立谛；四胜义世俗谛，亦名假名非安立谛。显扬论说，四种俗谛皆是安立。前三可知，云何第四亦名安立？胜义谛性自内所证，为欲随顺引生彼智，依俗安立名胜义俗。初之三种相可拟宜，第四胜义假名施设。胜义谛四名者：一世间胜义谛，亦名体用显现谛；二道理胜义谛，亦名因果差别谛；三证得胜义谛，亦名依门显实谛；四胜义胜义谛，亦名废诠谈旨谛。前之三种名安立胜义，第四一种非安立胜义。”参见［隋］窥基：《大乘法苑义林章》，《大正藏》第 45 册，第 287 页中、下。

藏详述了前贤时彦关于“二谛体”之十四家异说[①]，并提出“于教二谛”与“四重二谛”之说，以赅摄所有二谛之教说。其《二谛义》卷一曰：

> 有两种二谛：一于谛；二教谛。于谛者，如《论》(《中论》)文“诸法性空”，世间颠倒谓有，于世人为实，名之为谛；诸贤圣真知颠倒，性空于圣人是实，名之为谛。此即二于谛。诸佛依此而说，名为教谛也。[②]

所谓“于教二谛”，即指于谛与教谛。“于二谛”者，同一现实世界，凡夫见之，视为实有，称为“于俗谛”；圣者灼鉴，知其为空，称为“于真谛”。“教二谛”者，系指诸佛所说之教法，宣说真空妙有之教，称为“教俗谛”；超越言语思虑而宣说无所得之理者，称为“教真谛”。

吉藏在批判毗昙师、成论师及大乘师之四种“二谛”观的基础上，提出了自己的“四重二谛”学说。《大乘玄论》卷一曰：

> 问：何故作此四重二谛耶？
>
> 答：对毗昙事理二谛，明第一重空有二谛。二者对成论师空有二谛，汝空有二谛是我俗谛；非空非有方是真谛，故有第二重二谛也。三者对大乘师依他分别二为俗谛；依他无生分别无相不二真实性为真谛。今明若二若不二，皆是我家俗谛；非二非不二方是真谛，故有第三重二谛。四者大乘师复言三性是俗；三无性非安立谛为真谛。故今明汝依他分别二真实不二是安立谛；非二非不二、三无性非安立谛，皆是我俗谛；言忘虑绝方是真谛。[③]

吉藏之四重二谛，第一重以“有”为俗谛，以“空”为真谛，此系对治毗昙家事理二谛之说。第二重以“有、空”为俗谛，以“非有非空”为真谛，此系对治成实家空有二谛之说。第三重以“有空、非有非空”的二、不二为俗谛，以“非有非空、非非有非非空”的非二、非不二为真谛。第四重则将之前的二、不二、非二、非不二等种种分别皆归为俗谛，而以“言亡虑绝”为真谛。第三重、第四重皆系对治大乘之地论家、

① [隋]吉藏:《二谛义》,《大正藏》第45册，第107页下。
② [隋]吉藏:《二谛义》,《大正藏》第45册，第86页下。
③ [隋]吉藏:《大乘玄论》,《大正藏》第45册，第15页下。

摄论家之说。

由吉藏对法云的批判可知，吉藏认为法云之“二谛”理论，若以“于教二谛”论之，仅仅言及“于二谛”的一面，尚未言及“教二谛”的一面；若以“四重二谛”论之，法云作为成论师的代表，其对“二谛”的诠解当属于“四重二谛”之第二重。换言之，法云仅仅看到空、有的一层（吉藏认为此为俗谛），而没有看到非空非有、空有无碍的一层（吉藏认为此为真谛）。

第二节　法云之“众生”观

一、众生无假体、假用，唯有假名

“众生”又名“有情”，即一切有情识的生命形态。《杂阿含经》卷六曰：“佛告罗陀：‘于色染著缠绵，名曰众生；于受、想、行、识染著缠绵，名曰众生。’”[①] 在这里，“众生”乃指迷界之有情。

法云在《法华义记》中并未就“众生”一项展开论述，但幸运的是，吉藏在其多部著作中引述了法云关于“众生”之言论，让我们得以一窥其貌。吉藏《维摩经义疏》卷五曰：“但释众生。……光宅法云师云：无体无用，唯有假名。”[②] 其《百论疏》卷二“破神品”亦曰：

> 内道计神亦有四师。一庄严云：“假神有体有用有名。”二光宅云：“神有名，无体无用。”三开善云：“神有名有用而无有体。”第四犊子计：有神体用而非即离所摄，故神在第五不可说藏中。[③]

由吉藏在“破神品”中所言“神是能作罪福之人”[④] 可知，所谓的“神”，指的是有神识作为的人，也可泛指众生。在这里，吉藏记载了庄严僧旻、光宅法云、开善智藏、犊子部对于“神”的不同看法：僧旻认为“神”有体，有用，有名；智藏认为“神”有名，有用，无体；犊子

① 《杂阿含经》，《大正藏》第 2 册，第 40 页上。
② ［隋］吉藏：《维摩经义疏》，《大正藏》第 38 册，第 965 页上。
③ ［隋］吉藏：《百论疏》，《大正藏》第 42 册，第 260 页下。
④ ［隋］吉藏：《百论疏》，《大正藏》第 42 册，第 260 页下。

部认为“神”有体，有用，不可定说其是即蕴、离蕴；[①] 法云认为“神”仅有名，体、用皆无。结合其他两处记载可知，法云的“众生”观大致为：“众生”仅有假名，无体亦无用。

又，吉藏《百论疏》卷上之余曰：

> 五阴成人，四微为柱。得文意者可例破之。如犊子计四大和合有眼法，五阴和合有人法。则别有总眼总人。庄严假有体、有用、有名。此二师既别有总象，则堕无象与过故。以除别不见有总，故堕无象。必言别外有总，则堕头中有足。开善无假体、有假用。此不成义。既以实法作体无假体，假用附何物耶？无有假家之用将实作体，若以实为体还是实用。既实法和合别有假用起，则实法和合别有假体起。光宅无假体、假用，但有实法体。亦不然。无假云何有实？无总云何有别耶？今恐于文意为烦，故直释而已。[②]

此处所载非法云原话，而是转述法云的意思，说法云认为人无假体假用，只有实法体。但是此则材料和上述两则材料所载法云之语在逻辑上仍有出入之处，既然法云认为众生无假体假用，连假体都无，又怎么会认为有实法体呢？吉藏在文中亦是针对此点进行诘难，问“无假云何有实”？然而这究竟是法云自己的观点有矛盾之处，还是吉藏在转述法云之意的时候出现了误记，则不得而知了。

在另一部著作《中观论疏》中，吉藏又提到：

> 《婆沙》《杂心》出内学三部，谓三成部、二成部、一成部。犊子部具有三成：有六尘境能生三毒，故事成；有人能起三毒，故人成；有烦恼为人所起，故结成。萨婆多二成：实有六尘故事成；有所生三毒故结成；无人故不成。譬喻部人不成事不成，但有结成。……庄严师明有假人体，入三成部摄。光宅师明无人，入二成部摄。开善无体入二成，有用入三成。[③]

---

① 吕澂先生提出，针对有部，犊子部将佛所说法归为五类：一过去，二现在，三未来，四无为法，五不可说法（不可定说）。而“我”（补特伽罗）被归在第五类法中，不可定说其是即蕴、离蕴（“我”与五蕴是相即还是相离）。参见吕澂：《印度佛学源流略讲》，上海人民出版社，2015，第61—62页。

② ［隋］吉藏：《百论疏》，《大正藏》第42册，第254页下。

③ ［隋］吉藏：《中观论疏》，《大正藏》第42册，第74页上、中。

吉藏明确提出,《大毗婆沙论》以及《杂阿毗昙心论》(略名《杂心论》)出自佛学三大部派(三成部、二成部、一成部),分别为事成、人成、结成之犊子部;事成、结成之萨婆多部(说一切有部);唯有结成之譬喻部(经量部)。此外,吉藏进一步将三大法师所持观点与三大部派结合起来进行论述。其中,庄严僧旻持"有假人体"("假神有体有用有名")之观点,应归入事成、人成、结成之三成部犊子部。光宅法云持"无人"("神有名,无体无用")之观点,应归入事成、结成之二成部萨婆多部。开善智藏"神有名有用而无有体"之观点则较为复杂,若论其持"无体"之观点,则无"人成"项,应归入二成部萨婆多部;若论其持"有用"之观点,则有"人成"项,应归入三成部譬喻部。

二、生死之中有定实乐

佛教向来宣扬,三界之内苦海无边,内里众生如处火宅,倍尝煎熬。众生唯有勤加修行,方能离苦得乐,终得解脱。因此,对于人生苦乐之思考,乃是佛学的根本问题。灌顶《大般涅槃经疏》卷十一中记载有梁代三大法师——开善智藏、光宅法云、庄严僧旻对于众生之生死苦乐的思考:

> 次"若言诸法"下,是明乖中之惑。又二,初明惑;次结惑。初明惑中有六句,三双相对,三句计常,三句计断。于生死中自作此计,障理不明故名为惑。若开善云:"生死一向是苦无乐。"光宅云:"生死之中有定实乐。"庄严云:"生死之中有虚妄乐,妄乐乃为行苦所偪,故非实乐。"然三师所说皆为此诃。开善云生死是苦,即是此中断见。光宅云一向是乐,即是此中常见。庄严云妄乐又为行苦所逼,即是此中亦常亦断。[1]

由灌顶的引述可知,开善智藏认为生死一向是苦而无乐;光宅法云认为生死之中有定实乐;庄严僧旻认为生死之中有虚妄之乐,此乐亦会为苦所侵染,故非实乐。灌顶所谓的"若言诸法",出自《大般涅槃经》卷八《如来性品》。经文该处言断、常之惑,曰:"若言诸法皆无有'我',是即断见;若言'我'住,即是常见。若言一切行无常者,即是断见;

① [隋]灌顶撰,[唐]湛然再治:《大般涅槃经疏》,《大正藏》第38册,第106页下。

诸行常者，复是常见。若言苦者，即是断见；若言乐者，复是常见。”[①] 灌顶据此将法云“一向是乐”的观点判为常见，认为其仍属于惑见。

第三节　法云对重要佛学词汇的释译

一、对“如是我闻”的诠释

“如是我闻”又译“闻如是”“我闻如是”，为佛经开篇常用之语。“如是我闻”略有二义：其一，《大智度论》卷二称，佛入灭时，阿泥卢豆（又作“阿尼卢豆”）使阿难请问四事，最后一问是：“佛经初首作何等语”？佛答曰，一切经首当置“如是我闻”等言，以与外道之经典区别。[②] 佛灭后不久，有五百阿罗汉于王舍城举行第一次结集。其时阿难于会众前诵出经文，而在诵出经文之前，先言“如是我闻”，表示此下所诵乃直接从佛陀处所亲闻。所谓“如是”，指经中所述之精妙佛理，“我闻”意为阿难自佛处闻得。

其二，《大智度论》卷一曰：“问曰：诸佛经何以故初称‘如是’语？答曰：佛法大海，信为能入，智为能度。‘如是’义者，即是信。若人心中有信清净，是人能入佛法；若无信，是人不能入佛法。不信者言：‘是事不如是’，是不信相。信者言：‘是事如是。’”[③] 佛教以信为第一，信佛法则能入佛法，得受佛法之功德利益，而信者言是事如是，不信者言是事不如是。因此，“如是”意为信赖所闻之法，“我闻”则指闻持之人。此即以“如是”为信成就，“我闻”为闻成就，“如是我闻”兼具信成就和闻成就，为佛经起首通序（证信序）的重要因素。

法云对《法华经》的科判可谓层层析分、巨细靡遗，先将通、别二序各判为五，又将“如是我闻”判为通序五项之前两项。法云曰：

> “如是”两字更无别意，正为总举一部经，为“我闻”作诠叙，言如是一部经我佛边闻也。“我闻”者此是通序中第二，

① ［刘宋］慧严等译：《大般涅槃经》，《大正藏》第12册，第651页上、中。

② ［东晋］鸠摩罗什译：《大智度论》，《大正藏》第25册，第66页中—67页上。

③ ［东晋］鸠摩罗什译：《大智度论》，《大正藏》第25册，第62页下—63页上。

表明阿难述而不作。正言如是一部《法华经》我从佛边闻，非我自造。①

法云对“如是”“我闻”的诠解，采用的是《大智度论》卷二所言之义。而其将“如是我闻”判为通序五项之前两项，则是受《大智度论》卷一以“信”释“如是”的影响，从信成就与闻成就的角度所作的判分。

吉藏在《法华义疏》卷一中引述法云之言曰：“‘如是’者，将传所闻前，题举一部也，如是一部经，我亲从佛闻，即为‘我闻’作咔胤也。”②唐代道氤《御注金刚般若波罗蜜经宣演》卷上和窥基《妙法莲华经玄赞》卷一中，也出现了相同的记载。③只要将吉藏等人所述与《法华义记》所载之语相参照便不难发现，在法云看来，“如是”二字列于传经前，显举出这部经乃亲自闻佛所讲，并非自造，与“我闻”相互照应，兼具信成就与闻成就。

二、“业”与“烦恼”

《俱舍论记》卷十三称：“造作名业。”④业，为造作之义，指行为、作用、意志等身心活动。若就因果言之，乃指由过去行为延续下来所形成之力量。一般而言，“业”分为身、语、意三业。其善性恶性，必感苦乐之果，故又谓之业因。

烦恼，又作“惑”，乃使有情之身心发生恼、乱、烦、惑、污等精神作用之总称。《大智度论》卷七曰：“‘烦恼’者，能令心烦，能作恼故，名为‘烦恼’。”⑤卷二十七又曰：“‘烦恼’名，略说则三毒（贪、嗔、痴），广说则三界九十八使⑥，是名‘烦恼’。”⑦人类为达到我欲、我执之

① [南梁]法云：《法华义记》，《大正藏》第33册，第576页下—577页上。

② [隋]吉藏：《法华义疏》，《大正藏》第34册，第454页中。

③ 道氤《御注金刚般若波罗蜜经宣演》“咔胤”作“呼辄”（《大正藏》第85册，第20页下），窥基《妙法莲华经玄赞》“咔胤”作“呼辙”（第663页上）。

④ [唐]普光：《俱舍论记》，《大正藏》第41册，第200页中。

⑤ [东晋]鸠摩罗什译：《大智度论》，《大正藏》第25册，第110页上。

⑥ “九十八使”又作“九十八随眠”。烦恼常随逐于人，故称随；其状体幽微难知，如眠性，故称为眠。九十八随眠乃小乘俱舍宗所立见、思（修）二惑之总数。其中，见惑有八十八随眠，修惑有十随眠。以贪、嗔、痴、慢、疑、身、边、邪、取、戒十随眠配于三界五部，即欲界见苦所断之十种、见集所断七种、见灭所断七种、见道所断八种以及欲界修惑所断之四种，共为三十六种。又色界、无色界于五部各有三十一种，合为九十八种。

⑦ [东晋]鸠摩罗什译：《大智度论》，《大正藏》第25册，第260页下。

目的，常沉沦于苦乐之境域，而招致烦恼之束缚。

吉藏《中观论疏》卷八《业品》中记载有南朝成实师对于“业”与“烦恼”的诠解。其文曰：

> 外人云：缚是烦恼，若无烦恼，云何有业？以有业故，必有烦恼。又业有二种：一有漏业；二无漏业。有漏业者名之为缚；无漏业者称之为解。既其有业，即有缚解。问：业有几种？答：业有多门，约身则有身口意；就界有罪福不动；就报则有现生后；约垢净则有黑白杂及无漏业，如是一业二业三业七业十业如文广明也。问：云何为业体？答：毗昙取善恶色声为身口二业体，以思为意业体。
>
> 成实云：三业并以心为体，身口但是业具而非业也。问：意地三烦恼与业云何异耶？答：毗昙三烦恼起必与思俱，思自是业，三烦恼则非业。此易见也。成实师破此义立正义：意即是业，离意之外无有别思。
>
> 成实者云：善法习报二因，报因正是业；习因边非业，通名业耳。不善边则有多释。开善云：“不善心亦是烦恼亦是业。若为治道断之，则是烦恼而非业。若招生之义，但取前轻者为烦恼，取后重者为业。”庄严、光宅云：“取决定者为业，不决定者为烦恼。如是十种决边通名为业，十不决边名为烦恼。”次建初师云：“不善还同于善，不善习因边为烦恼，报因边为业。”又释十使云：“疑是烦恼而非业；五见是业而非烦恼；余四使决者为烦恼。不决者为业。”[①]

由吉藏的记载可知，南北朝时期的成实师们认为，身、口皆是由意所引致的，故唯有意，方是业。在此基础上，成实师们进一步提出，善法（五戒十善为世间之善法；三学六度为出世间之善法）之习、报二因中，报因（新译家谓之“异熟因”）乃感苦乐果报的善恶之因，此乃是业。习因系指能生起同类法之因。[②] 如习续前念之善心，而起后念之善心。前念称为习因，即同类因；后念称为习果，即等流果。习因虽仅是

① ［隋］吉藏：《中观论疏》，《大正藏》第42册，第116页下—117页上。

② 《阿毗达磨俱舍论》卷六曰：“同类因者，谓相似法与相似法为同类因，谓善五蕴与善五蕴展转相望为同类因，染污与染污，无记与无记，五蕴相望，应知亦尔。”参见［唐］玄奘译：《阿毗达磨俱舍论》，《大正藏》第29册，第31页上。

习因习果中的一面，但仍可通称为“业”。

成实师们对“不善”的看法不尽相同，庄严僧旻与光宅法云均认为，能必然导致事物朝不善的方向发展的十种“边”就是“业”，而不会必然导致事物朝不善的方向发展的十种“边”就是“烦恼”。在佛教用语中，由“边”构成的词语有边见、边罪。[①]然边见只是一项，与“十种决边”“十不决边”之“十”不符；边罪是身、口方面的恶业，与成实师“意即是业，离意之外无有别思”的观点相左，故此处的“边”，并非“边见”“边罪”。而据引文中“建初师”释“十使”之言，可推知“十种决边”很可能即指“十使”。“使”在这里为“驱役”之义，谓此等十惑能驱役行者心神，流转三界生死。一切诸使中以此十使为根本，又曰“十烦恼”“十惑”。《舍利弗阿毗昙论》卷二十直接将十使与烦恼合称为“十烦恼使”：“何谓十烦恼使？见烦恼使、疑烦恼使、戒道烦恼使、爱烦恼使、瞋恚烦恼使、嫉妒烦恼使、悭惜烦恼使、无明烦恼使、憍慢烦恼使、掉烦恼使，是名十烦恼使。”[②]

僧旻、法云在直接将十使视为烦恼的基础上，将“十使”按照其是否对事物的发展起决定性作用进一步析分为二：必然导致事物朝不善的方向发展的十种“边”就是“业”，而不会必然导致事物朝不善的方向发展的十种“边”就是“烦恼”。

三、“涅槃”译为“灭度”

《涅槃经》是佛陀入灭前所讲的最后一部经，一直被视为了义之经教，南北朝时期的判教中多推崇此经，时人对“涅槃”一词也甚为重视。“涅槃”乃是音译，各家对其意译则见仁见智。宝亮《大般涅槃经集解》卷一“释名”曰：

> “涅槃”乃中正天竺音也，名含众义，此方无以为译。……

---

① “边见”乃五见之一，指偏于一边的恶见。“边罪”即僧尼违犯杀生、偷盗、邪淫、妄语四种根本重罪。此四种根本重罪又称“四波罗夷”。因僧尼既已受戒，复犯此四重罪，则犹如佛法边外之人，不能重入净海，故称边罪。《四分律删繁补阙行事钞》卷上曰：“边罪难者，谓先受具戒，毁破重禁，舍戒还来欲更受具。此人罪重，名佛海边外之人，不堪重入净戒海也。”参见［唐］道宣：《四分律删繁补阙行事钞》，《大正藏》第40册，第26页下。

② ［东晋］昙摩耶舍、［东晋］昙摩崛多等译：《舍利弗阿毘昙论》，《大正藏》第28册，第655页中。慧远《大乘义章》卷六对“十使”的阐释是：“所谓身见、边见、邪见、戒取、见取、贪、瞋、痴、慢及疑。”参见［隋］慧远：《大乘义章》，《大正藏》第44册，第582页上。

案僧肇《论》曰：此言灭度，亦曰无为。盖是灭生死度彼岸，寂怕之谓也。会稽慧基，同彼云此言无为。智藏、法云，同彼云此言灭度。[①]

由宝亮的引述可知，因“涅槃”一词具有多重含义，故在当时便有不同译法。僧肇认为，既可将其译为“灭度”，亦可将其译为“无为”，而法云和智藏均认为“涅槃”当译为“灭度”。灌顶《大般涅槃经玄义》卷上亦曰：

（涅槃）既可得翻，且举十家。……八《肇论》，云无为，亦云灭度。九会稽基，偏用无为一义为翻也。十开善光宅，同用灭度。引文云：“大觉世尊将欲涅槃。”引六卷云：大牟尼尊今当灭度。彼此两存正是翻也。例《大本》(《大本涅槃经》）称娑罗双树；六卷云坚固林。又引《法华》，长行云中夜当入涅槃；后偈云“佛此夜灭度”。又引《华严》云古来今佛无般涅槃，除化众生方便灭度。又引《遗教》,《佛临涅槃略说教诫》[②] 又云“时将欲过，我欲灭度”。是为十家明有翻也。[③]

灌顶的引述，与宝亮所述基本一致，且更为详细地记述了开善智藏和光宅法云为证明“涅槃”当译作“灭度”所引用的经文情况：二人引南本《涅槃经》卷一所言“大觉世尊将欲涅槃”[④] 与六卷本《泥洹经》卷一所言“大牟尼尊，告诸众生今当灭度”[⑤] 两相参合，“涅槃”正与“灭度”对应。又引《妙法莲华经》卷一长行所言“(佛）便于中夜，入无馀涅槃”及后偈所言“佛此夜灭度”,[⑥]“涅槃”亦与“灭度”对应。又引《大方广佛华严经》卷五十所言“去、来、今佛无涅槃者，除化众生，方便灭度”[⑦] 以及《佛垂般涅槃略说教诫经》卷一所言“时将欲过，我欲灭度，是我最后之所教诲”,[⑧]“涅槃”亦与“灭度”相对。二人以此数例证

① [南朝]宝亮:《大般涅槃经集解》,《大正藏》第37册，第380页中。
② 《佛临涅槃略说教诫》又名《佛垂般涅槃略说教诫经》，亦名《遗教经》。
③ [隋]灌顶:《大般涅槃经玄义》,《大正藏》第38册，第2页上。
④ [刘宋]慧严等译:《大般涅槃经》,《大正藏》第12册，第605页上。
⑤ [东晋]法显译:《佛说大般泥洹经》,《大正藏》第12册，第853页上。
⑥ 《妙法莲华经》,《大正藏》第9册，第4页中、5页上。
⑦ [唐]实叉难陀译:《大方广佛华严经》,《大正藏》第10册，第717页下。
⑧ [东晋]鸠摩罗什译:《佛垂般涅槃略说教诫经》,《大正藏》第12册，第1112页中。

明，“涅槃”当译为“灭度”。

又，吉藏《大乘玄论》卷三曰：

> 涅槃有二家，一云有翻；二云无翻。无翻有四家。……有翻六家。一云无为；二云无累；三云解脱；四云寂灭；五但云灭；六云灭度。若言涅槃不翻者，汉地众生应无利益。二者，《大本》云“大觉世尊将欲涅槃”，六卷当此文处，云“大牟尼尊今当灭度”。经既有翻云何不翻？今同有翻第六家。但彼一向有翻，今明相待涅槃有翻，绝待涅槃不可翻也。光宅云法灭人度。今明若人度，法亦应度。生死涅槃，人法俱有，亦应言人灭法度。①

在这里，吉藏概述了诸家对“涅槃”一词的翻译情况，有六家认为可以翻译，并提出了“无为”“无累”“解脱”“寂灭”“灭”“灭度”六种译法，其中提及法云有“法灭人度”之语。

吉藏在其《中观论疏》卷六中又曰：“又如成论师释灭度义，云法灭人度。又是有人而无法也。”②结合《大乘玄论》的“光宅云法灭人度”来判断，吉藏所谓的“成论师释灭度”之“成论师”，当指法云。

由此可见，法云先将“涅槃”翻为“灭度”，后释“灭度”为“法灭人度”。吉藏认为，法云释“灭度”为“法灭人度”是“有人而无法”，正确的解释应是涅槃之时，人、法都应俱有。

四、“祇夜”译为“重颂”

佛陀所说教法，依其叙述形式与内容，可分成不同的部类。最初分为九类，称作“九分教”，这是教法的原始分类。后又在“九分教”的基础上补充三类，而为“十二分教”（又称“十二部经”“十二分圣教”“十二分经”等）。现将“十二分教”简述如下：

（一）修多罗（sūtra），意译为“契经”，以散文直接记载佛陀之教说。

（二）祇夜（geya），与“契经”相应，意译为“应颂”“重颂”，即以偈颂重复阐释“契经”所说之教法。

（三）和伽罗那（vyākaraṇa），意译为“记别”“授记”。本为教义之

① ［隋］吉藏：《大乘玄论》，《大正藏》第45册，第46页上、中。

② ［隋］吉藏：《中观论疏》，《大正藏》第42册，第91页上。

解说，后来特指佛陀对众弟子之未来所作之证言。

（四）伽陀（Gāthā），意译为“颂”“讽颂”，即以偈颂来记载佛陀之教说。应颂与讽颂的区别在于，应颂是重述长行文中的义理，讽颂则以颂文颂出教义，故又称“孤起颂”。

（五）优陀那（Udāna），意译为“自说”，即佛陀未待他人问法，而自行开示教说。

（六）伊帝目多伽（Itivṛttaka），意译为“本事”“如是语”。本为印度民族的古代传说，扩展为久远劫以来除“本生”之外的过去事。

（七）阇多伽（Jātaka），意译为“本生”，主要记载佛陀前生修行之种种大悲行。

（八）毗佛略（Vaipulya），意译为“方广”，主要宣说广大深奥之大乘教义。

（九）阿浮陀达磨（或作“阿毘达磨”，adbhuta-dharma），意译为“希法”“未曾有法”，明佛及弟子种种不思议的神迹奇行之事。

（十）尼陀那（Nidāna），意译为“因缘”，主要记载见佛闻法，或佛说法教化之因缘，如诸经之序品。

（十一）阿波（钵）陀那（avadāna），意译为“譬喻”，以譬喻来宣说法义。

（十二）优波提舍（Upadeśa），意译为“论议”。即佛之弟子共集一处，共同论议，解说佛理，明别其义。①

“十二部经”中，除去尼陀那（因缘）、阿波陀那（譬喻）、优波提舍（论议）三部，即为“九部经”。

“十二部经”之译名较多，如“祇夜”就有多种译法。《大般涅槃经疏》卷十七《梵行品》载：

> “祇夜”者，具足应云“路伽祇夜”。“祇夜”翻为句，亦云颂。开善云等句；庄严云等颂；光宅云重颂，是颂长行之偈。②

“祇夜”是指以偈颂重复阐释“契经”所说之教法，即光宅法云所谓

---

① 九分教与十二分教之详述，参见印顺：《原始佛教圣典之集成》，中华书局，2011，第399—509页。关于九分教以外所加入的三教，诸说不同。有论者认为，九分教加上毗佛略（方广）、和伽罗那（记别）、优陀那（自说）三部即为十二分教。今从印顺法师之说。

② ［隋］灌顶撰，［唐］湛然再治：《大般涅槃经疏》，《大正藏》第38册，第137页上。

的“重颂”。“重颂”比开善智藏和庄严僧旻所称的“等句”“等颂”更为贴合“祇夜”的特点，遂成为“祇夜”的别称，并沿用至今。

结 语

南北朝时期，佛教迅速发展，而梁代是南朝佛教发展的高峰，光宅法云作为梁代三大法师之一，是梁代佛学的代表性人物。法云与齐梁皇室和高门士族关系密切，不仅梁武帝对其礼遇有加，王公朝贵亦多与其交好。广阔的人脉关系，亦成为法云弘扬佛法的一大助力。

法云先后受学于中兴寺僧印、庄严寺玄趣、高座寺僧成、灵味寺宝亮、谢寺慧次等高僧。其所事诸师大都有其专擅之经典，就大乘而言，僧印擅《法华》，宝亮擅《涅槃》；就小乘而言，慧次擅《成实》。除专擅一经外，其所事诸师亦博通众经，甚或旁涉外典。法云所事诸师中，对法云影响最大者，当数僧印。僧印传庐山慧龙之学，专擅《法华经》。

法云所取得的佛学成就，与其"历采众师"，兼习大小乘经论，且勤习精进密不可分。正是在专精与旁通兼具的师门学风熏陶之下，法云方能"大集数论，遍释众经"。从法云几次大规模公开讲法的内容来看，其在法华学、般若学、成实学、涅槃学等方面皆有相当造诣，故能博通众经，会融于《法华》，成为法华学大家，并得到"光宅《法华》当时独步"的盛评。

题名法云所撰的八卷本《法华义记》（又名《法华经义记》《妙法莲华经义记》《法华义疏》《法华经疏》等），为法云现存唯一的著作。除《法华义记》外，法云尚撰有关于《成实论》的义疏，所谓"经论合撰，有四十科，为四十二卷"，惜已不存。据《续高僧传》卷五记载，天监七年（508），梁武帝任法云为光宅寺寺主，"创立僧制，雅为后则"。百丈禅师很可能在法云所创"僧制"的基础上，创立了影响深远的丛林清规。

"神灭"与否的思想争论，历来是佛门论争的一大焦点，而梁代"神灭论"大讨论更是将这个问题的争论推到了顶点。需要指出的是，梁代"神灭论"大讨论既是佛门维护自身理论的宗教活动，亦是梁代统治集团打击异端的政治活动。当时，法云虽然不是大僧正，但其在梁武帝的授意下，广泛发动高僧、王公朝贵六十四人与范缜辩论，他本人也成为这场声势浩大的大讨论的召集人与核心人物。梁代“神灭论”大讨论之后，法云一跃成为佛门中的显赫人物，并最终登上大僧正之位。

《法华经》是大乘佛教的重要典籍之一，智顗依据此经创立天台宗之后，《法华经》更被视为“诸经之王”。因此，对于《法华经》的注疏及研究，在中国佛教史上占有重要地位。法云的《法华义记》是我国现存《法华经》之注释书中，仅次于竺道生所撰《法华义疏》的古本。法云以讲《法华》独步当世，智顗亦称“古今诸释，世以光宅为长”。不但天台宗创始人智顗、三论宗创始人吉藏等关于《法华经》的注疏深受《法华义记》的影响，日本圣德太子之《法华经义疏》，亦多采自《法华义记》。《法华义记》对当时佛学界和后世佛学界的重要影响，由此可见一斑。

现行八卷本《法华义记》并非法云亲撰，而是法云讲经时口述，后由其弟子整理成书。法云门下弟子有僧询、道遂、道标、宝海、智方、宝琼等。其中，僧询博闻强识，凡有所听闻，“悉为注记”，佛门学友莫不传写其注记。僧询之注记，很可能直接成为该书的重要组成部分。

《法华义记》并非出自一人之手。由“光宅法师”的称谓可知，该书应成书于法云迁为光宅寺主之后。另由“今光宅法师解”“今光宅法师解言”等语可知，该书应为法云在世时整理而成。因此，该书的成书时间大概可限定在法云迁为光宅寺主之后、法云去世之前，即天监七年（508）至大通三年（529）之间。该书是法云弟子根据法云讲经的内容整理而成，书中难免掺入整理者自己的见解，但整体而言，该书反映的仍是法云的佛学思想。

法云《法华义记》流传的版本较少，现仅《大正新修大藏经》及《卍续藏》中载有几种版本，敦煌文献中亦仅存几页残卷题为《法华（经）义记》。敦煌文献中题名《法华（经）义记》的，有 S.2733、S.4102 以及 P.3308 三卷残卷。不少学者依废弃的旧编号，将 S.4102 著录为 S.37，并把原为《妙法莲华经》抄本的 S.37 误录为《法华义记》的写本。经过仔细甄别，笔者发现，现存敦煌文献中题名为《法华（经）义记》的几种残卷都不是抄写自法云《法华义记》，应是另一个《法华（经）义记》的写本。

《法华义记》里载有法云与他人往返辩论的大量记录。这些记录不仅保存了当时佛教界争论的焦点问题以及对于《法华经》经义之种种看法，且不囿于一经，而是旁及他学，对于我们窥知当时的佛学思想和佛教状况颇有助益。无论是面对“问难者”的激烈词锋，还是驳他说以正己说，法云均凭借对佛理的精学深研、明晰透彻的辩词，使“当其锋者罕不心香”，他也由此获得“讲经之妙，独步当时”之誉。

法云对诸经的科分采用“三分科经”之法，今仅存其对《法华经》《涅槃经》《维摩经》的科分内容，尤以《法华经》之科分影响最大。法云法华学师从慧龙—僧印一脉，其关于《法华经》之科分，亦承续慧龙一脉科分经旨为同归之理、长寿之报并以因、果两段进行判分的传统，进一步提出更为细微繁复的科分。具体而言，法云先分经为序、正说、流通三部分，此为第一重科分。于第二重科分中，法云将序、正说、流通又各开为二：第一，序分为通序与别序。第二，正说分为明因与明果，明因即开三显一，以示同归之因；明果即开近显远，以示长寿之报。因果双说，揭示整部经之宗旨。第三，流通分为化他流通与自行流通，突出大乘佛法兼具自度与度人之特点。于第三重科分中，法云在序、正说、流通各开为二之下，每部分再以通、别序各五；因、果正说各四；化他、自行流通各三的逐次“减一”的方式进行科分。第三重科分之下，还有第四重科分、第五重科分、第六重科分、第七重科分。这七重科分可谓条理清楚，环环相扣，由显至微，巨细靡遗，其对《法华经》研习之细致与透彻，令人叹服。法华学集大成者智𫖮关于《法华经》之科分，亦大体采自法云之说。

南北朝时期，随着佛典的大量传译以及佛教经义的充分阐释，佛学形成了一套独立的教理体系。佛教要想持续向前发展，必须对众经加以分判，推寻出众经之间的前后、浅深关系。反过来，“判教”对众经前后、浅深关系的定位，又会对众经的地位与重要程度产生至关重要的影响。《法华经》“诸经之王”地位的奠定，就与判教的活动密不可分。在南北朝时期的判教体系中，诸家或将《涅槃经》判为最高的了义之教，或将《华严经》判为“顿教”而置于诸经之上，但一般都将《法华经》列于诸经之后、《涅槃经》之前，意即判《法华经》阶次高于一般经典，但不如《涅槃经》圆满，仍非了义之教。因此，如何准确定位与合理提升《法华经》在众经中的地位，就成为其能否在众经中脱颖而出的关键。

在此背景下，法云先是把《法华经》判为“开涅槃前路”的了义之教，以此确立了《法华经》为众经中“第一者”的地位；接着在其五时教中，巧妙地将《法华经》置于《涅槃经》之上；最后在其“四乘”判教观中提出，昔日三乘教只是权宜之教，今日《法华经》所说一佛乘方为真实之教，这就将《法华经》提至实教的高度。如此一来，《法华经》便从众经中凸现出来而具有最高经教的地位。法云作为梁代的大僧正，其“四乘”判教观必然在当时的佛学界具有很高的权威性和影响力，并对后世的判教理论产生了深远的影响。

智顗依据《法华经》开创天台宗，并在承续法云判教观的基础上，创立了“五时八教”判教理论。其在“五时教”中，沿袭法云将《法华》列于《涅槃》后，以判《法华》为了义之教的思想，将《法华》与《涅槃》同置于醍醐味之教的高度，从而将《法华经》提升至最圆融的经教。在“八教”的“化法四教”中，亦沿袭法云用“权”“实”来分判经教，以突出《法华经》实教地位的判教思路，同样用“权”“实”来判断圆教与藏、通、别三教的高下，提出藏、通、别三教为权教，唯有圆教为实教，故只有“但用圆教”的《法华经》才是圆顿至极的实教，从而确定《法华经》为“诸经之王”的崇高地位。

智顗的判教观向被视为中国佛教判教体系的典型，隋唐时期，随着天台宗日益发展壮大，《法华经》“诸经之王”的地位愈加稳固。另一方面，天台宗以《法华经》立宗，其发展壮大也与《法华经》地位的提升有着内在的关联。因此，法云不仅对《法华经》地位的提升居功至伟，对天台宗的创立与发展也具有不可估量的作用。

法云首次在判教中将《法华经》提至与《涅槃经》并重的高度，且以《法华经》融摄《涅槃经》及他经。智顗亦基本承续这一判教思路。法云—智顗一脉“以《法华》融摄众经”的判教理论，极有可能对北朝至隋代敦煌地区的石窟艺术产生了重要影响。其间敦煌石窟中出现的大量《法华》题材的造像与经变以《法华》融摄他经（包括《涅槃》）题材的艺术现象，正是敦煌石窟艺术受到法云—智顗一脉“独尊《法华》”（以《法华》实教融摄三乘权教）判教观影响的体现。

关于《法华经》之宗旨，法云并没有采用其师僧印“境智为经宗”的说法，而是有所创新。法云将“诸经宗旨”概括为三：以因为宗；以果为宗；以因果为宗。法云将《法华经》归为“以因果为宗”，认为该经“自《安乐》之前开三显一以明因义，自《踊出》之后开近显远以明果义”。因此，其对《法华经》主旨的诠释即在于因果双说：前段经文明三乘方便归于一乘真实，为因；后段经文明佛寿长远，为果。（这一思想也同样体现在其《法华经》之科分中。）

法云以《法华》“一乘”思想为出发点，延伸出因果六义、权实关系、十如是等佛学论题；以《法华》“一乘”思想所采用的宣扬策略为切入点，形成了“三根说法”理论。法云提出，《法华》在说成佛之因、果上，各具有体、义、用三种胜妙于往昔诸经。其中，因具三义、果具三义，合称“因果六义”。法云在阐述“一乘”成佛因、果之三义时，借比较《法华》“一乘”教与其他三乘教法之优劣，来形显今《法华》之教的殊胜，实乃一大创见。法云以“因果六义”释《妙法莲华经》之“妙”的诠释方式，被智顗继承下来。智顗一方面沿用法云“因果六义”之“体广”“位高”“用长”的建构方式，另一方面根据自己的“十界互具”等理论将“因果六义”之具体内容进行了创造性置换。

两晋南北朝时期，围绕权实关系这一问题，慧观、道生、僧肇、刘虬、梁武帝等皆提出“废权”的主张，法云却主张权教乃依众生根机而设，自有其不可废之价值，故当“开权显实”（“开三显一”），而非“废权显实”。法云首倡之“开权显实”说，不但在当时独树一帜，亦对后世佛学产生了深远的影响。

为了弥合“废权”与“开权”之间的分歧，智顗就“三一”之权实关系构建了一个更为包纳与兼容的体系——“迹门十用”理论；吉藏亦于“三一开会”立有“十门”，并将“开三显一”列于“十门”之首。智顗与吉藏皆就“三一”之关系分列十项，既包含了“废权”，亦兼顾了“开权”，试图通过建构一个更为广博的体系来弥合“废权”与“开权”的分歧。需要明确的是，智顗与吉藏虽然对“废权”“开权”之说一并承纳，然二人对法云“开权显实”思想的重视程度，远非“废权”之说可比。智顗以迹、本二门之“开权显实”来总括《法华经》全经，吉藏以“开权显实”为《法华经》宗旨之用，法云“开权显实”思想对二人影响之深，由此可见一斑！与此同时，法云的“开权显实”思想经由二人之奉抬，最终成为后世法华学者之共识。

法云以“开权显实”思想为核心，借由诠释佛陀之“权实二智”来阐发自己的“权实观”，并分别从解释名义、覆明体相、名有通别、用有兴废、五时经所明二智不同五个方面进行论述。其所提出的“权实二智相通说”“五时二智权实说”等创见，影响甚大，智顗、吉藏之“权实”观，对此多有承续。此外，慧远、窥基关于二智之架构，亦多取法于法云“权实二智”理论。由此可见，法云“权实二智观”对当时以及后世的佛学者皆产生了深远的影响。

魏晋南北朝时期，对《妙法莲华经》“十如是”一段经文提出见解的法师，有竺道生、法瑶、玄畅、法云、慧思等。其中，尤以法云的阐释最为深刻、详尽。法云之前，诸师解释“十如是”时或偏于权，只言三乘；或偏于实，只言佛乘；或重在阐释“相”“性”等十项，而忽略“如是”二字；或只重视“如是”二字，却对“相”“性”等十项置之不言。法云的解释不但兼顾“如是”二字与“相”“性”等十项，更为重要的是，还从“诸法实相”入手，突破性地提出了权实兼备的观点。“十如是”理论为天台宗重要理论，智顗分别从十界释、佛界释、离合释、约位释四个方面对“十如”问题进行了阐述，其中，十界释、佛界释、离合释都是在批判中继承了法云“权实相兼”的思想。

法云认为，《法华经》是以上、中、下三根授记为基本架构来阐述“一乘”思想的。即对上根人采“法说”，对中根人采“譬说”，对下根人采“宿世因缘说”。“法说”“譬说”“宿世因缘说”虽名目不同，各有侧重，相互之间却是相通的。法说中含有譬说、宿世因缘之义；譬说中含有法说、宿世因缘之义；宿世因缘说中亦含有法说、譬说之义。法云的这一诠释方式，被智顗增益为“三周说法”理论。智顗“三周说法”的基本架构及智顗对三周通别的通透解说，皆承袭自法云的思想。

法云试图通过建立一个由权入实的修行途径，来融摄小乘和大乘教法。他为此将声闻乘判分为两阶：一是自“须陀洹向”起，至“阿罗汉向”之七种有学人；一是阿罗汉无学人。在法云看来，“有学人”与“无学人”只在修行的深浅程度上存在优劣之分，就大乘机发的可能性而言，二者是相同的。此论反映出法云想要破除不同修行阶次教众之间的界限的意图。

法云在大乘菩萨阶位判分理论体系中，阐明了《法华经》所言三种授记：因地记、果地记以及发心记。这三种授记之修行阶次，由浅至深依次为：外凡夫闻经发心；从初地菩萨至六地菩萨，乃以“增道”明“因地”；从七地菩萨至金刚心菩萨，乃以“损生”明“果地”。所谓“增道损生”，即指中道之智渐次增进，而变易生死随之渐次损减。法云所建构的“增道”系统的框架结构大致为：自初地至六地，菩萨每增一中道之智，即晋一地。其“损生”系统则设置为：从七地菩萨开始，至等觉金刚心菩萨，有“九品”损生。为了进一步阐发“损生”之义，法云将“忍位”也纳入了整个体系。从七地以上，各有上、下二忍位，每一地的菩萨只要闻佛寿量之说，断一品烦恼，便可晋一个忍位；每晋一个忍位，便可损一生。从六地菩萨得晋七地下忍位开始，到十地上忍位，共损八生；至等觉金刚心，可断最后一品烦恼，得证阿耨多罗三藐三菩提。法云建构的“损生”系统，极有可能是现存最早的“损生”系统。智顗沿袭法云以“增道”（晋位）以及凭“损生”之数以定菩萨阶位的思路，进一步深化了“增道损生”系统，并将其发展为天台学说中的一个重要板块。

关于菩萨在各阶位“退”与“不退”的问题，法云认为，菩萨的

“退”有三种——“位退”“行退”“念退”。“退”与“不退”之间的判分并非绝对，“退”中含有“不退”之义。这是因为从一“善”染“神”开始，便已可历劫不朽，不会失却修习善因以招乐果（脱离三界之苦）之本，故有“不退”之义。法云所言“一善染神”便得不退的主体，不单涉及菩萨，亦囊括三乘，是从“当果”的角度，言说三乘修行者“一善染神”，便终得解脱的必然果报。法云提出“一善染神”便得不退的架构，很可能是为了找到一个三乘皆同的基点，以调和三乘差别，方便最终的会归。

概言之，法云将三乘修行的总体架构概述为：三乘各自有外、内凡夫之分，其修行之道，乃是行因、德果习续而成之过程；三乘有别亦有同，三乘断惑各有阶别，但就解脱这一点而言，三乘无为果等一，都能最终导向解脱；在三乘会归一佛乘的过程中，声闻、缘觉二乘需先经历由小乘转向大乘，皆发菩提心转为菩萨，再进而与菩萨乘同向佛果。这条修行途径，自凡夫受身，历经三乘分别，渐去五浊之障，三乘辗转同发心向佛道，最终会归入于一佛乘。

法云于三乘之外，别立圆融的一佛乘。围绕“佛乘”，除“会归”之义外，法云亦在佛寿、佛身、佛性、佛智等问题上，提出了自己独到的见解。法云对佛“权实二智”的论述，可谓其关于“佛智”最为深刻与系统之理论。法云以“神通益物”诠释佛寿长远，认为佛寿长远不只是长久修行的果报，更是因其悲心广大，是以于过去、现在、未来三世广益众生。

法云关于佛之“法身”与“应身”关系的理解，主要建立在“应身本有形有像，法身本无形像”的基础上，提出“法身”与“应身”是此间、他方相望而成的关系：若佛在他方，即此间望他方佛身是“法身”，但于他方而言，该佛身则是“应身”；若佛来此间，即于此间是“应身”，但他方望此佛身则为“法身”。法云“法身”“应身”相望而成的观点，与诸大乘佛典中所说皆不相类，实属其个人的创造性诠释。

关于佛性，法云认为众生心性有厌苦求乐之用，最终可以修得佛果，故以厌苦求乐为成佛之正因。而至佛地，无论是从“知解”还是从“果报”方面而言，皆非善、非不善，只是无记。至佛果，亦当“无色（物质形象）”。一阐提人虽“永断善根”，然与佛亦法体不二，阐提亦有佛性。法云在没有看到《提婆达多品》及梵本《宝塔品》末提婆达多授记的情况下，将一阐提问题合于《法华经》中讨论，可谓极具前瞻性。这也是其会融《法华》与《涅槃》思想的结果。

除上述成系统的主张、理论外，法云尚有一些佛学思想以及对重要佛学词汇的释译散见于典籍之中。南朝齐梁之际，“二谛义”备受关注，出现了“二十三家二谛义”之盛况。据吉藏记载，梁代三大成实论师中，智藏持二谛是理；僧旻持二谛是境；法云则理、境相合。吉藏认为三说皆是执于从境理的角度而言，仍属边见。此外，法云亦持“世谛故有，第一义则无”的“二谛”主张。中观派认为，说有不住有，谈空不落空，空有无碍，才是真俗二谛的正观。从这个意义上来说，法云此论仅是道出了“性空假有”这一层，尚未达到“空有无碍”这一更高层面。这也反映了梁代成实论师于“二谛观”认识上之不足。

关于有神识之众生的体、用、名问题，南北朝诸师的观点各异。僧旻认为“神”有体，有用，有名；智藏认为“神”有名，有用，无体；法云认为“神”仅有假名，体、用皆无，并肯定众生于生死中有“定实乐”的一面。此外，法云对“如是我闻”“业”“烦恼”等佛学词汇的析分，以及将“涅槃”译为“灭度”、将“祇夜”译为“重颂”等，无不闪耀着思想的灵光。

法云一生交游广阔，动必弘法，虽遭“游侠”之讥，亦得“作幻法师”“独步当时”之誉。法云之佛学，上承僧印、宝亮、慧次等法华学、涅槃学、成论学之高僧大德，下启天台宗智顗、三论宗吉藏等后学翘楚，承前启后之功甚伟。法云作为南朝法华学集大成之人物，既专擅《法华》，亦旁涉外典，其佛学思想一方面代表着南朝诸师对《法华经》的理解，另一方面亦反映了中国早期法华学与成实学、般若学、涅槃学等的会融情况，对当时以及后世之佛学，皆影响弥深！

参考文献

一、中文文献

（一）《大正藏》《卍续藏经》部分

1.《大正藏》部分

[西晋]竺法护译:《正法华经》,《大正藏》(全称《大正新修大藏经》),第九册,东京大正一切经刊行会,1934。

[东晋]法显译:《佛说大般泥洹经》,《大正藏》第十二册。

[东晋]竺佛念译:《菩萨璎珞本业经》,《大正藏》第二十四册。

[东晋]鸠摩罗什译:《妙法莲华经》,《大正藏》第九册。

[东晋]鸠摩罗什译:《摩诃般若波罗蜜经》,《大正藏》第八册。

[东晋]鸠摩罗什译:《佛说仁王般若波罗蜜经》,《大正藏》第八册。

[东晋]鸠摩罗什译:《佛说首楞严三昧经》,《大正藏》第十五册。

[东晋]鸠摩罗什译:《维摩诘所说经》,《大正藏》第十四册。

[东晋]鸠摩罗什译:《佛垂般涅槃略说教诫经》,《大正藏》第十二册。

[东晋]鸠摩罗什译:《中论》,《大正藏》第三十册。

[东晋]鸠摩罗什译:《大智度论》,《大正藏》第二十五册。

[东晋]鸠摩罗什译:《成实论》,《大正藏》第三十二册。

[东晋]僧肇:《肇论》,《大正藏》第四十五册。

[东晋]佛驮跋陀罗译:《大方广佛华严经》,《大正藏》第九册。

[东晋]昙摩耶舍、[东晋]昙摩崛多等译:《舍利弗阿毘昙论》,《大正藏》第二十八册。

[北魏]菩提流支译:《十地经论》,《大正藏》第二十六册。

[北魏]佛陀扇多译:《摄大乘论》,《大正藏》第三十一册。

[北凉]昙无谶译:《大般涅槃经》,《大正藏》第十二册。

[北凉]昙无谶译:《合部金光明经》,《大正藏》第十六册。

[刘宋]慧严等译:《大般涅槃经》,《大正藏》第十二册。

[刘宋]求那跋陀罗译:《杂阿含经》,《大正藏》第二册。

[刘宋]求那跋陀罗译:《胜鬘师子吼一乘大方便方广经》,《大正藏》第十二册。

[萧齐]昙摩伽陀耶舍译:《无量义经》,《大正藏》第九册。

[南朝]宝亮:《大般涅槃经集解》,《大正藏》第三十七册。

[南梁]僧祐:《出三藏记集》,《大正藏》第五十五册。

[南梁]僧祐:《弘明集》,《大正藏》第五十二册。

[南梁]慧皎:《高僧传》,《大正藏》第五十册。

[南梁]法云:《法华义记》,《大正藏》第三十三册。

[隋]阇那崛多、笈多译:《添品妙法莲华经》,《大正藏》第九册。

[隋]阇那崛多译:《五千五百佛名神咒除障灭罪经》,《大正藏》第十四册。

[隋]慧远:《大乘义章》,《大正藏》第四十四册。

[隋]智顗:《妙法莲华经玄义》,《大正藏》第三十三册。

[隋]智顗:《妙法莲华经文句》,《大正藏》第三十四册。

[隋]智顗:《金刚般若经疏》,《大正藏》第三十三册。

[隋]智顗:《维摩经玄疏》,《大正藏》第三十八册。

[隋]智顗:《四教义》,《大正藏》第四十六册。

[隋]智顗:《摩诃止观》,《大正藏》第四十六册。

[隋]吉藏:《法华玄论》,《大正藏》第三十四册。

[隋]吉藏:《法华义疏》,《大正藏》第三十四册。

[隋]吉藏:《法华游意》,《大正藏》第三十四册。

[隋]吉藏:《涅槃经游意》,《大正藏》第三十八册。

[隋]吉藏:《大品经游意》,《大正藏》第三十三册。

[隋]吉藏:《仁王般若经疏》,《大正藏》第三十三册。

[隋]吉藏:《三论玄义》,《大正藏》第四十五册。

[隋]吉藏:《大乘玄论》,《大正藏》第四十五册。

[隋]吉藏:《胜鬘宝窟》,《大正藏》第三十七册。

[隋]吉藏:《中观论疏》,《大正藏》第四十二册。

[隋]吉藏:《维摩经义疏》,《大正藏》第三十八册。

[隋]吉藏:《百论疏》,《大正藏》第四十二册。

[隋]费长房:《历代三宝纪》,《大正藏》第四十九册。

[唐]般剌蜜谛译:《大佛顶如来密因修证了义诸菩萨万行首楞严经》,《大正藏》第十九册。

[唐]实叉难陀译:《大方广佛华严经》,《大正藏》第十册。
[唐]善无畏、一行译:《大毗卢遮那成佛神变加持经》,《大正藏》第十八册。
[唐]玄奘译:《大乘阿毗达磨集论》,《大正藏》第三十一册。
[唐]玄奘译:《阿毗达摩大毗婆沙论》,《大正藏》第二十七册。
[唐]玄奘译:《阿毗达磨俱舍论》,《大正藏》第二十九册。
[唐]道宣:《续高僧传》,《大正藏》第五十册。
[唐]道宣:《广弘明集》,《大正藏》第五十二册。
[唐]道宣:《集神州三宝感通录》,《大正藏》第五十二册。
[唐]道宣:《四分律删繁补阙行事钞》,《大正藏》第四十册。
[唐]道宣:《大唐内典录》,《大正藏》第五十五册。
[唐]法藏:《华严一乘教义分齐章》,《大正藏》第四十五册。
[唐]法藏:《华严经探玄记》,《大正藏》第三十五册。
[唐]元晓:《涅槃宗要》,《大正藏》第三十八册。
[唐]硕法师:《三论游意义》,《大正藏》第四十五册。
[唐]灌顶:《大般涅槃经玄义》,《大正藏》第三十八册。
[唐]灌顶撰,湛然再治:《大般涅槃经疏》,《大正藏》第三十八册。
[唐]灌顶:《天台八教大意》,《大正藏》第四十六册。
[唐]窥基:《大乘法苑义林章》,《大正藏》第四十五册。
[唐]窥基:《妙法莲华经玄赞》,《大正藏》第三十四册。
[唐]湛然:《止观辅行传弘决》,《大正藏》第四十六册。
[唐]湛然:《维摩经略疏》,《大正藏》第三十八册。
[唐]湛然:《法华文句记》,《大正藏》第三十四册。
[唐]澄观:《大方广佛华严经疏》,《大正藏》第三十五册。
[唐]澄观:《大方广佛华严经随疏演义钞》,《大正藏》第三十六册。
[唐]神清撰,[北宋]慧宝注:《北山录》,《大正藏》第五十二册。
[唐]道世:《法苑珠林》,《大正藏》第五十三册。
[唐]僧详:《法华传记》,《大正藏》第五十一册。
[唐]智升:《开元释教录》,《大正藏》第五十五册。
[唐]靖迈:《古今译经图纪》,《大正藏》第五十五册。
[唐]李通玄:《新华严经论》,《大正藏》第三十六册。
[唐]普光:《俱舍论记》,《大正藏》第四十一册。
[唐]道液:《净名经关中释抄》,《大正藏》第八十五册。
[唐]道氤:《御注金刚般若波罗蜜经宣演》,《大正藏》第八十五册。

[唐]惠英撰，[唐]胡幽贞纂:《大方广佛华严经感应传》,《大正藏》第五十一册。

[北宋]谛观:《天台四教仪》,《大正藏》第四十六册。

[北宋]道诚:《释氏要览》,《大正藏》第五十四册。

[北宋]子璇:《金刚经纂要刊定记》,《大正藏》第三十三册。

[北宋]契嵩:《镡津文集》,《大正藏》第五十二册。

[北宋]智圆:《涅槃玄义发源机要》,《大正藏》第三十八册。

[北宋]赞宁:《大宋僧史略》,《大正藏》第五十四册。

[元]觉岸:《释氏稽古略》,《大正藏》第四十九册。

2.《卍续藏经》部分

[东晋]道生:《法华经疏》,《卍续藏经》(又称《大日本续藏经》),第一五〇册,(台北)新文丰出版公司，1993。

[唐]均正:《大乘四论玄义》,《卍续藏经》第七十四册。

[唐]怀海集编，[清]仪润证义:《百丈清规证义记》,《卍续藏经》第一一一册。

[唐]圆测:《解深密经疏》,《卍续藏经》第三十四册。

[明]朱时恩:《佛祖纲目》,《卍续藏经》第一四六册。

[清]续法:《法界宗五祖略记》,《卍续藏经》第一三四册。

(二)其他专著

[南梁]萧子显:《南齐书》，中华书局，1983。

[唐]姚思廉:《梁书》，中华书局，1983。

[唐]房玄龄等:《晋书》，中华书局，1982。

[唐]李延寿:《南史》，中华书局，1975。

[北宋]欧阳忞:《舆地广记》，王云五《丛书集成初编》，商务印书馆，1937。

[清]刘宝楠:《论语正义》,《诸子集成》，上海书店出版社影印，1986。

[清]郭庆藩:《庄子集释》,《诸子集成》，上海书店出版社影印，1986。

北大哲学系编:《中国哲学史》，中华书局，1992。

陈元晖:《范缜的无神论思想》，湖北人民出版社，1979。

董平:《天台宗研究》，上海古籍出版社，2002。

方立天:《华严金师子章校释》，中华书局，1983。

方立天:《中国佛教哲学要义》，中国人民大学出版社，2005。

方立天:《魏晋南北朝佛教》，中国人民大学出版社，2006。

方立天:《佛教哲学》，商务印书馆，2007。

樊锦诗:《〈法华经〉故事》，华东师范大学出版社，2010。

复旦大学哲学系编:《中国古代哲学史》，上海古籍出版社，2006。

郭朋:《中国佛教思想史》，福建人民出版社，1994。

贺世哲:《敦煌石窟论稿》，甘肃民族出版社，2004。

侯外庐、赵纪彬、杜国庠、邱汉生编:《中国思想通史》，人民出版社，1957。

黄忏华:《中国佛教史》，上海文艺出版社，1990。

季羡林:《敦煌学大辞典》，上海辞书出版社，1998。

赖永海:《中国佛性论》，上海人民出版社，1988。

赖永海:《中国佛教文化论》，中国人民大学出版社，2007。

劳政武:《佛教戒律学》，宗教文化出版社，1999。

李四龙:《天台智者研究——兼论宗派佛教的兴起》，北京大学出版社，2003。

吕澂:《中国佛学源流略讲》，中华书局，2002。

吕澂:《印度佛学源流略讲》，上海人民出版社，2015。

潘桂明、吴伟忠:《中国天台宗通史》，江苏古籍出版社，2001。

彭自强:《佛教与儒道的冲突与融合——以汉魏两晋时期为中心》，巴蜀书社，2000。

任继愈:《中国哲学简编》，人民出版社，1974。

任继愈:《汉唐佛教思想论集》，人民出版社,1994。

任继愈:《佛教大辞典》，江苏古籍出版社，2002。

汤一介:《佛教与中国文化》，宗教文化出版社，2000。

唐翼明:《魏晋清谈》，人民文学出版社，2002。

汤用彤:《理学·佛学·玄学》，北京大学出版社，1992。

汤用彤:《汉魏两晋南北朝佛教史》，上海人民出版社，2015。

施萍婷:《敦煌遗书总目索引新编》，中华书局，2000。

施萍婷:《敦煌习学集》，甘肃民族出版社，2004。

孙叔平:《中国哲学史稿论》，上海人民出版社，2000。

孙述圻:《六朝思想史》，南京出版社，1992。

王仲尧:《隋唐佛教判教思想研究论》，巴蜀书社，2000。

王重民、刘铭恕主编:《敦煌遗书总目索引》，中华书局，1983。

[日]小林正美:《六朝佛教思想研究》，王皓月译，齐鲁书社，2013。

杨维中:《中国佛教心性论研究》，宗教文化出版社，2007。

印顺:《成佛之道》，中华书局，2010。

印顺:《初期大乘佛教之起源与开展》，中华书局，2011。

印顺:《原始佛教圣典之集成》，中华书局，2011。

印顺 :《佛教史地考论》，中华书局，2011。

周桂钿:《中国传统哲学》，北京师范大学出版社，1990。

朱封鳌、韦彦铎:《中华天台宗通史》，宗教文化出版社，2001。

蔡日新:《汉魏六朝佛教概观》，文津出版社，2001。

傅伟勋:《从创造的诠释学到大乘佛学》，（台北）东大图书公司，1990。

郭朋:《中国佛教史》，文津出版社，1993。

贺世哲编:《敦煌石窟全集·法华经画卷》，商务印书馆（香港）有限公司，1999。

黄永武编:《敦煌宝藏》，（台北）新文丰出版公司，1981—1986。

蓝日昌:《六朝判教论的发展与演变》，文津出版社，2003。

李幸玲:《中国中古时期〈法华经〉注本研究——以授记主题为中心》，文津出版社，2013。

牟宗三:《佛性与般若》，台湾学生书局，1997。

[日] 平川彰编:《法华思想》，林保尧译，（台北）佛光文化事业有限公司，1998。

辛旗:《中国历代思想史》，文津出版社，1993。

尤惠贞:《天台宗性具圆教之研究》，文津出版社，1993。

张曼涛编 :《现代佛教学术丛刊》第 56、58 册，（台北）大乘文化出版社，1978。

（三）论文

曹道衡:《论梁武帝与梁代的兴亡》，《齐鲁学刊》2001 年第 1 期。

陈坚:《“会三归一”与“开权显实”——〈法华经〉中的“宗教对话”思想及其在天台宗中的运用》，《兰州大学学报》2009 年第 6 期。

陈士强:《范缜以后唯物主义形神论为何停滞不前》，《复旦学报（社会科学版）》1984 年第 4 期。

董平:《论天台教判：兼与关口真大说商榷》，《佛教研究》1999 年第 8 期。

方广锠:《敦煌遗书中的〈妙法莲华经〉及有关文献》，《台湾中华佛学学报》1997 年第 10 期。

方广锠:《敦煌遗书中的〈妙法莲华经〉及有关文献》（修订稿），《法源》第 16 期，1998。

方立天:《〈法华经〉与一念三千说》，《世界宗教研究》1998 年第 2 期。

范姜冠闳:《光宅法云〈法华经义记〉研究》，硕士学位论文，台湾政治大学，2014。

郭祐孟:《敦煌隋代法华主题洞窟初探》,《兰州大学学报（社会科学版）》2006 年第 4 期。

黄国清:《再论〈妙法莲华经〉之“十如是”译文》,《中华佛学学报》第 13 期，2000。

黄国清:《〈法华经〉于中国佛教的判教地位——从鸠摩罗什到法藏》,《世界宗教学刊》，2010。

胡垚:《敦煌本〈法华义记〉考辨》,《敦煌学辑刊》2010 年第 1 期。

胡垚:《法云在梁代“神灭论”大讨论中的真实地位和作用》,《甘肃社会科学》2010 年 2 期。

胡垚:《论判教思想对敦煌北朝—隋石窟的影响》,《敦煌学辑刊》2015 年 3 期。

胡垚:《〈法华经〉权实思想释解之分歧与弥合》,《宗教学研究》2018 年第 1 期。

菅野博史:《〈法华经〉的中心思想——以一佛乘思想为中心》,《世界宗教研究》1996 年第 3 期。

菅野博史著，张大柘译:《日本对中国法华经疏的研究》,《世界宗教研究》2011 年第 5 期。

菅野博史著，何劲松译:《〈法华经〉中的地涌菩萨——对现实世界的参与》,《世界宗教研究》2011 年第 5 期。

吉村怜著，贺小萍译:《南朝的〈法华经〉普门品变相——刘宋元嘉二年石刻画像内容》,《敦煌研究》1996 年第 4 期。

李才远:《也谈范缜〈神灭论〉发表的年代》,《西南师范学院学报》1983 年第 3 期。

李幸玲:《〈法华经·提婆达多品〉的成立——与嘉达美诠释学的对话》,《玄奘佛学研究》第 11 期，2008。

李幸玲:《光宅法云〈法华经义记〉的诠释观点》,《台大佛学研究》第 16 期，2008。

李幸玲:《〈大乘大义章〉授记思想探究》,《中国学术年刊》第 25 期，2011。

邱明洲:《范缜〈神灭论〉发表的年代》,《四川大学学报（哲学社会版）》1980 年第 1 期。

山雄一著，刘建译:《论〈法华经〉的空、神变、佛身》,《世界宗教研究》1998 年第 2 期。

圣凯:《论中国早期以〈法华经〉为中心的信仰形态(上)》,《法音》2002 年第 7 期。

圣凯:《论中国早期以〈法华经〉为中心的信仰形态(下)》,《法音》2002 年第 8 期。

沈海燕:《天台智顗对法华妙理的开展》,《上海大学学报》2006 年第 4 期。

谭洁:《论梁武帝的"神明观"及其佛性思想》,《江汉论坛》2007 年第 5 期。

王玮:《梁武帝的神不灭论新探》,《甘肃社会科学》2005 年第 4 期。

悟实:《从〈大乘玄论〉看吉藏对二谛义的主张》,《中国佛学》2014 年第 1 期。

项峰、刘莉:《麦积山石窟〈法华经〉变相及其弘法思想》,《敦煌学辑刊》2009 年第 4 期。

谢东志:《南朝僧人法云之研究》,硕士学位论文,台湾文化大学史学所,1995。

谢路军:《梁武帝对"神明观"的阐释及论证特色》,《南京社会科学》2005 年第 8 期。

徐文明:《〈涅槃无名论〉真伪辨》,《圆光佛学学报》2002 年第 7 期。

严耀中:《论隋以前〈法华经〉的流传》,《上海师范大学学报》1997 年第 1 期。

张海亮、张元林:《关于敦煌法华经变穷子喻图像的几个问题》,《敦煌研究》2012 年第 4 期。

张瑞良:《天台智者的"一念三千"说之研究》,《台大哲学论评》1988 年第 11 期。

张元林:《〈法华经〉佛性论的形象诠释——莫高窟第 285 窟南壁故事画的思想意涵》,《敦煌研究》2004 年第 6 期。

张元林:《敦煌北朝时期的〈法华经〉艺术及信仰考察》,《敦煌研究》2006 年第 5 期。

张元林、魏迎春:《试论法华判教思想对敦煌北朝—隋石窟的影响》,《敦煌研究》2008 年第 5 期。

张元林:《敦煌〈法华经变·药王菩萨本事品〉及其反映的"真法供养"观》,《敦煌学辑刊》2013 年第 4 期。

赵声良:《成都南朝浮雕弥勒经变与法华经变考论》,《敦煌研究》

2001 年第 1 期。

二、外文文献

（一）专著

安藤俊雄:『天台學——根本思想とその展開』,（东京）平乐寺书店，1968。

関口真大:『天台教學の研究』,（东京）大东出版社，1978。

横超慧日著:『法華思想之研究』，释印海译，（洛杉矶）法印寺印行，2009。

菅野博史:『中國法華思想の研究』,（东京）春秋社，1994。

平井俊栄:『中國般若思想史研究——吉蔵と三論學派』,（东京）春秋社，1976。

Ch'en, Kenneth K. S., *Buddhism in China: A Historical Survey*, Princeton: Princeton University Press, 1964.

Donald S. Lopez, Jr., *Buddhism in Practice*, Princeton: Princeton University Press, 2007.

Erik, Zürcher., *The Buddhist Conquest of China: The Spread and Adaptation of Buddhism in Early Medieval China*, Leiden: E. J. Brill, 1972.

Faure, Bernard. *The Rhetoric of Immediacy: A Cultural Critique of Chan/Zen Buddhism*, Princeton: Princeton University Press, 1991.

Hurvitz, Leon., *Scripture of the Lotus Blossom of the Fine Dharma*（Translated from the Chinese of Kumārajīva）, New York: Columbia University Press, 1976.

Karl Ludvig Reichelt., Kathrina Van Wagenen Bugge (translate), *Truth and Tradition in Chinese Buddhism: A Study of Chinese Mahayana Buddhism*, New York: Paragon Book Reprint Corp, 1968.

Sharf, Robert H., *Coming to Terms with Chinese Buddhism,* Honolulu: University of Hawaii Press, 2002.

Tsukamoto, Zenryū ., *A History of Early Chinese Buddhism: From Its Introduction to the Death of Hui–yüan*, Translated by Leon Hurvitz. Tokyo, New York: Kodansha International, 1985.

Welch, Holmes., *The Practice of Chinese Buddhism 1900–1950*, Cambridge: Harvard University Press, 1967.

Welch, Holmes., *The Buddhist Revival in China*, Cambridge: Harvard

University Press, 1968.

（二）论文

菅野博史:「『法華義記』における信解品の譬喩解釈について」,『創価大學人文論集』1990 年第 1 卷。

菅野博史:「光宅寺法雲『法華義記』と敦煌写本『法華義記』との比較研究」,『印度學佛教學研究』第 40 卷 1 號，1991。

菅野博史:「『法華義記』における講義者法雲と執筆者」,『印度學佛教學研究』第 41 卷 1 號，1992。

菅野博史:「法雲『法華義記』における一乗思想の解釈について」,『創価大學人文論集』1992 年第 4 卷。

菅野博史:「法雲『法華義記』冒頭の総合的解釈の考察（上）」,『大倉山論集』第 31 辑，1992。

菅野博史:「法雲『法華義記』冒頭の総合的解釈の考察（下）」,『大倉山論集』第 32 辑，1993。

菅野博史:「光宅寺法雲の法華経観」,『東アジア仏教學術論集』2014 年第 2 號。

吉津宜英:「浄影寺慧遠の教判論」,『駒澤大學佛學部研究紀要』，1977。

山田実:「妙法蓮華經の法説と譬説」,『印度學佛教學研究』第 22 卷 2 册，1974。

山田実:「光宅・『法華義記』の述成釈」,『印度學佛教學研究』第 23 卷 2 册，1975。

鹽田義遜:「光宅寺法雲の佛身觀」,『印度學佛教學研究』第 4 卷 1 册，1956。

早川貴司:「法雲の『法華義記』における一乗解釈」,『龍谷大學佛教學研究室年報』第 11 號，2001。

早川貴司:「光宅寺法雲と『勝鬘経』」,『印度學佛教學研究』第 57 卷第 1 號，2008。

早川貴司:「光宅寺法雲の権実二智論」,『印度學佛教學研究』第 59 卷第 1 號，2010。

仲尾俊博:「光宅寺法雲における宗教的人間」,『印度學佛教學研究』第 3 卷 1 號，1954。

Hu Yao, “The Elevation of the Status of the *Lotus Sūtra* in the *Panjiao* Systems of China”, *Journal of Chinese Religions*, Vol. 42 (2014).

Kanno, Hiroshi., "A Comparison of Zhiyi's and Jizang' Views of the Lotus *Sutra*: Did Zhiyi, after all, Advocate a 'Lotus Absolutism' ?" *Annual Report of the International Research Institute for Advanced Buddhology at Soka University for the Academic Year 1999*, no. 3 (2000).

Kanno, Hiroshi., "The Three Dharma-wheels of Jizang 吉藏 ", *Buddhist and Indian Studies in Honour of Professor Sodō Mori*, Hamamatsu: Kokusai Bukkyoto Kyokai, 2002.

Mair, Victor H., "What Is *Geyi*, After All?" In *Philosophy and Religion in Early Medieval China*, edited by Alan Kam-leung Chan,and Yuet Keung Lo.. New York: State University of New York Press, 2010.

Mun, Chanju., "The History of Doctrinal Classification in Chinese Buddhism: A Study of the *Panjiao* Systems", PhD dissertation, University of Wisconsin-Madison, 2002.

Swanon, Paul L., "Understanding Chih-i: Through a Glass, Darkly?" *Journal of the International Association of Buddhist Studies*, no. 17 (1994).